中国史学思想会通

主编 吴怀祺
副主编 汪高鑫 向燕南 周少川

魏晋南北朝史学思想卷

庞天佑 著

国家出版基金项目
NATIONAL PUBLICATION FOUNDATION
“十三五”国家重点图书出版规划项目

海峡出版发行集团
THE STRAITS PUBLISHING & DISTRIBUTING GROUP
福建人民出版社

图书在版编目(CIP)数据

中国史学思想会通．魏晋南北朝史学思想卷/庞天佑著．--福州：福建人民出版社，2018.9（2021.11 重印）

ISBN 978-7-211-07807-3

Ⅰ．①中…　Ⅱ．①庞…　Ⅲ．①史学思想－中国②史学思想－中国－魏晋南北朝时代　Ⅳ．①K092

中国版本图书馆 CIP 数据核字（2017）第 236894 号

中国史学思想会通·魏晋南北朝史学思想卷

ZHONGGUO SHIXUE SIXIANG HUITONG · WEIJIN NANBEICHAO SHIXUE SIXIANG JUAN

作　　者：庞天佑

责任编辑：陈稚瑶

美术编辑：陈培亮　王　玮

出版发行：福建人民出版社　　**电　　话**：0591-87533169(发行部)

网　　址：http://www.fjpph.com　　**电子邮箱**：fjpph7211@126.com

地　　址：福州市东水路 76 号　　**邮政编码**：350001

印　　刷：深圳市彩美印刷有限公司

地　　址：深圳市龙岗区坪地街道高桥社区盛佳道 2 号

开　　本：700 毫米×1000 毫米　1/16

印　　张：19

字　　数：283 千字

版　　次：2018 年 9 月第 1 版　　2021 年 11 月第 2 次印刷

书　　号：ISBN 978-7-211-07807-3

定　　价：78.00 元

本书如有印装质量问题，影响阅读，请直接向承印厂调换。

出版说明

中国是个具有重史传统的国家，史学思想博大精深。纵观史学思想的内涵，主要包括两方面内容，一是对客观历史的认识，二是对史学本身的认识。对客观历史的认识是指历史观，其认识主体主要是史学家和思想家；对史学本身的认识是指史学观，其认识主体主要是史学家。对客观历史的认识主要考察历史的变易过程，以及历史变易的动因；对史学本身的认识则主要包括对于历史理论、历史教育、历史文献学、历史编纂学和历史文学观等的认识，以及对于史学价值论和史学社会功能的认识。

史学思想的发生与发展并不是孤立进行的，史学思想的研究也必须是多维度、多层次的。探讨史学思想，必须要与社会现实相联结，必须考察其与时代哲学思潮的关系，必须考察史学思想本身的渊源流变，必须考察史学思想各部分之间的辩证关系。从学术史的角度而言，史学与经学、玄学、理学、事功之学、经世之学、实学等有着密切的联系，需要具有四部思维意识去进行史学思想的研究，重视探讨经史、子史、文史之间的关系。研究近代史学时，我们还要努力把握近代史学思潮的发展与走向，关注马克思主义在中国的传播及其对近代史学与史学思想发展的影响。

中国史学思想最鲜明的特色是会通精神，这也是中华文化的重要特征。《周易》讲通变精神，所谓“《易》穷则变，变则通，通则久”；司马迁讲“通古今之变”，重视对于历史盛衰之理的探究；《通志·总序》说：“百川异趋，必会于海，然后九州无浸淫之患；万国殊途，必通诸夏，然后八荒无壅滞之忧，会通之义大矣哉！”突显了郑樵对历史与文化会通思考所具有的大视野。

近年来，以吴怀祺教授为代表的学术群体本着会通精神，对中国史学思想史展开了长时段的系统而深入的研究，发掘中华传统史学思想特性，思考传统史学思想的当代价值，展现中国史学优秀的民族精神，取得了一批学术成果，其中最具代表性的，是两套大型系列学术著作的问世：10卷本《中国史学思想通史》和6卷本《中国史学思想通论》，前者时间上跨越了从先秦时期到1949年的漫长历史，后者内容上涵盖了历史思维、经史关系、历史盛衰、历史文献学思想与历史编纂学思想等方面专题。

10卷本《中国史学思想通史》是从纵向对中国史学思想展开的研究，而6卷本《中国史学思想通论》则是从横向来专论中国史学思想的相关问题，这种多维研究恰恰体现了会通的思想与方法。从两套系列著作的整体布局来看，前者作为对史学思想史的贯通研究，主要体现“通”的意识；后者作为对史学思想各类专题的研究，则主要彰显了“会”的思想。然而，这种“会”与“通”又是相互包含的，“会”中有“通”，“通”中有“会”。10卷本《中国史学思想通史》关于每一阶段史学思想的论述，既是中国史学思想通史的重要一环，又有对这一阶段史学思想多维度的探究，体现了“会”的意识；同样，6卷本《中国史学思想通论》虽然是专题式的研究，而其中每一专题的研究，又都是采取贯通的方法，重视溯源探流，重视发展过程，体现了“通”的意识。

为了更好地体现《中国史学思想通史》与《中国史学思想通论》所蕴含的会通思想，我们将两套大型学术著作合编在一起，以“中国史学思想会通”为总书名，进行再版。

这样做首先是满足弘扬中国传统史学、回应西方学人扭曲中国传统史学的需要。中国史学源远流长，史学思想丰富深邃。然而很多西方史家以傲慢的态度鄙薄中国史学，否定中国传统史学的价值。如何回应？我们不能只是简单地去展示中国传统史学，而是要把历时性的研究和共时性的研究结合起来，从理论的高度上，概括出中国传统史学思想的特点与要义，并且结合时代的变化，从振兴中华文化的总目标出发，讨论传统史学如何走向世界，思考传统史学思想在当代的价值。

其次是把握中国史学优良传统与时代性的需要。传统史学有很多精华需要我们去总结，如历史运动的通变观、天人相关的思想、见盛观衰思想、民为邦本与民贵君轻思想、传统历史编纂理论与方法论等。史学的时代性同样不可忽视。当前我们正处在全球化的时代，全球化要求我们必须把中国史学与世界史学联系起来进行思考，讨论中国史学的进程，认识中国史学的发展大趋势，讨论历史学科建设问题。

当然，合编与再版不是简单的重印，而是有内容的提升与结构的整合。从内容来讲，各卷作者对原有内容普遍进行了一定程度的修订和补充，有些卷补充的内容较多，有些卷调整了篇章。从结构来讲，原来两套书各自的总论部分，被整合成一卷新的《总论卷》，起到了对全书的统领作用。

16 卷本《中国史学思想会通》大型学术著作的出版，既表达了学人们对于中国史学会通思想的继承，也充分体现了该书纵横论说中国史学思想的会通特点。传承历史文化，建设时代文化，是当今时代的主题和任务。我们希望这套著作的推出，有助于加强人们对于中国传统史学的认识，深入挖掘中华传统史学所蕴含的优秀思想观念、人文精神；有助于学界结合时代要求继承创新，推动当代具有中国特色的马克思主义史学的发展；有助于当前的文化传承与时代文化建设，树立文化自信，推动文化大发展。

2017 年 10 月

本卷作者简介

庞天佑，湖南益阳人，历史学博士，岭南师范学院法政学院历史系教授。从事中国历史文选、中国史学史、中国历史文献学、中国文化史等课程教学之余，长期致力中国古代史学思想研究，著有《考据学研究》《秦汉历史哲学思想研究》《中国史学思想通史·魏晋南北朝卷》《中国古代文学作品的史料价值研究》《思想与史学》《中国史学思想通论·历史盛衰论卷》《论中国古代的历史总结与国家盛衰》等书，发表学术论文 80 余篇。

目　录

题　记

吴怀祺

魏晋南北朝史学思想上承两汉三国，开启中国史学思想发展的新阶段。思想史的发展不一定是直线式，也不完全是一个模式的发展。它既可以是内涵的发展，也可以是外延的扩展，或者二者兼有之。也还可以是两者都有一定的新的变化，但在史学思想高度上，却是没有大的突破，呈现出横广式发展的特征。[1] 中外思想史都可以说明这一点。

魏晋史学与两汉史学相比，就是横广式的发展。总体上看，这一个时期没有马、班这样站在时代高峰上的史学大家，没有《史》《汉》这样的大著作。但不是说，这一阶段没有新进展。史书增多了，这既包括数

[1] 白寿彝先生在20世纪60年代写出《中国史学史教本》，对魏晋南北朝史学有详细论说；80年代，他分阶段论说这时期的史学，并做了概括，说："综观魏晋南北朝隋唐时期的史学，从史家个人的成就说，很难说哪一个人能全面地超过马、班。但从总的来说，这个时期比秦汉时期是有相当大的发展的。"（《中国史学史》第1卷，上海人民出版社2006年版，第42页）刘节先生也说："魏晋南北朝到隋，是中国史学界一个发展的时代。史家与史籍也是风起云涌，盛极一时！""但是，经过几百年的淘汰之后，真正可以流传不朽的著作，却又不多了。同时，史家中可以与司马迁相比的人物又是没有的。"（《中国史学史稿》，中州书画社1982年版，第71页）

量方面也包括种类方面。[1] 除编年体史书、纪传体史书外，还有注释书、起居注、氏族谱、地理书、人物传、笔记之类作品，在史学上都是很有成绩的。[2]

还应当特别提到的是刘勰的《文心雕龙》。它是文论著作，也是中国史学史上最早的系统的史论著作，特别是其中的《史传》篇。[3] 它成为唐朝刘知幾史论之作《史通》的先声。

在历史文献学上，在学术门类上，史学在魏晋南北朝时期，逐步地从经、子门类中分离出来，蔚为中国学术之大宗。“魏晋南北朝隋唐时期显然是经史分离，而史书以附庸成为大国了。”[4] 注意，这里是从学科专门分类上说的，而不是说史学发展不再受经学影响，特别是史学思想。

如果说，两汉史学是中国传统史学思想的高峰，形成传统史学民族性的基本特征，那么，魏晋南北朝史学则是在许多方面推进中国史学，为传统史学奠定了基本规模和格局。

在史学思想上，不同的魏晋史学潮流在儒玄以及释道的碰撞中，开始了最初的交融，[5] 到了这个时期的后期，出现儒玄合流的趋向。

有必要就玄学对史学产生的影响多说几句。玄学的影响，除了以玄

[1] 关于魏晋南北朝史书的数量各家说法不一。白寿彝先生统计，纪传体著述有后汉史10种、三国史7种、晋史11种、南北朝史17种，编年史方面有后汉史4种、三国史2种、晋史11种、南北朝史6种。“这些书绝大多数，是以当代之人记当代之事。”从种类上说，注释书增多。自晋泰始以后，历朝多有起居注，并形成记注制度，氏族谱和人物志的撰述在魏晋南北朝时期占有很大数量（见《白寿彝史学论集》下，北京师范大学出版社1994年版，第911—912页）。

[2] 钱穆的《中国史学名著》（生活·读书·新知三联书店2000年版）把《高僧传》《水经注》《世说新语》作为东汉以下到隋代史学上的重要作品。其中，《世说新语》“不只是材料，我们要由此了解这一个时代的精神”。

[3] 汪荣祖的《史传通说》（台北市联经出版事业公司1988年版）是专门研究《文心雕龙·史传》的著作，论说其史学意义，进而做中西史学比较。钱锺书的《序》中说：“斯所以一朝之史、一人之传，祖构继作，彼此相因相革而未有艾也。刘彦和《史传》一篇稍窥端倪，刘子玄《史通》穷源（原）竟委，慎思明辨，卓尔成一家言，后来论者，只如余闰。”

[4] 白寿彝：《中国史学史》第1卷，上海人民出版社2006年版，第37页。

[5] 逯耀东认为：“儒家与非儒家价值体系同时并存在这个时代之中，形成魏晋史学双层性的发展。”（参见逯耀东：《魏晋史学及其他》，台湾东大图书公司1998年版，第20页）

理解史以外，还有一些新的认识可以提出来。一是玄学阻滞了史学向着儒教化方向变动。二是玄学对天人的思考主要体现在“自然”通变观方面。“无为”，一方面是讲自然之道是必然之道，不是人可以改变的；另一方面是突出了人的“自然”个性，所以以纪传体为代表的以人物为中心的史书编纂方法，变化为突出人的“个性”的史书编纂旨趣。毫不奇怪的是，列传变化为人物专传、别传，史论突出了对历史人物的风采、风度、才情、才性的评述。三是，玄学的思辨为中国史学思想的发展提供了机遇。[1] 但是由于玄学发展到后期，没有融汇其他学术，包括没有能吸纳释道之学，成为新的文化因素，形成新的思维，最终，魏晋南北朝时期学术的儒玄“合流”，不能形成新思潮。一方面是主要以儒学观点进行经学、史学的总结，另一方面是佛学、道学的继续存在与变化，从而使接踵而来的隋唐的史学思想带上了自己的特色。

两汉以来史学展示出的大势是：从汉初各家林立、合流，司马谈的“论六家要旨”，到董仲舒、汉武帝的“罢黜百家，独尊儒术”及汉代学术的神学化，再到经学的衰微、玄学的兴起，经过一段时间的发展，出现新的学术汇合的趋向。[2] 而儒释道学术上的大吸收与融化，产生新学术，进而导致经学、史学的大变化，则是隋唐以后的事了。

在研究魏晋南北朝史学思想时，我们应当总结周一良先生的贡献。

顾颉刚先生早在 1947 年出版的《当代中国史学》中，说到魏晋南北朝史研究时，便指出：“周一良先生对于魏晋南北朝史的研究，贡献之多，仅次于陈寅恪先生。”如论文《北魏镇戍制度考》（《禹贡》三卷九期）、《南朝境内之各种人及政府对待之政策》（《历史语言研究所集刊》七本四分）和《论宇文周之种族》（同前）等。

应该说，周一良先生的魏晋南北朝史研究的重要成就，包含有他对这一时期的史学研究。1935 年他在《燕京学报》第 18 期上发表的《魏收

[1] 冯友兰说过，在中国哲学史中，“魏晋玄学是中华民族抽象思维的空前的发展”，也就是更强调先天的感悟。参见冯友兰：《中国哲学史新编》第 4 册第 37 章，人民出版社 1986 年版，另参见白寿彝《史学史教本初稿》第 2 篇第 3 章（《白寿彝史学论集》下，北京师范大学出版社 1994 年版）和逯耀东《魏晋别传的时代性格》（逯耀东《魏晋史学的思想与社会基础》，中华书局 2006 年版）等。

[2] 见吴怀祺：《中国史学思想史》，安徽人民出版社 1996 年版，第 142 页。

之史学》，是一篇很有分量的南北朝史学研究的论文。

周先生治学面相当开阔，用他自己的话说："从来才大人，面目不专一。"其间也经历了不同的阶段。[1] 20世纪80年代，他的研究重点又转移到魏晋南北朝史与南北朝史学的研究上，把魏晋南北朝史学研究向前推进了一大步。这期间发表的相关论文有：

1.《魏晋南北朝史学发展的特点》(《中国文化与中国哲学》第2辑，1987年)；

2.《魏晋南北朝史学著作的几个问题》(1985年12月改订完)(札记式)；

3.《魏晋南北朝史学与王朝禅代》(《北京大学学报(哲学社会科学版)》1987年第2期)；

4.《略论南朝北朝史学之异同》(《北京大学学报(哲学社会科学版)》1990年第3期)。

此外，如《魏晋南北朝史札记》《论佛典翻译文学》也是涉及南北朝史学的重要文章，以上论文收进《周一良学术论著自选集》[2](首都师范大学出版社1995年版)。

这里，就周先生的论著关系到魏晋南北朝史学思想研究的几个方面提出几点。

——以深义文化的观点来解读南北朝史学，揭示经学和史学的关联。他注意南北经学差异，进而讨论经学对史学的影响。皮锡瑞说，南北朝分立，"而其时说经者亦有'南学''北学'之分。此经学之又一变也"。皮氏认为"北学反胜于南者，由于北人俗尚朴纯，未染清言之风、浮华之习，故能专宗郑、服，不为伪孔、王、杜所惑。此北学所以纯正胜南

[1] 新中国成立前，周一良先生研究的主要领域是魏晋南北朝史。之后，治史重点转移到中外关系史、世界史、亚洲史上面。"文化大革命"后，一方面是亚洲史、中外关系史的宏观考察，组织学者写出有分量的《中外文化交流史》，另一方面是整理和加深对南北朝史和南北朝史学的研究。参见吴怀祺：《追寻深义文化的底蕴——访周一良教授》，《史学史研究》，1988年第3期，第23—29页。

[2] 先后出版的相关著作有：《魏晋南北朝史论集》(中华书局1963年版)、《魏晋南北朝史论集续编》(北京大学出版社1991年版)和《魏晋南北朝史论集》上下编(北京大学出版社1997年版)。

也”[1]。周一良则认为，和南方社会比较，“北方虽然保留了汉魏社会遗风，但经济上的落后不免导致文化上的保守”。但他不是讨论经学，而是讨论南北经学不同对史学学风的影响。他引用并分析了几段材料：

1.《世语新说·文学篇二十五》载：“褚季野语孙安国云：‘北人学问渊综广博。’孙答曰‘南人学问清通简要。’支道林闻之，曰：‘圣贤固所忘言。自中人以还，北人看书，如显处视月；南人学问，如牖中窥日。’”刘孝标的注说：“支所言但譬成孙褚之理也。然则学广则难周，难周则识暗，故如显处视月。学寡则易核，易核则智明，故如牖中窥日也。”周先生认为，褚孙对话时南渡才三十几年，所谓北人南人，主要恐怕还不是指十六国的北方与东晋，而是指魏晋以来的趋势，是为时已久的区别了。到南北朝对立时，这样的区别继续存在。

2.《隋书·儒林列传》：“大抵南人约简，得其英华，北学深芜，穷其枝叶。”

3.《北史·儒林传》也引这几句话，说明这是唐人公认的结论。就是说，北方受两汉以来章句训诂之学的影响，治学偏于掌握琐细具体知识，涉及面广，所谓渊综广博，穷其枝叶。南方则在魏晋玄学和新传入的佛教思想影响之下，偏重于分析思辨，追寻所以然的道理，即所谓清通简要，得其英华。刘师培有《南北经学不同论》一文，但忽略了玄学与佛学对所谓新理论的推动促进作用。周一良先生说：“我想用《论语》的话来概括，就是北方偏于学而不思，南方偏于思而不学。褚孙对话与《隋书》《北史》的议论，都有助于探求南北史学不同之处。”[2] 这是一个新解。

下面是他具体分析南北经学影响到史学的事实。

袁宏《后汉纪》、范晔《后汉书》体裁不一，但范、沈之书的序和论确实体现出“清通简要，得其英华”的精神；沈约《宋书》的序或论，不如范晔之精辟，但也时时可以看出南朝史学如牖中窥日，对历史发展的洞察能力。今存萧子显《南齐书》，也可以窥见南朝历史著作中善于议

[1] 皮锡瑞：《经学历史》，周予同注释，中华书局1959年版，第170、182页。

[2] 周一良：《略论南朝北朝史学之异同》，《周一良学术论著自选集》，首都师范大学出版社1995年版，第306—307页。

论的倾向。总而言之，从范晔、沈约、萧子显三家著作中看得出南朝学风总倾向在史学上的表现，形成南朝史学不同于北朝史学的一大特点。

再看魏收《魏书》列传的序或论。相比之下的突出感受，是就事论事为主，拘泥于一人一事论其功过。其议论标准固是儒家伦理道德，而对拓跋氏一朝政治上兴衰得失，没有通观全局的评论，也没有指出哪些发展变化，更没有宏观地把北魏王朝与以前时代联系起来考虑观察。议论思辨性不强，因而也不能像南朝史家某些议论之较为深入。这样就“看不到敏锐深刻的高见卓识，给人以识暗之感，较之南朝史学大有逊色了”[1]。

上面摘引的内容，有些还可以讨论，比如南北史学差异与文化传播的关系，地区文化发展不平衡的反映等。但先生这样解读魏晋南北朝史学，是深层次的讨论了。

特别要提出的是，把史学与他的文化史观点联系起来，他有一段总结性的话，说：

> 北人理胜其词，南人文过其意，这和北学渊综广博，南学清通简要的倾向，似乎也有相通之处。以佛教道教而言，北方重修行实践，南方重思索辨析，这两种不同倾向，与学术和文艺分野内的异同，似乎也并不相悖。我曾有一种想法，认为文化可分三个层次：文学、艺术、思想等属于狭义文化；这些之外再加上政治经济制度以及衣食住行、生产工具等，可算广义文化；而在一个民族的各不同文化领域内，还可能潜在一种共同的素质，贯串于各方面，名之为深义文化。[2] 南朝和北朝各自在史学、文学以至宗教等领域内的共同相通之点，也可帮助证成我的看法吧？[3]

可以说，20 世纪 80 年代周一良先生是把文化史的创获与史学史联系

[1] 周一良：《略论南朝北朝史学之异同》，《周一良学术论著自选集》，第 311 页。
[2] 关于狭义文化、广义文化、深义文化的文化三个层次的观点，可参看周一良主编的《中外文化交流史》（河南人民出版社 1987 年版）前言。
[3] 周一良：《略论南朝北朝史学之异同》，《周一良学术论著自选集》，第 312—313 页。

在一起，他关于文化史研究的理论丰富了对史学史的看法，而对史学史的研究又佐证了他的文化史认识。

——关于正统与禅代的论说，具体揭示了南北朝史学与政治的关系。这里可以摘录他的几段话：

> 正统问题是封建统治者为表明自己政权的合法性而利用史书为之服务的。它不太牵涉到具体历史事实的叙述与评论，只是史家笔下的安排，所以虽具有极重要的政治意义，其敏感与尖锐程度，却远不及历史中禅代问题的处理了。[1]
>
> 在弥缝粉饰“篡弑”问题上，晋以后封建统治者使用了两种办法。一是在确定本朝历史的断限时作文章，一是在处理前朝历史的末代或本朝历史的开端时弥缝回护，或略而不详，或公然曲笔。随着以禅代方式夺取政权愈益习以为常、司空见惯之后，这两种手法中，前者已无必要，后者则由隐讳曲笔变成公开宣扬禅代为合理合法了。[2]

东晋的袁山松、范晔《后汉书》对汉朝灭亡、曹魏的出现，评价不一。在写晋史问题上，西晋武帝时，曾把历史断限问题交给大臣们讨论。荀勖、王瓒、王戎、陆机（《晋书限断议》），孙盛（《晋阳秋》），王隐、虞预、臧荣绪、干宝（《晋纪》）等，各有各的意见。这些意见背后，有着深刻的政治动机。后代写晋史，如何法盛《晋中兴书》，刘谦之、王韶之、徐广、裴松之的《晋纪》等书，同样是有各自目的，而沈约《宋书》则是“公然歌颂刘裕代晋是众所乐推”。

——论说魏晋南北朝时期的史学是各民族共同创造出来的。除在修史制度上，在其他方面也体现出来。这一时期的史学继承先秦以来太史公记录当代史事的传统而加以改革，设立专职史官，不再兼管天文历法，四百年间没有中断。“值得注意的是，不仅北魏、北齐、北周等比较稳定的北方政权设有修国史的著作郎之职（北周称为著作上士、中士），而且

---

[1] 周一良：《魏晋南北朝史学与王朝禅代》，《周一良学术论著自选集》，第325页。
[2] 周一良：《魏晋南北朝史学与王朝禅代》，《周一良学术论著自选集》，第315页。

十六国中一些历时不久的少数民族政权，也意识到历史为自己政权服务的重要性，而设置史官修史。据《史通·史官建置·正史篇》所列，十六国中修本国历史的少数民族政权有前赵、后赵、前燕、后燕、南燕、北燕、后凉、南凉、北凉、前秦、后秦、西秦、夏、成汉，汉族建立的前凉、西凉当然不例外，所以十六国全都撰修了自己的历史。”[1]

——说明史学与宗教的关系。周一良先生在论说这一时期的史学特点时说：“魏晋南北朝时期史学发展的最后一个特点，为以前所未有的，是佛教与道教史书在纪传体史籍中正式占一席地，有关僧人与道士的传记开始出现。由于大量佛经译为汉文，僧人感到有必要编制目录，作为史学分支之一的佛经目录之学，也建立起来。”[2]《魏书·释老志》是一个创举。齐王俭《七志》和梁阮孝绪的《七录》，都著录了佛经与道经。不少僧人编制了各种《经录》。这些目录都已亡佚，其中最值得注意的，是东晋道安（312—385）于孝武帝宁康二年（374）在襄阳写定的《综理众经目录》。

道家史籍有东晋葛洪撰《神仙传》。梁陶弘景《真诰》中亦保存道士传记，但所述事迹不尽真实。葛洪《抱朴子·遐览篇》列举道书多种，类似总目。宋元嘉十四年（437）道士陆修静撰成《灵宝经目》，是当时道经的正式总目录。[3]

——展示中外史学比较的途径。这里可以提出三点。首先是中国史学与西方史学发展途径比较。最早的历史记载，大约都是依年代顺序来叙述，这符合于人类思想的脉络。东西方史学著作的发展，也与此相适应。中国的《春秋》、汲冢发现的魏国国史《纪年》，也是编年体。西方最早的历史著作，如公元前的希罗多德的《历史》和修昔底德的《伯罗奔尼撒战争史》，基本上都是按年代顺序撰写的。罗马著名史学家李维（前59—公元17）的《罗马史》，更是明确的编年体史书。中国在编年体流行了约五百年之后，到公元前1世纪末，才出现纪传体的司马迁《史记》。在西方，普鲁塔克（约46—120）的列传体的《希腊罗马名人合

[1] 周一良：《魏晋南北朝史学发展的特点》，《周一良学术论著自选集》，第275页。
[2] 周一良：《魏晋南北朝史学发展的特点》，《周一良学术论著自选集》，第286页。
[3] 周一良：《魏晋南北朝史学发展的特点》，《周一良学术论著自选集》，第287页。

传》，则是在希罗多德之后约六百年才出现的。[1]

二是，中国与印度思维比较。中华民族不像印度民族那样，自古以来耽于玄想，长于思辨，而是更注重实际的。在文化方面的表现，是道德伦理之学和历史之学特别发达，在几大文明古国中，中国古代遗留下来的历史资料和著述特别丰富。早在商代，已有问卜以后在龟甲兽骨上刻辞做记录的习惯。商周都尊重祖先，当作神看待。儒家思想信仰及其指导下的社会体制中，祖先崇拜是核心，这一点对于历代注重记录旧事，力避数典忘祖亦不无影响。东汉时，征调担任各种官职的名儒硕学，入直东观亦即国家图书馆，从事撰述国史。[2]

三是，中国与日本史学比较。在日本，除去记载神话传说的《古事记》之外，第一部历史《日本书纪》出现于8世纪初，也是编年体。《日本书纪》是汉文写的，也在编年体中吸取了纪传体的做法。在每个重要人物死去时，比较详细地总括叙述其生平，有似列传，可以说是综合了编年体与纪传体的优点。公元891年左右，藤原佐世把当时日本存在的中国书籍编成一部书目——《日本国见在书目》，这是研究中日文化关系史上很宝贵的史料。此外在古史家中收有荀悦的《汉纪》、袁宏的《后汉纪》和孙盛的《晋阳秋》。这三部书可能早在编书目以前已传入日本。《日本书纪》名称的“书纪”二字，可能源于中国，书表示纪传，纪表示编年；而其兼采编年纪传体制之长，可能也是受袁宏和孙盛之书的影响。[3]

比较中外史学发展途径的相同和不同方面，努力吸收中外史学之长，不只是注意西方史学的进展，也注意总结东方史学的特点，这是开阔的历史眼光。我们要发展新世纪的史学，也必须做好这项工作。

记得，1988年4月19日，先师白寿彝先生亲自带我去访问周一良先生，同行者还有刘雪英同志。学校派了车送我们去北京大学燕东园。整整一个上午，周先生富有哲理的谈话，极有条理，给我的印象很深。两位一代史学大师相知相通，他们亲切的交谈，又是在给我教诲，使我终

[1] 周一良：《魏晋南北朝史学发展的特点》，《周一良学术论著自选集》，第280页。
[2] 周一良：《魏晋南北朝史学发展的特点》，《周一良学术论著自选集》，第274—275页。
[3] 周一良：《魏晋南北朝史学发展的特点》，《周一良学术论著自选集》，第281页。

生难忘。后来我写成访谈录《追寻深义文化的底蕴——访周一良教授》，发表在《史学史研究》1988 年第 3 期上。此后，周先生每有新书，总是要人带给我一本，我从内心感激，也因此能较为系统地学习周先生的著作。这里着重写出我读周先生书的心得，一则是周先生的书对研究魏晋南北朝史学思想很重要；二是，相对地说，我读周先生的书较多，因此，感受当然也多一些。

多年过去了，两位大师也先后辞世。今生请益何去处？泣东风，泪千行。

本卷著者庞天佑教授在博士生学习阶段，师从南北朝史研究专家高敏先生，这为他的史学进展奠定了基础。庞天佑在两汉历史哲学、魏晋南北朝史学研究上，多有创获。本卷全面展示魏晋南北朝史学思想发展大势。第一编写思潮，第二编写几位大史学家的史学思想，经纬交织，是宏观的纵览也是微观的解剖。他根据自己研究的实际成果，也写了宗教与史学的关系。总的来说，本卷写出一个大时代史学思潮的涌动，甚矣哉，史才之难也。

导　言

魏晋南北朝是中国古代史学思想发展史上一个承前启后的历史阶段。在这个历史阶段中，由于经学变化、玄学兴起、佛教流行，儒、释、道相互渗透以及民族大融合和门阀统治的影响，史学思想纷繁复杂，经历了深刻变化，反映出这个时代的特征。

第一节　魏晋南北朝时期的玄学、佛教与儒家思想

魏晋南北朝是中国古代正统史学在汉代形成之后进一步发展的时期。这一时期，史书数量空前增多，史著体例进一步完备。纪传体史的编撰取得巨大成就。据统计，三国史（包括分国史）有 11 种，晋史有 14 种，十六国史（包括分国史）有 30 余种，南北朝史有 14 种，其中陈寿的《三国志》、范晔的《后汉书》、沈约的《宋书》、萧子显的《南齐书》和魏收的《魏书》等 5 种被后人列入二十四史之中，占二十四史总部数的五分之一以上。编年体史大量涌现。据统计，两汉史有 3 种，三国史有 3 种，晋史有 11 种，南北朝史有 8 种。[1] 至于这一时期的人物传记、氏族

[1] 这些数字根据《隋书·经籍志》统计，参考金毓黻《中国史学史》第四章（商务印书馆 1999 年版）。

谱牒、舆地郡书等其他各种类别史著，数量众多，举不胜举。随着史著数量的增多，史学地位空前提高，摆脱了经学附庸的地位，发展成为仅次于经学的独立的学术门类。

史学的发展与史学思想的进步密切相关，而史学思想的进步又与特定的历史时代的思想意识形态有着直接关系。魏晋南北朝时期，思想意识形态领域呈现色彩斑斓、纷繁复杂的局面。儒家思想、玄学、佛教均为魏晋南北朝时期广泛流行的社会意识形态。不同思想流派既相互对立，又彼此融合，总的趋势是在对撞与冲突的过程中，走向相互吸纳与融合，这是这一时期思想意识形态领域最重要的特点。我在上编中以三章的篇幅分别对玄学、佛教与儒家思想同魏晋南北朝时期史学思想的关系进行探讨，从不同方面、不同层次考察这些思想与史学思想的关系。为了便于从整体上体察这一时期史学思想发展的特点，还有必要在这里对这一时期的玄学、佛教与儒家思想及其彼此之间的关系做一概括性的说明。

玄学于魏晋之际兴起之后，在这一时期的社会上广泛流行，并在后来的南北朝时期仍有重要影响。从本质上说，玄学是以道家思想为圭臬而兼综儒学的思辨系统，是儒道合一的产物。玄学开创者何晏、王弼等人主张以自然为本，以名教为末，其特征是以儒合道，并以倡导“贵无论”来调和儒、道；阮籍、嵇康将正始时期以自然为本的思想推向极端，倡导“越名教而任自然”，排斥名教，其特征是儒、道分离；裴頠极力纠正排斥以至贬抑儒学的倾向，维护儒学与名教的权威，其特征是倡导“崇有论”；向秀、郭象进一步论证自然与名教、儒与道之间的一致性，从理论上将有与无、自然与名教结合起来，其特征是以道合儒，以儒家思想解释道家经典。由此可见，玄学在兴起与发展的过程中一步步完成了调和儒道的思想进程，这种调和以新的方式继承儒学，而否定了传统的汉代经学。玄学的兴起对魏晋史学思想的影响是多方面的，从魏晋史家的思维方式到他们的研究领域，从魏晋史著的内容到体例的变化，都可以看到玄学的影响。

佛教起源于古代印度，自东汉中后期传入中国，魏晋南北朝时期广泛流行。佛教与儒学之间，经历了激烈的冲突与对撞。最初的冲突主要是围绕政治、伦理与风俗习尚等方面的问题展开，争论的问题主要是沙门应否敬王、儒佛之异同、夷夏之辨等。后来，儒、佛冲突进一步发展到思想上，形成神灭与神不灭的争论。大体上说，在魏晋时期，儒、佛冲突主要是围绕本末、异同等问题，这种冲突所要解决的问题是以儒家人伦传统为背景的中国社会文化氛围能否容许佛教这一外来宗教的存在与传播，从而解除门阀士族对于佛教文化的心理障碍，进而协调佛教与皇权的矛盾；在南北朝时期，随着儒、佛、道三者之间的矛盾与冲突日益加剧，三者之间的相互吸纳与融合也逐渐深入，以儒释佛、以佛合儒是这一时期儒、佛融合的主要特征。佛教的流行对魏晋南北朝时期史学思想的影响也是深刻的，其具体表现是改变了这个时期学者文人的知识结构，提高了这个时期的思维水平，影响了这个时期史籍的内容，直接导致这个时期形成与佛教有关的史籍类别。

玄学的兴起与佛教的流行对传统的儒家思想形成巨大的冲击与挑战，也打破了史学思想领域儒家思想一统天下的局面。然而从整体上来看，无论玄学与佛教怎样流行，只不过是动摇了儒家思想的垄断地位，二者并没有也始终无法成为统治思想，因而无法成为整个社会中占据核心地位的意识形态。儒家思想的垄断虽然被打破，但仍然是这一时期居于重要地位的思想意识形态，在这个时期史家们的知识结构中居于重要地位，并且始终是他们思考历史的指导思想。我们考察魏晋南北朝时期的史学思想，既应该从整体上看到，由于思想意识形态领域的多元化，直接导致这一时期史学思想的多元化发展；又应该认识到，由于儒、佛、道三者在相互斗争、相互吸收中向前发展，导致这一时期史家们的史学思想极为复杂，在一个史家身上往往存在不同的史学思想。袁宏在《后汉纪》中力图以玄学思想来解释佛教，宣称佛“变化无方，无所不入”；[1] 沈约的《宋书》一方面宣称佛教“训义深远，别为一家之学”，“进可以系心，退足以招劝”，[2] 另一方面则仍然以儒家思想解释历史变化；魏收的《魏书》中立《释老志》专门记载佛、道二教的发展，主张“孔、释兼存，则内外俱周”。[3] 我们还应该看到，尽管这个时期史学思想的发展呈现多元化的趋势，尽管这一时期史家们的史学思想极为复杂，但这

[1] 《后汉纪》卷十。
[2] 《宋书》卷九十七《夷蛮列传》。
[3] 《魏书》卷六十九《裴延俊传》。

种多元化的发展趋势仍然是以儒家思想为中心，儒家思想仍然是这一时期史家们用以审视历史、思考历史的最主要的史学思想，在这个时期的史学思想中居于重要地位。

第二节　魏晋南北朝时期史学思想的发展大势与历史地位

史学思想的发展与社会环境的变化直接相关。魏晋南北朝的社会环境有两个重要特点：一是门阀士族占据统治地位，无论是在南方还是在北方，无论是汉族政权还是少数民族政权，门阀士族都是统治阶级。门阀士族的统治促进了魏晋南北朝时期史学的发展，门阀士族的思想深深渗透在这一时期的史学著作之中，从史学著作的内容与体例的变化中可以看到门阀士族思想的深刻影响。二是南北对立，社会分裂，民族关系复杂。西晋灭亡以后，北方各族相继入主中原，中原地区先后经历了十六国时期与北朝时期，而南方则经历了东晋及宋、齐、梁、陈这几个汉族政权的统治。各民族在分裂与对立的过程中逐渐走向融合。民族关系的复杂性对魏晋南北朝时期的史学思想有着广泛影响，有的民族史著作表现出某种民族平等的要求与思想倾向，各民族统治者普遍存在着强烈的大一统思想与正统思想。这些思想对魏晋南北朝时期的史学思想产生深刻影响。

魏晋南北朝时期的史坛，流派众多，史家辈出，有如山花烂漫，群星璀璨。这些史家的成就不一，在史学史上的地位也不一样，他们的史学思想也各具特色，需要我们分别进行探讨。魏晋史家往往程度不同地受到玄学思想的影响，有的史家如陈寿、习凿齿等深染清谈名士的风气。《三国志》的人物评价喜欢谈论传主的“识量器局”，而所谓“识量器局”就是人物外表、仪容、风度、气质等。有的史家如阮籍、袁宏等本身就是玄学家与史学家一身二任。袁宏援玄入史，在《后汉纪》中，他主张道本儒用，调和儒道，崇尚简易，倡导无为，其史学思想表现出鲜明的玄学特色。南北朝时期，玄学对史学思想的影响已不如魏晋，但仍然有着广泛影响。其具体表现在沈约、萧子显、魏收等人的著作中，不仅大量记载当时社会上人们谈玄论道的风气，而且也如同魏晋史家一样喜欢记载人物外表风貌仪容。这一时期，史学思想的重要特点是佛教思想的深刻影响。沈约、刘勰、萧子显、魏收等都是深受佛教影响的史家，其中刘勰后来甚至落发为僧。佛教思想的深刻影响一方面体现在提高了这个时期的思维水平，从而导致出现像《文心雕龙·史传》那样对历史学本身的发展过程与历史认识论方面的有关问题进行思辨的理论著作，另一方面则体现在这个时期的史家如沈约、萧子显、魏收等人的著作中，充斥着佛教的因果报应思想、传统的天人感应思想、阴阳灾异与谶纬符瑞思想成分，唯心主义的神秘迷信的东西增多了。

如果对南北朝时期的史学思想分别加以考察，我们在把握两者上述共性的同时，还应该看到两者的各自特征。《世说新语·文学篇》载：褚季野语孙安国云："北人学问渊综广博。"孙安国回答："南人学问清通简要。"支道林闻之，曰："圣贤固所忘言。自中人以还，北人看书，如显处视月；南人学问，如牖中窥日。"刘孝标注："支所言但譬成孙褚之理也。然则学广则难周，难周则识暗，故如显处视月。学寡则易核，易核则智明，故如牖中窥日也。"《隋书·儒林列传》称："大抵南人约简，得其英华，北学深芜，穷其枝叶。"周一良先生以这两段史料为依据，分析南北史学的不同特点，指出："北方受两汉以来章句训诂之学的影响，治学偏于掌握琐细具体知识，涉及面广，所谓渊综广博，穷其枝叶。南方则在魏晋玄学和新传入的佛教思想影响之下，偏重于分析思辨，追寻所以然的道理，即所谓清通简要，得其英华。"他进一步将范晔的《后汉书》、沈约的《宋书》、萧子显的《南齐书》这三部南朝正史的史论与北朝魏收的《魏书》的史论加以比较，指出南朝史家的史论思辨性强，对历史发展表现出深刻的洞察力，体现了"牖中窥日"的特点，而北朝魏收的史论则往往"是就事论事为主，拘泥于一人一事论其功过"，对于北魏"一朝政治上兴衰得失，没有通观全局的评论，也没有指出哪些发展变化，更没有宏观地把北魏王朝与以前时代联系起来考虑观察"，其史论的思辨性不强，确实有如"显处视月"，"看不到敏锐深刻的高见卓识"。[1]

---

[1] 周一良：《略论南朝北朝史学之异同》，载《北京大学学报（哲学社会科学版）》1990年第3期，第105—109页。

周一良先生的这些分析，极为正确。南北朝的史学思想之所以具有这些特点，主要是因为南北分裂以后，逐渐形成不同的经学传统与治学风格而导致的。大体上说，南方经学继承魏晋传统，注重义理，所用经注主要是《周易》王弼注、《尚书》伪孔传、《左传》杜预注等，受玄学影响较深；北朝经学则保存汉代传统，注重章句训诂，所用经注主要是《周易》《尚书》的郑玄注，《左传》的服虔注等，受玄学的影响较少。南北经学崇尚与学术风格的差异导致南北史学与史学思想的差异。

魏晋南北朝时期，由于社会环境与思想意识形态领域的多元化，导致史学思想领域纷繁复杂，呈现出多元化的发展局面。从中国古代史学思想发展的历史过程这一宏观角度考察，魏晋南北朝是一个承前启后的历史过渡时期。这个时期上承两汉，下启隋唐。我们说它上承两汉，主要是指魏晋南北朝时期许多史学思想，诸如民本思想、正统思想、天人感应与灾异迷信思想，都是由汉代发展而来，特别是这一时期的史家直接继承了两汉史家通过编撰史著宣传儒家思想的做法，以儒家思想作为思考历史的指导思想，在评论史事与评价人物的时候，坚持以儒家思想作为依据与标准。无论是《三国志》《后汉纪》《后汉书》，还是《宋书》《南齐书》《魏书》，都充斥着儒家伦理道德的说教。我们说它下启隋唐，一方面是指隋唐时期的史家直接继承了魏晋南北朝时期的史家的史学思想。如姚思廉就是在南朝梁、陈两代学者尤其是其父姚察的基础上修成《梁书》与《陈书》，故继承了梁、陈学者特别是其父姚察的史学思想。李百药的《北齐书》就是在其父李德林的《齐书》的基础上修成，故继承了李德林的史学思想。李延寿的《南史》《北史》二书是在南北朝各代史书的基础上加以删节补充而成，故广泛继承了南北朝一些史家的史学思想。唐朝官修的《晋书》参考了东晋及南北朝各家晋史尤其是臧荣绪的《晋书》，故广泛反映出两晋及南北朝时期的史学思想。另一方面，魏晋南北朝时期的史家在史学思想方面的研究成果，直接成为隋唐史家进一步研究的先导，最突出的事例是刘勰的史学总结与历史认识论思想，为唐代史学家刘知幾所继承与发展。刘知幾的《史通》的内容与论述形式，与刘勰的《文心雕龙》有着密切关系。

魏晋南北朝时期的史学思想凝聚着众多史家的智慧，包含着不少宝贵精神财富。如民族平等思想反映出这个民族矛盾激化的时代各族人民友好相处的愿望，而大一统思想则反映出这个动荡不安的时代各族人民对于统一的向往与追求，史家们的正统思想中也存在某些合理的因素。这一时期是分裂动乱之世，史家们注意以民本思想来考察历史，从陈寿、范晔、沈约到萧子显、魏收，他们的史学思想都有这样的特征。他们称道清官良吏，指责贪暴行为，主张爱民恤民，这些思想表达了这个苦难时代人民的期待与要求。又如这一时期一些史家的历史认识，包含着丰富的联系、辩证的思想。在此同时，我们也应看到，在这个时期的史学思想中，也存在着许多精神糟粕，如充斥各类史书中的封建伦理道德说教，渗透在不少史著内容之中形形色色的唯心主义神秘思想等。总之，魏晋南北朝时期的史学思想，值得我们认真地总结。

本书采用纵贯横通的论述方式，首先考察魏晋南北朝时代特征与史学思想的关系，其次考察魏晋南北朝的哲学与宗教对史学思想的深刻影响。在对魏晋南北朝时期史学思想进行纵向考察的基础上，对魏晋与南北朝这两个时期的几个有代表性的史家的史学思想进行个案分析。先探讨西晋的陈寿与东晋的袁宏及葛洪，再探讨南朝的范晔、沈约、刘勰、萧子显与北朝的魏收。无论是对魏晋南北朝史学思想发展的宏观研究，还是对这个时期的主要史家的史学思想的微观考察，都是笔者在这一领域中长期思考的结果。

第一编

门阀士族的统治一方面直接影响魏晋南北朝时期史学的变化，而史学的发展又直接导致其地位的提高；另一方面又使这一时期的史学发展存在着严重局限。我们从魏晋南北朝时期史著的内容与体例都可以看到门阀士族的深刻影响，因此，魏晋南北朝时期的史学，本质上就是门阀士族的史学。魏晋南北朝是一个民族冲突与民族融合两种趋势并存的时期，总的趋势是在对撞与冲突的过程中走向融合，民族史撰著取得巨大成就，有的史著表达出各民族平等相处的史学思想，而大一统思想与正统思想成为这一时期民族史研究中两种主要的史学思想。

玄学是魏晋时期极为盛行的哲学思潮，在南北朝时期仍有广泛影响。玄学对魏晋南北朝时期（特别是魏晋时期）史学思想的影响很大。道教是在原始宗教、神仙方术、民间信仰的基础上，附会老子的道家思想为理论依托，在东汉后期逐渐形成的本土宗教，后来流行于南北各地。道教对魏晋南北朝时期的史学思想，有一定的影响。佛教本来是印度的宗教，自东汉传入中国，在魏晋南北朝时期广泛流行。佛教与魏晋南北朝时期的史学思想有着极为密切的关系。玄学的兴起、道教的流行与佛教的传入，影响史学思想的发展，对儒家思想提出了挑战，使史学思想的发展呈现多元化的发展趋势。然而由于历史传统的影响，尤其是玄学、道教与佛教自身的局限性，它们始终未能取代儒学而成为统治思想。因此，从玄学变化，从玄学、儒学地位升降的总过程上看，儒家思想在魏晋南北朝时期的史学思想中仍然居于重要地位。我们研究魏晋南北朝时期的史学思想，从全局上把握玄学、佛教、儒家思想各自与史学思想发展的关系，有利于从整体上认识魏晋南北朝时期的史学思想的发展全貌。

第一章　门阀士族与魏晋南北朝时期的史学思想

魏晋南北朝时期，封建依附关系得到发展。门阀士族把持国家政权，在政治、经济、思想、文化各领域居于统治地位。这个时期整个社会阶级结构发生了深刻变化，其特点是阶级层次增多。门阀士族作为占据统治地位的阶级，其思想必然成为主流社会意识形态，深刻影响到这一时期的史学思想。我们从这一时期史学的巨大发展、修史机构的完备、史著内容与体例的变化等方面，即可看到门阀士族对史学思想的影响。

第一节　门阀士族的统治与魏晋南北朝时期史学的变化

门阀士族形成于东汉时期。在经济上，自给自足的大地主田庄经济是门阀士族形成的经济基础；在政治上，门阀士族通过世官世禄取得对国家政权的支配地位；在思想意识形态上，则坚守严格区分士族与庶族的门第观念。魏晋南北朝时期，门阀士族高居于统治阶级的上层。他们垄断中央和地方的清要之职，占有广大的土地，享有免除赋税、荫庇亲属、收揽门生故吏、享受赐田、恩赏钱财等各种政治与经济特权。由于这些特权是世袭的，因而门阀士族又是一个稳定地垄断着经济、政治、思想、文化特权的特殊阶级。“不管是原来的地方豪强，或是新兴地主和富商，在没有取得士族地位以前，都被排斥在这个阶级之外，被认为是寒门庶民，不能同士族一样享受各种封建特权。”[1] 曹魏依靠士族称霸北中国，两晋政权更是门阀士族的政权，西晋王朝建立者司马氏本身就是门阀士族，东晋朝权先后由王、庾、桓、谢四大家族执掌，士族据朝廷要职的比例几乎占 80%以上，有时甚至达 100%。[2] 南朝时期，士族仍盘踞其世袭地位。《南齐书·徐孝嗣传》：“凭借世资，早蒙殊遇。”在十六国时期，胡族统治者倚重汉族的门阀士族进行统治。据统计，入仕于各割据政权的汉族士族共约 30 姓。[3] 在北朝，门阀士族与胡族统治者联合起来，如清河崔氏、范阳卢氏、赵郡李氏、荥阳郑氏、河东裴氏等都被网罗进北魏政权。王夫之论曰：“拓跋氏诏举逸民，而所征皆世胄，民望属焉，其时之风尚然也。江左则王、谢、何、庾之族显，北方则崔、卢、李、郑之姓著，虽天子莫能抑焉，虽〔夷狄〕之主莫能易也。”[4] 陈寅恪先生说得好：“当时中国北部之统治权虽在胡人之手，而其地之汉族实远较胡人为众多，不独汉人之文化高于胡人，经济力量亦远胜于胡人，故胡人之欲统治中国，必不得不借助于此种汉人之大族，而汉人大族亦欲藉统治之胡人以实现其家世传统之政治理想，而巩固其社会地位。此北朝数百年间胡族与汉族互相利用之关键。”[5] 这些论述，极为精辟地揭示了在胡族政权统治下门阀士族继续居于统治地位的原因。

魏晋南北朝时期，史学得到巨大发展。对于这一时期史学发展的原因，梁启超有过分析。他曾言：“世官之制，至汉已革，前此史官专有之智识，今已渐为社会所公有，此其一也。文化工具日新，著写传钞收藏之法皆加便，史料容易搜集，此其二也。迁书既美善，引起学者研究兴

[1] 朱大渭：《魏晋南北朝阶级结构试析》，中国魏晋南北朝史学会编《魏晋南北朝史研究》，四川省社会科学院出版社 1986 年版，第 28 页。

[2] 参见李琼英：《简析东晋世族仕宦特点》，载《西南师范大学学报（哲学社会科学版）》1991 年第 3 期，第 68—73 页。

[3] 参见周嘉猷：《南北史表·世系表》，商务印书馆 1935 年版。

[4] 王夫之：《读通鉴论》卷十五。

[5] 陈寅恪：《崔浩与寇谦之》，《金明馆丛稿初编》，上海古籍出版社 1980 年版，第 126 页。

味，社会靡然向风，此其三也。自兹以还，蔚为大国。两晋六朝，百学芜秽，而治史者独盛，在晋尤著。”[1] 这些概括，确实极为深刻且颇有见地。如果将门阀士族与魏晋南北朝时期史学发展结合起来考察，我们即可看到，门阀士族的统治是这一时期史学得到巨大发展的重要原因。

门阀士族的统治对史学发展产生重大的影响。这是因为在此南北对立、动荡不安的历史时代，门阀士族需要经常总结历史经验，通过记载前代历史而为巩固自己的统治服务。这样，修史机构逐步建立起来。魏太和年间，中书省设著作郎，职掌修史。《晋书·职官志》：“著作郎，周左史之任也，汉东京图籍在东观，故使名儒著作东观，有其名，尚未有官。魏明帝太和中，诏置著作郎，于此始有其官，隶中书省。”“元康二年，诏曰：‘著作旧属中书，而秘书既典文籍，今改中书著作为秘书著作。’于是改隶秘书省。后别自置省而犹隶秘书。著作郎一人，谓之大著作郎，专掌史任。”南北各朝都设专门机构与官职执掌修史。修史机构的完备为史料的搜集与整理提供了条件。晋武帝泰始六年下诏：“自泰始以来，大事皆撰录，秘书写副。后有其事，辄宜缀集以为常。”[2] 南北各朝，“佐郎职知博采，正郎资以草传”[3]。起居注的撰写在这一时期达到了高潮，各朝都有史官掌握起居，“甚至每个帝王的每个年号期间，都有独立成书的起居注”[4]。刘知幾云：“夫起居注者，编次甲子之书，至于策命、章奏、封拜、薨免，莫不随事记录，言惟详审。凡欲撰帝纪者，皆因之以成功。”[5] 门阀士族重视总结历史经验，使修史机构逐步完备，而修史机构的完备则大大促进了史学的发展。

门阀士族在社会分裂、政权更迭频繁的历史条件下，兴办私学，保存与传播文化，对促进史学的发展发挥着重要作用。在魏晋南北朝这样动荡不安的历史时期，门阀士族的命运并不与王朝一家一姓的兴亡相联系，正如周一良先生所说的，“尽管王朝更替，门阀世族利益不

---

[1] 梁启超：《中国历史研究法（外二种）》，河北教育出版社 2000 年版，第 25 页。

[2] 《晋书》卷三《武帝纪》。

[3] 《史通》卷十一《史官建置》。

[4] 尹达主编：《中国史学发展史》，中州古籍出版社 1985 年版，第 122 页。

[5] 《史通》卷十一《史官建置》。

受波动”[1]。这一时期，官学衰落，学术下移，私学发达。汉末关陇士儒多避乱江南，永嘉之乱以后又有许多士人来到江左，使江左私学发展起来。河西敦煌、张掖、酒泉因大批中州士儒的到来而私学渐趋兴盛。在五胡十六国及后来的北朝时期，中州留居故土的汉族士人多聚徒讲学，潜心研究经术。如晋刘兆博学洽闻，从其受业者千余人。庐江杜夷，教授生徒千余人。范宣“虽闲居屡空，常以讲诵为业，谯国戴逵等皆闻风宗仰，自远而至，讽诵之声，有若齐鲁。太元中，顺阳范宁为豫章太守，宁亦儒博通综，在郡立乡校，教授恒数百人。由是江州人士并好经学，化二范之风也”[2]。两晋之际，敦煌郭瑀弟子著录千余人，而宋纤受业弟子竟多达三千余人。北魏乡学招收“郡中清望，人行修谨，堪循名教者”，“先尽高门，次及中等”。[3] 如索敞由北凉入北魏，任中书博士，教授京师大族贵游之子，“位至尚书牧守者数十人”[4]。渤海高允，教授生徒千余人。敦煌刘昺，弟子五百，通经业者八十余。河内常爽教授门徒七百余人，“京师学业，翕然复兴”[5]。在东晋南朝，一些中原门阀士族南移，形成了不少侨州侨郡。这些士族凭借他们在文化教育上有世代相传的优势，直接把学术文化带到南方，从而促成东晋南朝时期文化重心的南移，成为后来隋唐文化的重要渊源。

门阀士族重视史学，撰著了大量的史学著作。一方面，士族争入史局，晋华峤言，佐著作郎，“职闲廪重，贵势多争之，不暇求其才”[6]。《宋书·何承天传》载其修国史“诸佐郎并名家年少”。《颜氏家训·勉学》载北齐谚云：“上车不落则著作，体中何如则秘书。”这些说明当时社会上重视史学的风气。另一方面，由于分裂割据，政权更迭频繁，致使史官失守，导致门阀士族纷纷转向史学，因而私人撰史之风盛行。《隋书·经籍志》的作者宣称：“博达之士，愍其废绝，各记闻见，以备遗

---

[1] 周一良：《魏晋南北朝史学与王朝禅代》，载《北京大学学报（哲学社会科学版）》1987年第2期，第26—31页。

[2] 《晋书》卷九十一《范宣传》。

[3] 《北史》卷三十一《高允传》。

[4] 《魏书》卷五十二《索敞传》。

[5] 参见《魏书》卷八十四《常爽传》。

[6] 《晋书》卷四十八《阎缵传》。

亡。是后群才景慕，作者甚众。”[1] 高敏先生深刻地分析了门阀士族重视史学的原因，指出：“各高门世族，为了追溯其祖宗功德，明其渊源所自，定其贵贱等差，以相标榜，以为依据，修史以溯源，就成了他们维护门阀制度的重要手段，从而使得私家修史之风格外盛行。”[2] 门阀政治需要史学，门阀地主竞相修史。如南朝王准之“家世相传，并谙江左旧事，缄之青箱。世人谓之‘王氏青箱学’”[3]，梁刘琼“博悉晋代故事，时人号曰‘皮里晋书’”[4]。门阀士族重视史学，其目的是为本门第正名，提高其社会地位，使其高贵门第地位永远固定，保其政治经济特权永远长存。金毓黻曾言，这一时期，“官修之史，十才一二，私修之史，十居八九，其上者如陈寿《三国志》、范晔《后汉书》、李延寿《南北史》，次者如司马彪之《续汉志》、华峤之《汉后书》[5]、臧荣绪之《晋书》，皆私史也。沈约《宋书》，名为敕修，实出一人之手，亦私史之比也。故论本期之史，以私修者为多为佳，而官修之史，不过随以附见而已”[6]，“笃学之士，竞以作史相尚，有日新月异之势”[7]。《隋书·经籍志》所著录的曹魏至隋的1200余部的史学著作，绝大部分是门阀地主的私作。

我们再来具体考察在门阀士族统治影响下的史学的发展：从史著数量来说，自曹魏至隋，史书达1200余部，对每一王朝几乎都写有数十部史书，而写晋和梁这两朝的史书更多至百余部。[8] 据《隋书·经籍志》所载，这一时期江东世家大族的著作达300部，总计卷数约4000卷，相当于《隋书·经籍志》著录典籍的百分之五左右。[9] 从史著体例来说，

---

[1] 《隋书》卷三十三《经籍二》。

[2] 高敏：《试论魏晋南北朝时期史学的兴盛及其特征和原因》，载《史学史研究》1993年第3期，第55—61页。

[3] 《宋书》卷六十《王准之传》。

[4] 《梁书》卷三十三《刘孝绰传》。

[5] 原文为《后汉书》，据《晋书·华表传》及《史通》卷十二《古今正史》本作《汉后书》。

[6] 金毓黻：《中国史学史》，商务印书馆1999年版，第95页。

[7] 金毓黻：《中国史学史》，第101页。

[8] 参见尹达主编：《中国史学发展史》，第122页。

[9] 参见方北辰：《魏晋南朝江东世家大族述论》，载《文献》1989年第3期，第156—167页。

这一时期除编年、纪传以外，还有起居注、实录、谱牒、传记、方志、史注、史考等，《隋书·经籍志》将史部分为正史、古史、杂史、霸史、起居注、旧事、职官、仪注、刑法、杂传、地理、谱系、簿录等13类。《史通·杂述》在谈到正史以外的史著类别时说："爰及近古，斯道渐烦。史氏流别，殊途并骛。榷而为论，其流有十焉。一曰偏记，二曰小录，三曰逸事，四曰琐言，五曰郡书，六曰家史，七曰别传，八曰杂记，九曰地理书，十曰都邑簿。"《隋志》及刘知幾的分类虽不科学，但反映出魏晋南北朝时期史著体例的增加。从史学地位来说，刘歆的《七略》与班固的《汉书·艺文志》将史书著录于《六艺略》的"春秋"家之下，史学实际是经学的附庸。曹魏时郑默撰《中经》，晋荀勖因《中经》而更著《新簿》，按甲、乙、丙、丁四部来著录图书，其丙部载"史记""旧事""皇览簿""杂事"等史著。东晋李充修《晋元帝四部书目》，以甲为五经、乙为史记、丙为诸子、丁为诗赋。魏徵等撰《隋书·经籍志》，确立以经、史、子、集四部来归类图书。史学已经摆脱了经学附庸的地位而成为与经书"相亚"[1]的独立的学术门类。魏晋南北朝时期史学的发展及其地位的提高与门阀士族的统治有着极为密切的关系。

第二节　从史书内容看门阀士族对魏晋南北朝时期史学思想的影响

门阀士族的统治直接影响并促进了魏晋南北朝时期史学思想的发展，我们从史学著作的内容可以看到这一点。

门阀士族的统治同这一时期纪传体史的巨大发展有着密切关系。门阀制度是封建等级制度在家族中的表现，它萌芽于东汉，形成于魏晋，极盛于南北朝。这种制度在政治上以九品中正制为基础。九品中正制"是曹丕为换取世家豪族的支持实现代汉自立而推行的只讲门第，不讲才能的选官制度"[2]。这种制度是门阀士族垄断选举、把持政权的工具。

[1]《史通》卷十二《古今正史》。

[2] 顾奎相：《魏晋南北朝史学繁荣探源》，载《社会科学辑刊》1985年第2期，第100—106页。

在以九品中正制选官的历史条件下，社会极为讲究人的等级，上品无寒门，下品无士族，“寒素者，当谓门寒身素，无世祚之资”[1]。因此，整个社会形成品评门第、褒贬人物的风气。纪传体史以人物传记为中心，极为符合门阀士族的需要。这一时期，纪传体史得到了巨大的发展，如纪传体东汉史有谢承《后汉书》130卷、薛莹《后汉记》100卷、司马彪《续汉书》83卷、华峤《汉后书》97卷、谢沈《后汉书》120卷、张莹《后汉南记》55卷、袁山松《后汉书》100卷、刘义庆《后汉书》58卷、范晔《后汉书》90卷、萧子显《后汉书》100卷，连同东汉官修的《东观汉纪》，共计有11种。其他如纪传体三国史（包括分国史）共有11种，纪传体晋史共有14种，纪传体十六国史共有30多种，纪传体南北朝史共有14种。[2] 这类纪传体史的大量编撰，“一方面固然由于《史》《汉》两书的影响，另方面更重要的还在于九品中正制的实行有利于褒贬人物的史学思想的发展，从而使得以人物为中心的纪传体史书逐渐取得了独尊的地位”[3]。

门阀士族的统治对这一时期纪传体史书的内容有着深刻影响。在褒贬人物的史学思想的影响下，魏晋南北朝时期的纪传体史，与汉代司马迁的《史记》这部纪传体通史，及班固的《汉书》这部纪传体断代史，在内容上已经有了很大区别：《史记》《汉书》在叙述有关人物的生平事迹时，虽然也会涉及其家世，但这种涉及不仅极为简单，而且更主要的是直接为叙述传主服务；魏晋南北朝时期的纪传体史的本纪和列传则几乎成了传主人物的家谱家传，如何法盛撰《晋中兴书》、魏收撰《魏书》、沈约撰《宋书》，不仅其中所记的人物主要是门阀士族，而且几乎在每一个士族人物之下，附记其兄弟子孙达数十人。在这些纪传体史书中，充斥着对门阀士族的家诫、门风、孝道、艺业、风度等的描述和颂扬。如《魏书·卢玄传》称：“（卢玄之孙）渊、昶等并循父风，远亲疏属，叙为尊行，长者莫不毕拜致敬。闺门之礼，为世所推。谦退简约，不与世竞。

[1] 《晋书》卷四十六《李重传》。

[2] 参见张家璠、耿天勤、庞祖喜主编：《中国史学史简明教程》，广西师范大学出版社1992年版，第64页。

[3] 仓修良、魏德良：《中国古代史学史简编》，黑龙江人民出版社1983年版，第110页。

父母亡，然同居共财，自祖至孙，家内百口。”《魏书·李几传》称：“（李几）七世共居同财，家有二十二房，一百九十八口，长幼济济，风礼著闻，至于作役，卑幼竞进。乡里嗟美，标其门闾。”有的纪传体史书中，对传中人物加上各种名号以相称道。如范晔在《后汉书·党锢列传序》中引时人之语称呼“三君”“八俊”“八顾”“八及”“八厨”等名目。陈寿的《三国志》以“人杰”“英雄”“英杰”“奇才”“高俊”“奇士”“令士”“美士”“彦士”“才士”“虎臣”“良将”，以及“忠贞”“抗节”“高雅”“公直”等名目来称赞人物。这些都反映出门阀士族的统治对纪传体史书编撰的深刻影响。

门阀士族的统治不仅同纪传体史的巨大发展及其内容变化密切相关，而且导致了这一时期人物传记的发达并最终成为独立的史著门类。马克思、恩格斯曾经说过，“统治阶级的思想在每一时代都是占统治地位的思想”[1]。适应门阀士族追求人物识量、器局、风度的需要，出现了大量的名人传记。《隋书·经籍志·史部·杂传类后序》称：“故自公卿诸侯，至于群士，善恶之迹，毕集史职。而又闾胥之政，凡聚众庶，书其敬敏任恤者，族师每月书其孝悌睦姻有学者，党正岁书其德行道艺者，而入之于乡大夫。乡大夫三年大比，考其德行道艺，举其贤者能者，而献其书。”“是以穷居侧陋之士，言行必达，皆有史传。”其所著录的传记有高士、逸士、逸民、高隐、高僧、止足、孝子、孝德、孝友、忠臣、良吏、名士、文人、列士、童子、知己、列女、美妇等种类。《世说新语注》中所征引的人物别传即达80余种，其中绝大多数《隋志》没有著录。门阀士族的人物传记可谓多种多样，名目繁多。有的专记一方门阀，如《徐州先贤传》《陈留耆旧传》等；有的偏重某一士族的家族，如《太原王氏家传》《崔氏五门家传》等。有的是各种专题性的人物传记，如“先贤传”“耆旧传”“名士传”“文士传”“高士传”“忠良传”“孝友传”“列女传”“知己传”“怀旧传”“高才不遇传”“美妇人传”“妒妇人传”等。谢承有《会稽先贤传》，皇甫谧有《高士传》，习凿齿有《襄阳耆旧传》，袁宏有《三国名臣颂》《正始名士传》《竹林名士传》《中朝名士传》等，萧

[1] 马克思、恩格斯：《德意志意识形态》，《马克思恩格斯选集》第一卷，人民出版社1995年版，第98页。

广济有《孝子传》，梁元帝有《忠臣传》，江祚有《江氏家传》，裴松之有《裴氏家传》，曹毗有《曹氏家传》，范汪有《范氏家传》，明粲有《明氏家传》等。我们从各类五花八门的名目中，即可对这一时期人物传记的繁杂窥见一斑。总计起来，《隋书·经籍志》著录这一时期的人物传记有219种、1503卷，而后人据古书记载所补出书目则有219种，合计438种，约3000卷上下，占这一时期史书数量的第二位。[1]

门阀士族的统治对魏晋南北朝时期编年体史的内容也有着广泛影响。如袁宏的编年体史《后汉纪》反映出鲜明的门阀士族立场。袁氏出身于世家大族，声称“夫史传之兴，所以通古今而笃名教也”。他认为，史书应该阐扬“名教之本”，撰史应“因前代遗事，略举义教所归，庶以弘敷王道”。[2] 在袁宏看来，君臣、父子乃名教之本。他指出：“高下莫尚于天地，故贵贱拟斯以辩物；尊卑莫大于父子，故君臣象兹以成器。天地无穷之道，父子不易之体。夫以无穷之天地，不易之父子，故尊卑永固而不逾，名教大定而不乱，置之六合，充塞宇宙，自古及今，其名不去者也。未有违夫天地之性而可以序定人伦，失乎自然之理而可以彰明治体者也。”[3] 袁宏正是从维护门阀士族的名教出发来编写其编年体史《后汉纪》，“表达了门阀士族维持森严的等级制度的政治要求”[4]。

第三节　从史著体例看门阀士族对魏晋南北朝时期史学思想的影响

魏晋南北朝时期，史著体例得到巨大发展。谱牒的大量出现与方志的逐渐形成即为这一时期史著体例发展的主要表现。我们从史著体例这一角度可以看到门阀士族对这一时期史学思想的深刻影响。

门阀士族的统治直接促使这一时期谱牒学的发展。谱牒作为记载古

[1] 参见陶懋炳：《中国古代史学史略》，湖南人民出版社1987年版，第172页。
[2] 袁宏：《后汉纪序》。
[3] 《后汉纪》卷二十六。
[4] 参见尹达主编：《中国史学发展史》，第115页。

代氏族世系的书籍，起源很早。《史记·太史公自序》："维三代尚矣，年纪不可考，盖取之谱牒旧闻。"其所言谱牒即为专记古代帝王诸侯世系的书籍。战国时有《世本》记载黄帝至春秋时诸侯大夫的氏姓、世系、都邑、制作等，实为谱牒。然而，谱牒虽然早已被用来记载世系，但作为一种史体并没有被人们所认同。魏晋南北朝时期，门阀士族成为社会政治的支配力量。门阀士族最注重门第、血统、婚宦，其勋阶阀阅和门第高低的评定，端赖于对其祖宗世系的追述。在门阀制度下形成了郡望观念，人们喜欢标举郡望，以便显示门第，而门第的高下又直接关系到每个人的社会地位和政治权利。首先是选举。中正官往往凭借谱牒的记载，辨别一个人族姓的尊卑与家世的高下，然后加以选拔。选举与谱牒紧密相关，谱牒成为选举的直接依据。清代学者赵翼指出：曹魏九品中正流行，于是权归大姓，"有司选举，必稽谱籍。故官有世胄，谱有世官"。[1] 其次是婚姻。魏晋南北朝时期，各社会阶层彼此界限极为明确。高门士族地位的维持，端赖于其子弟持守礼法门风，因而十分慎重婚媾，通婚必须门当户对，士族与寒门，界限极严，不能通婚。南齐士族王源将女儿嫁给寒门满璋之的儿子，沈约竟上书弹劾，请求将王源免官禁锢。宋代学者郑樵在《通志·氏族序》中指出：隋唐以前，"官之选举，必由于簿状；家之婚姻，必由于谱系"。再次是社会生活。避讳之风盛行，对话不能触犯祖讳，因而要求人们必须精通谱牒，熟读谱录。正是因为选举、通婚与社会生活的广泛需要，所以"人尚谱系之学，家藏谱系之书"，成为魏晋南北朝时期社会的普遍现象。门阀地主为了凭其门资，平流进取，坐至公卿，保持公门有公，卿门有卿，以求永远是"上品无寒门，下品无士族"，于是大修包括姓氏、地望、世系、先人官爵、婚姻关系等内容的谱牒，导致谱牒成为一个单独的史著门类，谱牒之学极为盛行。晋代挚虞本着"备物致用，广多闻之益"的目的，撰《族姓昭穆》十卷，上疏进之。[2]《隋书·经籍志·史部·谱系类后序》称："晋世，挚虞作《族姓昭穆记》十卷，齐、梁之间，其书转广。后魏迁洛，有八氏十姓，咸出帝族。又有三十六族，则诸国之从魏者；九十二姓，世为

[1] 赵翼：《陔余丛考》卷十七，《谱学》条，中华书局2006年版。
[2]《册府元龟》卷五百六十《国史部·谱牒》，中华书局1960年版。

部落大人者，并为河南洛阳人。其中国士人，则第其门阀，有四海大姓、郡姓、州姓、县姓。及周太祖入关，诸姓子孙有功者，并令为其宗长，仍撰谱录，纪其所承。又以关内诸州，为其本望。”唐代柳芳在谈到魏晋南北朝时期的谱牒之学时说：“魏氏立九品，置中正，尊世胄，卑寒士，权归右姓已。其州大中正、主簿、郡中正、功曹，皆取著姓士族为之，以定门胄，品藻人物。晋、宋因之，始尚姓已。然其别贵贱，分士庶，不可易也。于时有司选举，必稽谱籍，而考其真伪。故官有世胄，谱有世官，贾氏、王氏谱学出焉。由是有谱局，令史职皆具。过江则为‘侨姓’，王、谢、袁、萧为大；东南则为‘吴姓’，朱、张、顾、陆为大；山东则为‘郡姓’，王、崔、卢、李、郑为大；关中亦号‘郡姓’，韦、裴、柳、薛、杨、杜首之；代北则为‘虏姓’，元、长孙、宇文、于、陆、源、窦首之。”[1] 在魏晋南北朝时期，出现了大量谱牒。《隋书·经籍志》著录的谱牒之书，有皇帝家谱、大姓家谱、地方大姓谱、百家谱、综合各州谱、氏族谱凡 44 种，通计亡书共 53 种，而实际谱牒的数量比这要大得多。刘孝标的《世说新语注》所引用的谱书即达 46 种，而其中 43 种不见于《隋志》著录，由此足见亡佚的与失于著录的谱书数量很大。据今人叶建华先生统计，仅裴松之的《三国志注》一书所参考引用的谱牒之书即达 40 种之多[2]，魏晋南北朝时期谱牒撰述之盛亦可由此窥见一斑。如东晋贾弼之一家祖孙三代世传谱学，贾弼之广集百氏谱记，其子贾渊撰《姓氏簿状》712 篇，并撰《氏族要状》及《人名书》。宋刘湛撰《百家谱》2 卷，南齐王俭将其扩大为《百家集谱》10 卷。梁徐勉著《百家谱》20 卷。河东贾氏，历东晋、宋、齐、梁四朝，世传谱学，六代人中五代有谱学著作。梁王僧孺撰《十八州谱》710 卷。这个时期的谱牒，不仅数量众多，而且门类齐全。如东晋南朝有专记侨姓士族的《百家谱》，有记南方土著士族的《南族谱》，有综合的《十八州谱》，北魏有记鲜卑贵族的《辨宗室录》《魏孝文列姓族谱》，有记汉族的《冀州姓族谱》《洪州诸姓谱》等。

---

[1] 《新唐书》卷一百九十九《柳冲传》。

[2] 叶建华：《从〈三国志注〉看裴松之的史学批评》，载《晋阳学刊》1992 年第 1 期，第 60—65 页。

门阀士族的统治对这一时期方志的形成具有重要作用。方志是中国古代记载某一地区历史、地理、社会经济、民情风俗等的典籍，其特点是亦史亦地。这类典籍的源头，可以追溯到先秦。周王室即有史官记载所谓四方之志。汉代出现了既载人物，又述风土的地记。魏晋南北朝时期，门阀士族政治上通过九品中正制，把持政权，而在经济上则霸占大量土地、山林、川泽，占有众多的佃客、部曲、奴婢，形成遍及各地的坞壁、堡垒。这一时期占统治地位的门阀士族的思想意识，实质上是其政治统治和地方豪强经济在观念形态上的反映。恩格斯指出："任何意识形态一经产生，就同现有的观念材料相结合而发展起来，并对这些材料作进一步的加工。"[1] 门阀士族的思想意识与汉代所出现的既载人物、又述风土的地记的编撰形式结合起来，从而使方志这种亦史亦地的史学著作基本形成。在东汉以前，地记类著作仅三四十部，魏晋南北朝时期却出现了数百部。从内容来说，这类著作大都以地域为中心，所记包括历史与现状，如疆域分界、山川物产、民情风俗、人物故事、建置沿革等。其中有的表彰本地人物，有的记载历史沿革，有的反映物产风俗，有的叙述山川景色，都是从不同的角度反映随着地方经济的发展和门阀士族势力的增长而导致的各地社会情况的变化。从体例来说，这类著作有的称记，有的称传，有的称志，有的称录，有的称图经，有的称地谱，还有其他一些述土地、户口、冢墓、宫观、建筑之类的著作。这一时期，全国性的地理志著作有《太康土地记》《舆地志》，记载某一地方地理的有《洛阳记》《吴郡记》《巴蜀记》等，记载某一地方风俗的有《陈留风俗传》《北荒风俗传》等，记载某一地方物产的有《南州异物志》《凉州异物志》等，记载某地寺观的有《京师寺塔记》《华山精舍记》等。魏晋南北朝时期，无论是通邑大都，抑或是边远州郡，都有这类著作记其史地，有的地区甚至多达近十部。《隋书·经籍志》著录的这类著作有140种左右，1434卷；清人姚振宗补充著录152种。两者合计近300种，约3000卷。[2] 南齐人陆澄搜集160家地记编成《地理书》145卷，录1卷。

[1] 恩格斯：《路德维希·费尔巴哈和德国古典哲学的终结》，《马克思恩格斯选集》第4卷，人民出版社2012年版，第261页。

[2] 参见姚振宗：《隋书经籍志考证》。

梁人任昉又在陆澄《地理书》的基础上新收84家著作，编为《地记》252卷。这类著作内容广泛，体例不一：有的以州为记载对象，如南方有《扬州记》《荆州记》《湘州记》《益州记》等，北方有《冀州记》《秦州记》《沙州记》等，有的以郡为记载对象，南方有《吴兴记》《吴郡记》《会稽记》《豫章记》《宣城记》《安城记》等，北方有《上党记》《仇池记》，[1] 其共同特点是亦史亦地。如挚虞的《畿服经》，《隋书·经籍志》称："晋世，挚虞依《禹贡》《周官》，作《畿服经》，其州郡及县分野封略事业，国邑山陵水泉，乡亭城道里土田，民物风俗，先贤旧好，靡不具悉，凡一百七十卷。"如晋常璩的《华阳国志》记巴蜀、汉中、南中一带的地理、人物、风俗、物产、民族、传说。其卷目有《巴志》《汉中志》《蜀志》《南中志》《公孙述刘二牧志》《先主志》《刘后主志》《大同志》《李特雄期寿势志》《汉中士女志》《后贤志》《序志》等。从这些卷目名称可知其内容是以风土人物为主，将风土人物与割据政权的历史合而为一，形成一个有机的整体。这类亦史亦地的著作的出现标志着方志类别已经逐渐形成。

第四节　门阀士族的统治与魏晋南北朝时期史学的局限性

门阀士族标榜郡望门第，注重勋阶阀阅，喜欢褒贬人物，致使史著大量记载门阀士族的家世与生平，忽视了其他历史现象。讲求门第、褒贬人物的风气，使得众多的史家舞文弄墨，文过饰非，或曲说以邀宠，或谄媚以取荣。正如刘知幾所指出的，"用舍由乎臆说，威福行乎笔端，斯乃作者之丑行，人伦所同疾也"[2]。如沈约的《宋书》凡高门士族都有"佳传""美名"，又如魏收的《魏书》对参与修史诸人的祖宗姻戚多饰以美言，夙有怨者，则多没其誉。

---

[1] 参见周一良：《读邺中记》，《魏晋南北朝史论集》，北京大学出版社1997年版，第474页。

[2] 《史通》卷七《曲笔》。

门阀士族为了保持自己的门第，大修谱牒，使谱牒成为这一时期史著之中的一个主要门类。这不仅导致整个社会门第等级观念盛行，而且影响史学家对其他社会问题的关注与研究。一些寒门庶族为了改变自己的地位，联姻豪门，结攀士族，甚至用金钱贿赂谱学家窜乱谱籍，出现了“改注籍状，诈入仕流，昔为人役者今反役人”[1]之类的现象。碑碣之类，多为其后人请名士追记，充斥夸饰溢美之词，更难信实，如需引用，当高鉴择之。

门阀士族标榜门第，喜欢炫耀家族与先祖的功德。这种风气使这一时期的纪传体史的列传几乎成了传主的家谱汇编。《三国志》《后汉书》都极为重视叙述传主的家世。《后汉书》有列传 80 卷，其专传 18 卷中，有 14 卷为家传。而合传的 57 卷所记人物中，竟有 38 人附记其子孙。有的列传还附记其家族历代仕宦情况。《邓禹传》末写道：“邓氏自中兴后，累世宠贵，凡侯者二十九人，公二人，大将军以下十三人，中二千石十四人，列校二十二人，州牧、郡守四十八人，其余侍中、将、大夫、郎、谒者不可胜数。”沈约的《宋书》往往把父子、祖孙、兄弟、叔伯子侄等附列，一传之中设许多附传。如《刘穆之传》即附“长子虑之”“虑之子邕”“穆之中子式之”“式之子瑀”“穆之少子贞之”“穆之女婿蔡祐”等人的传。《沈庆之传》即附有“长子文叔”“庆之弟劭之”“兄子僧荣”“僧荣子怀明”“庆之从弟法系”等人的传。这种列传实际上类似于门阀士族地主的族谱。正如有的学者所指出的，“这种族谱式传记的增多，正是门阀世族势力的发展在史学上的反映”[2]。萧子显的《南齐书》记叙士族则必载其先世官阶履历。魏收的《魏书》不仅仅记载传主的家世子孙，而且叙及其数代后裔，甚至旁及疏支远族，一人之下附记者多达十余人乃至数十人，如其中《穆崇传》附记穆姓鲜卑贵族竟至 66 人。这一时期纪传体史的家谱化不仅弱化了关于其他历史内容的记载，而且使得纪传体史本身日益呆板固滞，极大地降低了其学术品位与学术价值。

门阀士族把持仕途。魏晋南北朝时期社会动乱的环境，致使门阀士

---

[1] 《南齐书》卷三十四《虞玩之传》。

[2] 参见刘静夫：《沈约》，陈清泉等主编《中国史学家评传》，中州古籍出版社 1985 年版。

族的学者文人在一定程度上摆脱了儒家思想的束缚，思想空前活跃。有的高谈玄理，崇尚虚无；有的沉迷佛学，寻求解脱；有的身兼数家，既通儒，又懂佛、道、玄。在这一时期，老庄思想、佛教哲学渗透到历史著作中，“成为历史家的中心思想”[1]。由于高谈玄理，崇尚空谈，一些史家不去认真搜集史料以考辨史实，不做深入扎实的研究，而乐于将社会上虚浮不实之词、怪诞不经之说写进史著。有的“苟出异端，虚益新事，至如禹生启石，伊产空桑，海客乘槎以登汉，姮娥窃药以奔月”[2]；有的“喜载调谑小辨，嗤鄙异闻”[3]；有的道听途说，乱用典故；有的喜采民谣俗语，宣扬因果报应，生死轮回。

魏晋南北朝时期，社会长期处于分裂状态，政权更迭频繁，门阀士族内部的斗争非常激烈。在这种险恶的政治环境里，稍一不慎即招来杀身之祸。因此，这一时期的史家中不少人为了全身免祸，尽力避免触犯当权者的忌讳，致使曲笔回护盛行。如王沈的《魏书》，“多为时讳，殊非实录”[4]。如陈寿的《三国志》既要为曹魏回护，又要为司马氏回护，正如刘知幾所指出的，“当宣、景开基之始，曹、马构纷之际，或列营渭曲，见屈武侯，或发仗云台，取伤成济”[5]。如沈约撰《宋书》，“舞词弄札，饰非文过”[6]，既为刘宋回护，又为萧齐回护，篡夺被说成禅让，许多历史事实乖违颠倒，混淆不清。如萧子显的《南齐书》记宋齐革易之际，绝不见篡夺之迹。如魏收的《魏书》更不乏恣意颠倒、褒贬失当之处。他“性憎胜已，喜念旧恶，甲门盛德与之有怨者，莫不被以丑言，没其善事。迁怒所至，毁及高曾”，“由是世薄其书，号为‘秽史’”。[7]裴松之在谈到一些史书曲笔时说：“轻弄翰墨，妄生异端，以行其书。如此之类，正足以诬罔视听，疑误后生矣。实史籍之罪人，达学之所不取

[1] 参见刘节：《中国史学史稿》，中州书画社 1982 年版，第 119 页。

[2] 《史通》卷五《采撰》。

[3] 《史通》卷八《书事》。

[4] 《史通》卷十二《古今正史》。

[5] 《史通》卷七《直书》。

[6] 《史通》卷七《曲笔》。

[7] 《史通》卷十二《古今正史》。

者也。”[1]

门阀士族的统治及思想文化领域玄学与佛教的流行，使得这一时期的学者文人喜欢空谈。他们注重文辞华美，追求行文艳丽。这种文风影响到史学的正常发展。又由于撰史之人有的以史显名邀功，有的以史求取官位，有的以史附从风雅，有的以史寻求解脱，真正才、学、识兼备者甚少，其中不少人既无史才史识，又不懂史法史学，或根据传闻异辞记事，或以稗官野乘作为史料。史家主体的这种状况必然影响到史学的正常发展。刘知幾曾批评这一时期的一些史家说，“作者芜音累句，云蒸泉涌。其为文也，大抵编字不只，捶句皆双，修短取均，奇偶相配。故应以一言蔽者，辄足为二言；应以三句成文者，必分为四句，弥漫重沓，不知所裁”；“其立言也，或虚加练饰，轻事雕彩；或体兼赋颂，词类俳优。文非文，史非史。譬夫乌孙造室，杂以汉仪，而刻鹄不成，反类于鹜者也”。[2] 这种“华多于实，理少于文，鼓其雄辞，夸其俪事”[3] 的文风，使这一时期的许多史著内容空疏，华而无物。

综上所述，门阀士族的统治促进了魏晋南北朝时期史学的发展，对这一时期史书的内容与史著的体例有着广泛影响，但又致使史学的发展存在许多历史局限性，影响其正常发展。魏晋南北朝时期的史学，深深地打上了门阀士族的烙印。

[1] 《三国志》卷六《袁绍传》。
[2] 《史通》卷六《叙事》。
[3] 《史通》卷四《论赞》。

第二章　民族关系与魏晋南北朝时期的史学思想

魏晋南北朝时期，除西晋曾有过极为短暂的统一以外，其余绝大部分时间处于南北对立、分裂割据的状态。北方各少数民族大规模入主中原，并且相继在中原地区建立政权。南方的汉族政权与中原地区的少数民族政权长期处于鼎立并存状态。中原各民族之间，北方各少数民族与南方的汉民族之间，既经历了严重的冲突与对撞，又存在着相互吸纳与融合；有斗争，有妥协，总的趋势是在冲突与对撞的过程中走向融合。这是魏晋南北朝时期民族关系总的特点。民族关系的这个特点对这一时期的史学思想有着深刻影响。在此，我们将魏晋南北朝时期的民族关系与这一时期的史学思想结合起来，做一点探讨。

第一节　魏晋南北朝民族关系总的特点：在冲突与对立的过程中走向融合

魏晋南北朝时期，各民族之间的关系错综复杂。这里主要是指中原地区的民族关系复杂。北方匈奴、鲜卑、羯、氐、羌等民族大规模进入中原，并在中原地区相继建立各类政权，持续时间近 3 个世纪，相继成为中原地区的统治民族；而原居于统治地位的北方汉族，虽然在人口数量上仍然是大多数，但在社会地位上则已变成被统治民族。尽管如此，由于汉族的经济、政治、思想、文化等远比周边各少数民族进步，因而对各少数民族有着极大的吸引力与凝聚力，促进了民族融合。入主中原建立政权的少数民族统治者依靠汉族的门阀地主进行统治，这些少数民族建立的政权实质上是少数民族统治者与汉族门阀地主的联合专政。各少数民族大量吸收汉族先进的东西，从生产方法到文学艺术，并逐渐采用汉族的语言文字。正如恩格斯所说的："在长期的征服中，比较野蛮的征服者，在绝大多数情况下，都不得不适应由于征服而面临的比较高的'经济状况'；他们为被征服者所同化，而且多半甚至不得不采用被征服者的语言。"[1] 魏晋南北朝时期，各民族之间，特别是汉民族与入主中原的少数民族之间，既有彼此之间的冲突、对撞、歧视、压迫，又有相互之间的借鉴、学习、吸收、融合。通过相互斗争而又相互融合，内迁各族加速了封建化与汉化的过程。民族关系总的趋势是：一些内迁建立政权的少数民族，"在汉族高度经济与文化的影响之下，逐渐趋于融合，形成为中华民族之整体"[2]。在这个整体中，汉族人数最多，生产水平与文化水平最高，其作为主体民族的地位并没有改变。

陈寅恪先生曾言："汉人与胡人之分别，在北朝时代文化较血统尤为重要。凡汉化之人即目为汉人，胡化之人即目为胡人，其血统如何，在所不论。"[3] 内迁的各族都热心中原文化，重视中原文化传统。五胡之中，匈奴、氐、羌等长期居住内地，受汉族影响较大；慕容鲜卑居辽东近塞，"渐慕诸夏之风"[4]。在意识形态上，各少数民族的统治者都崇尚并主动接受自两汉以来居于主导地位的儒学。十六国时期，各国根据汉代的制度，设立太学与五经博士，传受经学，出现了不少著名经学家。如后秦的姜龛、淳于岐、郭高等人，各自门徒数百，生徒至长安者达万

[1] 恩格斯：《反杜林论》，《马克思恩格斯选集》第3卷，人民出版社2012年版，第563页。

[2] 缪钺：《略谈五胡十六国与北朝时期的民族关系》，中国魏晋南北朝史学会编《魏晋南北朝史研究》，第11页。

[3] 陈寅恪：《唐代政治史述论稿》，生活·读书·新知三联书店1956年版，第17页。

[4] 参见《晋书》卷一百八《慕容廆载记》。

余人。胡辩在洛阳有弟子千余人。这一时期，“在辽西、邺城、长安、洛阳、河西等地形成多个文化中心。这些区域性文化中心具有一个共同特点，即都继承了两汉时形成的以儒家思想为核心的中原传统文化，同时又吸收了内迁各族的文化”；在河西建立前凉、后凉、南凉、北凉政权的统治者，“不论建国者族属如何，他们都继承和发扬了两汉时期的传统文化，也反映了这一地区的氐、羌、鲜卑、匈奴等各族虽都不同程度地保留了本民族的文化特点，但对两汉的中原传统文化已趋于认同”。[1] 在北朝时期，鲜卑族在与中原汉族的交往中逐渐接受汉族的文化。天兴元年（398）北魏迁都平城（今大同），始营宫室，建宗庙，立社稷，命邓渊典官制，立爵品、定律吕、协音乐，董谧撰礼仪，王德定律令、申科禁，姚崇造浑仪、考天象。北魏太武帝拓跋焘在位时，重用汉族士大夫，下诏征范阳卢玄、赵郡李灵、渤海高允等大族儒生，及州郡所遣，至者数百人。魏太武帝尊崇儒学，重视教育。始光三年（426），“起太学于城东，祀孔子，以颜渊配”，太平真君五年（444）下诏，要求自王公以下至于卿士，其子孙“皆诣太学”受学。[2] 北周宇文泰重用士族苏绰、卢辩等，模仿《周礼》，改定官制，以承继西周文化自居。北周赵王宇文招“博涉群书，好属文，学庾信体”，滕王宇文逌“少好经史，解属文”，“所著文章，颇行于世”。[3]

从十六国到北朝，内迁各族主动吸收中原传统文化，其统治者大都具有较高的文化素养，热心儒学。如匈奴人刘宣“好《毛诗》《左氏传》”[4]，而建立前汉的匈奴贵族刘渊“习《毛诗》《京氏易》《马氏尚书》，尤好《春秋左氏传》《孙吴兵法》，略皆诵之，《史》、《汉》、诸子，无不综览”[5]。刘渊死后，嗣位的儿子刘和也是“习《毛诗》《左氏春秋》《郑氏易》”。此后嗣位的第四子刘聪，不仅“年十四，究通经史，

[1] 邱久荣：《魏晋南北朝时期的“大一统”思想》，载《中央民族学院学报》1993年第4期，第45—51页。

[2] 参见《魏书》卷四（上、下）《世祖纪》（上、下）。

[3] 《北史》卷五十八《周室诸王传》。

[4] 《晋书》卷一百一《刘元海载记》附《刘宣载记》。

[5] 《晋书》卷一百一《刘元海载记》。

兼综百家之言，《孙吴兵法》靡不诵之”[1]，而且工草隶，善属文。刘曜（刘渊族子）主政，“立太学于长乐宫东，小学于未央宫西，简百姓年二十五已下十三已上，神志可教者千五百人，选朝贤宿儒明经笃学教之”[2]。建立后赵的羯族人石勒虽不识汉字，却“亲临大小学，考诸学生经义，尤高者赏帛有差”[3]，常令儒生读史书而听之。石勒的太子石弘长期跟杜嘏读经，“其所亲昵，莫非儒素”[4]。石季龙认为，“政以均平为首，化以仁惠为本”，他“颇慕经学，遣国子博士诣洛阳写石经，校中经于秘书”。[5] 前燕奠基者慕容廆重视中原传统文化，以儒学该通的刘讚为东庠祭酒，教鲜卑贵族子弟。他自己亲临听讲，世子慕容皝束脩受业，史称“廆览政之暇，亲临听之，于是路有颂声，礼让兴矣”[6]。前秦主苻坚广修学宫，召公卿子弟就学，“修废职，继绝世，礼神祇，课农桑，立学校”，并亲临太学，考学生经义，与博士问难，史称“自永嘉之乱，庠序无闻，及坚之僭，颇留心儒学，王猛整齐风俗，政理称举，学校渐兴，关陇清晏，百姓丰乐”。[7] 卢水胡大且渠蒙逊遣使到南朝刘宋“请《周易》及子集诸书”，甚至上表称自己为“大宋之宗臣”。[8] 南凉王秃发傉檀与后秦使者韦宗“论六国从横之规，三家战争之略，远言天命废兴，近陈人事成败”。事后，关中士族名门出身的韦宗说：“命世大才，经纶名教者，不必华宗夏士；拨烦理乱，澄气济世者，亦未必《八索》《九丘》。《五经》之外，冠冕之表，复自有人。车骑（指傉檀）神机秀发，信一代之伟人，由余、日磾岂足为多也!”[9] 北魏统治者建国，定国号，行夏正，从五行，祀孔子，尚儒学，推行均田制、三长制、俸禄制，认为儒学是治世之道，宣称如能做到“夫妇既亲，然后父子君

[1]《晋书》卷一百二《刘聪载记》。
[2]《晋书》卷一百三《刘曜载记》。
[3]《晋书》卷一百五《石勒载记下》。
[4]《晋书》卷一百五《石勒载记下》。
[5]《晋书》卷一百六《石季龙载记上》。
[6]《晋书》卷一百八《慕容廆载记》。
[7]《晋书》卷一百十三《苻坚载记上》。
[8] 参见《宋书》卷九十八《大且渠蒙逊传》。
[9]《晋书》卷一百二十六《秃发傉檀载记》。

臣，礼义忠孝，于斯备矣”[1]。北魏孝文帝元宏（即拓跋宏）迁都洛阳，说汉语，改汉姓，大力推行汉化改革，他自己“雅好读书，手不释卷，五经之义，览之便讲，史传百家，无不该涉。善谈《庄》《老》，尤精释义，才藻富赡，好为文章诗赋铭颂，任兴而作”[2]。

这些事例说明，内迁的各族统治者接受中原文化，特别是热心儒学，加速了其封建化的进程，使各民族之间形成了共同的社会意识形态，文化上的差别日益缩小，各族之间的隔阂逐渐被打破。北魏太和中，韩显宗上言称：“伏见洛京之制，居民以官位相从，不依族类。”[3] 梁人陈庆之自北魏都城洛阳返回后感慨地说：“吾始以为大江以北皆戎狄之乡，比至洛阳，乃知衣冠人物尽在中原，非江东所及也，奈何轻之?”[4] 白寿彝先生在谈到这一时期民族关系的特点时说得好：“民族分分合合，使汉族本身得到了一定程度的更新，一些少数民族得到经济上和文化上的提高，全国封建化过程有了进一步的发展。”[5]

第二节　民族史撰著与民族平等的史学思想

魏晋南北朝时期，各少数民族统治者接受中原传统文化，接受儒学作为社会共同的意识形态，提高了自身的文化素养。北方各少数民族纷纷入主中原建立政权，他们与汉族政权一样，同样重视历史经验的总结，重视历史著作的编撰。据《史通·史官建置》所列，十六国中前赵、后赵、前燕、后燕、南燕、北燕、后凉、南凉、北凉、前秦、后秦、西秦、夏、成汉等各个少数民族政权都设立专门的修史机构，为自己所建立的政权修撰史书，汉族建立的前凉、西凉也是如此。《隋书·经籍志》说：“自晋永嘉之乱，皇纲失驭，九州君长，据有中原者甚众。或推奉正朔，

[1] 《魏书》卷二十一上《咸阳王禧传》。
[2] 《廿二史札记》卷十四，《魏孝文帝文学》条。
[3] 《魏书》卷六十《韩麒麟传》附《韩显宗传》。
[4] 《资治通鉴》卷一百五十三，梁武帝中大通元年。
[5] 白寿彝主编：《中国通史》导论卷，上海人民出版社 1989 年版，第 14 页。

或假名窃号，然其君臣忠义之节，经国字民之务，盖亦勤矣。而当时臣子，亦各记录。”《史通·史官建置》载，“伪汉嘉平初，公师彧以太中大夫领左国史，撰其国君臣纪传”，即《高祖本纪》《功臣传》等。后赵石勒时，设经学、律学、史学，以任播、崔浚为史学祭酒，命记室佐明楷、程机撰《上党国记》，中大夫傅彪、贾蒲、江轨撰《大将军起居注》，参军石泰、石同等撰《大单于志》等。[1] 南燕统治者命史官撰《二主起居注》。后燕建兴元年诏“草创后书”，著本纪、列传等。董统奉诏撰《后燕书》，“慕容垂称其叙事富赡，足成一家言，但褒述过美，有惭董、史之直”[2]。西凉与西秦亦著有国史。北朝的一些少数民族统治者较之南朝汉族统治者更为重视史学，修史局、起居令史和起居省的设置，均为北朝所创，而为南朝所无。北魏时期，专职记注皇帝言行的史官从著作郎分职而出，《通典》卷二十一《职官三》称：“后魏始置其起居令史，每行幸宴会，则在御左右，记录帝言及宴宾客训答。后又别置修起居注二人，以他官领之。北齐有起居省。后周有外史，掌书王言及动作之事，以为国志，即起居之职；又有著作二人，掌缀国录，则起居注、著作之任，自此而分也。”这样形成了专职史官记载皇帝言行修撰起居注的制度。北朝自北魏末年始，历北齐、北周，形成了由宰相监修国史的制度。北魏道武时所撰国书、神嘉国书及文成帝和平元年所修国记，均为编年体国史。北魏孝文帝亲择韩显宗等人为著作郎掌修史，并对韩显宗、程灵虬说：“著作之任，国言是司。卿等之才，朕自委悉。”[3] 孝文帝太和十一年（487），诏秘书丞李彪、著作郎崔光等依纪传之体，“改析国记”[4]。这些说明，重视史学是十六国与北朝的共同特点。

十六国时期及随后的北朝时期，各少数民族政权都有史书记载其历史。这些政权所修国史，名称各不相同，称为记、书、录、志、纪等。各少数民族政权对史学的重视，使得这一时期出现了大量的民族史著作。如和苞有《汉赵记》10 卷，田融有《赵书》10 卷，王度有《二石传》2

[1] 参见《晋书》卷一百五《石勒载记下》。

[2] 《史通》卷十二《古今正史》。

[3] 《册府元龟》卷五百五十四《国史部·选任》。

[4] 《魏书》卷七下《高祖纪下》。

卷，常璩有《汉之书》10卷，杜辅有《燕记》（卷数不详），范亨有《燕书》21卷，董统有《后燕书》30卷，封懿有《燕书》（卷数不详），张诠有《南燕录》5卷，璟晖有《南燕录》6卷，游览先生有《南燕书》7卷，高闾有《燕志》10卷，何仲熙有《秦书》8卷，裴景仁有《秦记》11卷，姚和都有《秦记》10卷，张谘有《凉记》8卷，索绥有《凉国春秋》50卷，刘庆有《凉记》12卷，刘昺有《凉书》10卷，喻归有《西河记》2卷，段龟龙有《凉记》10卷，高道让有《凉书》10卷，宗钦有《凉书》10卷，佚名氏有《拓跋凉录》10卷，刘昺有《敦煌实录》10卷，赵思群有《夏国书》（卷数不详），崔鸿有《十六国春秋》100卷，萧方等有《三十国春秋》30卷，李概有《战国春秋》20卷。[1] 这些十六国史著作，除少数是东晋南朝人所撰以外，绝大多数为当时人及北朝人所作。北魏宣武帝时撰有《孝文起居注》《孝庄纪》《辨宗室录》，及《代纪》《魏书》等。北齐时，崔子发撰《齐纪》，祖孝征撰《献武起居注》，陆元规撰《皇帝实录》，李德林参与修撰纪传体国史《齐史》。从十六国时期到后来的北朝时期，“近三百年间，由少数族、或主要由少数族建立的近二十个政权，都分别有一部、乃至好几部官修国史，以及起居注、典志、谱牒、实录等其他形式的官修史书”[2]。综观这些民族史著作，其中有一批是比较好的，从思想上来说，多数作品在一定程度上突破了传统的正统观念，“反映了各个民族对中国历史的创造”[3]。

魏晋南北朝时期，随着各民族交往的频繁和民族融合趋势的发展，南北政权在相互对立的同时逐渐有了平等交往。太元二十一年（396），晋安帝司马德宗即位，遣使至魏。[4] 这说明江左君臣放弃了曾是中原君臣的名分，与“盗窃”中土的夷狄之君平等对话，承认彼此互为邻国。刘裕代晋以后，刘宋与北魏之间“频请和通”[5]。在刘宋后期的元徽、升明之时，“虏使岁通”[6]。南齐武帝永明年间，多次派遣使者与北魏通

[1]《中华文明史》第4卷，河北教育出版社1992年版，第444页。

[2] 尹达主编：《中国史学发展史》，第130页。

[3] 吴怀祺：《中国史学思想史》，第158页。

[4] 参见《魏书》卷二十四《崔玄伯传》。

[5]《魏书》卷九十七《岛夷刘裕传》。

[6]《南齐书》卷五十七《魏虏列传》。

好。民族平等成为各族人民的共同愿望，这种愿望在许多民族史著作中不同程度地反映出来。北魏史学家范亨、韩显宗、姚和都、崔鸿等人的著作中，反映出某些民族平等的思想倾向。如范亨的《燕书》、韩显宗的《燕志》、姚和都的《凉书》等，在记载各国史事时，系以各自年号，各国国主按正史本纪体例编年记事。这种编撰形式反映出这些史书的作者将各国历史置于平等地位加以审视。南朝梁萧方等的《三十国春秋》是一部反映各族人民友好相处愿望的史著，该书以两晋为主，用其年号编年，将刘渊等29国政事人物分记其中。这种记事方法，“是在承认各族政权客观存在的前提下，突破了分国立史的作法，反映了民族趋向统一、祖国不可分割的历史。这种历史编纂方法及其史学思想，在当时的历史条件下，具有进步意义”[1]。北魏崔鸿的《十六国春秋》是一部系统记载五胡十六国历史的著作。全书100卷，有序例、表、赞，体例完备，所记十六国为：前赵、后赵、前燕、前秦、后燕、后秦、南燕、夏、前凉、蜀、后凉、西秦、南凉、西凉、北凉、北燕。其体例是分国记事，称之为录，把各国的帝纪改名为传。作者“区分时事，各系本录”[2]，足以包举各家十六国史书，实为集大成之作。十六国虽没有统一的纪年，而东晋与十六国相始终。崔鸿认为，“自晋永宁以后，虽所在称兵，竞自尊树，而能建邦命氏成为战国者，十有六家。善恶兴灭之形，用兵乖会之势，亦足以垂之将来，昭明劝戒”[3]。所以崔鸿虽不记东晋之事而用其纪年。这种编撰形式，不为当时分裂割据、南北对立的国家政权的界限所囿，其所审视的空间范围，是中国境内各民族相继建立的政权。在作者视野中，整个中国被当作一个多民族国家，纷繁复杂的十六国史被写成了一部统一的各民族的发展史。正如有的学者所说的，这类史著“摒弃了视十六国为‘偏霸’‘群盗’的民族偏见，同时，在尊重客观现实，承认各族政权的前提下，把十六国作为一个历史发展时期，作为一些区域性政权加以考察著录，不把东晋、宋、齐作为‘僭伪’附庸于十六国，亦不推崇北魏政权为正统，而是将他们放在同等的地位上，互不

[1] 尹达主编：《中国史学发展史》，第133页。
[2] 《魏书》卷六十七《崔光传》附《崔鸿传》。
[3] 《魏书》卷六十七《崔光传》附《崔鸿传》。

统摄，分国立史”。这种历史观，“超越了封建‘正统’与‘僭伪’思想的束缚，摆脱了传统的‘贵中华而贱夷狄’观念的影响”，“在当时的历史条件下，是具有进步意义的，对后世也产生了积极的影响”。[1]《十六国春秋》不仅在史学思想方面具有重要价值，而且还有着极为重要的史料价值，刘知幾称道该书：“考核众家，辨其同异，除烦补阙，错综纲纪。”[2] 唐初修撰《晋书》，其《载记》部分主要是采录《十六国春秋》的材料。萧子显的《南齐书》虽仍然从华夏正统思想出发，将北魏称为“魏虏”，但书中称道东晋及南朝对北朝的和平交往的历史活动，主张使南北之间人民“安堵”，“百姓附农桑而不失业”。[3] 这些主张也反映出民族平等的愿望与要求。

然而，我们在看到魏晋南北朝时期的民族平等的史学思想的同时，又应当指出这个时期存在着民族歧视的思想。如西晋江统的《徙戎论》即代表了这种思想。江统不是以平等的态度看待羌氐族，这是当时史学思想中的另一股思潮。

第三节　魏晋南北朝时期大一统思想与史学

所谓大一统，这本来是儒家春秋公羊学的一个重要命题，语出《公羊传》鲁隐公元年：“何言乎王正月？大一统也。”西汉时期，以董仲舒为代表的公羊家阐发《公羊传》的理论，主张政治上加强中央集权，思想上独尊儒术。其大一统思想包括政治大一统与思想大一统两个层面。司马迁摒弃传统的“内诸夏而外夷狄”的历史观念，以大一统思想来审视中原地区的华夏民族与周边地区的蛮夷之间的历史，将四夷都视为黄帝的后代。司马迁在《史记》中对四夷历史的记载，反映出汉人渴望国家统一的大一统思想。汉代以后，大一统思想内化成为中华民族共同的

[1] 韩杰：《北魏时期“十六国史”撰述的史学成就》，载《思想战线》1993 年第 4 期，第 76—79 页。

[2] 《史通》卷十二《古今正史》。

[3] 《南齐书》卷五十七《魏虏列传》。

民族心理和政治要求。魏晋南北朝时期长期处于分裂割据、南北对立状态。汉民族与内迁的各少数民族之间，既存在对立与冲突，又逐渐走向认同与融合。在复杂的民族关系的历史背景下，大一统的思想成为各民族之间相互联系的思想纽带，既是这个时期各民族普遍追求的政治理念，又成为这一时期人们审视历史与现实的一种极为重要的史学思想。

魏晋南北朝时期的大一统思想首先体现在各民族统治者并不满足于割据状态，而想凭借自己的力量，实现北方乃至全国的统一。汉族政权的统治者力图实现统一，各少数民族统治者同样力图统一。氐族首领苻坚建立前秦以后，决心实现全国统一，宣称："吾统承大业垂二十载，芟夷逋秽，四方略定，惟东南一隅未宾王化。吾每思天下不一，未尝不临食辍餔"，"但思混一六合，以济苍生"。[1] 在大举进攻东晋之际，苻坚下诏声称，他准备在实现统一以后，以晋孝武帝司马昌明为尚书左仆射，以谢安为吏部尚书，以桓冲为侍中，并要求在长安预先为他们修建府邸。匈奴人赫连勃勃建立夏国以后，也以统一天下为己任，在修建都城时即宣称："朕方统一天下，君临万邦，可以统万为名。"[2] 北魏开国君主拓跋珪宣称："世俗谓汉高起于布衣而有天下，此未达其故也。夫刘承尧统，旷世继德……天人俱协，明革命之主，大运所钟，不可以非望求也。然狂狡之徒，所以颠蹶而不已者，诚惑于逐鹿之说，而迷于天命也。故有踵覆车之轨，蹈衅逆之踪，毒甚者倾州郡，害微者败邑里，至乃身死名颓，殃及九族，从乱随流，死而不悔，岂不痛哉！《春秋》之义，大一统之美，吴楚僭号，久加诛绝，君子贱其伪名，比之尘垢。自非继圣载德，天人合会，帝王之业，夫岂虚应。"[3] 北魏太武帝拓跋焘将南北对峙的分界线推进到淮水，并以实现统一为己任。北魏孝文帝元宏迁都洛阳，推行汉化，连自己的姓氏也由拓跋改元，目的就是追求实现统一。追求统一是魏晋南北朝各民族政权的共同思想。

魏晋南北朝时期的大一统思想其次体现在各民族统治者将儒学作为共同的意识形态。他们追求思想上的一统，以儒学作为治理国家的指导

[1] 《晋书》卷一百十四《苻坚载记下》。
[2] 《晋书》卷一百三十《赫连勃勃载记》。
[3] 《魏书》卷二《太祖纪》。

思想。汉族统治者尊崇儒学自不待言，各内迁的少数民族统治者同样尊崇儒学。前已述及，十六国的统治者都崇尚儒学，具有较高的儒学造诣，儒学在各族统治者治理国家的过程中发挥着重要作用。到北朝时期，社会相对安定，儒学的社会地位越来越高，社会影响越来越大。《北史·儒林列传》称："魏道武初定中原，虽日不暇给，始建都邑，便以经术为先。立太学，置五经博士生员千有余人"，"汉世，郑玄并为众经注解，服虔、何休，各有所说。玄《易》《诗》《书》《礼》《论语》《孝经》，虔《左氏春秋》，休《公羊传》，大行于河北"。《隋书·儒林列传》称："高祖膺期纂历，平一寰宇，顿天网以掩之，贲旌帛以礼之，设好爵以縻之，于是四海九州强学待问之士靡不毕集焉"，"齐、鲁、赵、魏，学者尤多，负笈追师，不远千里，讲诵之声，道路不绝。中州儒雅之盛，自汉魏以来，一时而已"。

魏晋南北朝时期的大一统思想又体现在内迁各民族统治者都以炎黄子孙自居，宣称各族同祖同源，都有权成为天子。匈奴人刘渊建立前汉，宣称："夫帝王岂有常哉！大禹出于西戎，文王生于东夷，顾惟德所授耳。今见众十余万，皆一当晋十，鼓行而摧乱晋，犹拉枯耳。上可成汉高之业，下不失为魏氏……汉有天下世长，恩德结于人心，是以昭烈崎岖于一州之地，而能抗衡于天下。吾又汉氏之甥，约为兄弟，兄亡弟绍，不亦可乎？且可称汉，追尊后主，以怀人望。"他"追尊刘禅为孝怀皇帝，立汉高祖以下三祖五宗神主而祭之"[1]。夏国建立者匈奴贵族赫连勃勃宣称其出自淳维，是夏禹之后，故其所建国家以大夏命名。前燕、后燕、西燕、南燕的建国者鲜卑贵族慕容氏，宣称"其先有熊氏之苗裔，世居北夷，邑于紫蒙之野，号曰东胡"[2]。慕容廆宣称，"奈何以华夷之异，有怀介然！且大禹生于西羌，文王生于东夷，但问志略何如耳"[3]。前秦君主苻坚言"朕方混六合为一家，视夷狄为赤子"[4]，认为"帝王历数岂有常哉，惟德之所授耳"[5]，而他本人即为承受天命的有德之君。

---

[1] 《晋书》卷一百一《刘元海载记》。

[2] 《晋书》卷一百八《慕容廆载记》。

[3] 《晋书》卷一百八《慕容廆载记》。

[4] 《资治通鉴》卷一百三，晋孝武帝宁康元年。

[5] 《晋书》卷一百十四《苻坚载记》附《苻融载记》。

后凉建国者氐人吕光，宣称“其先吕文和，汉文帝初，自沛避难徙焉”[1]。后秦建国者羌人姚苌，宣称“其先有虞氏之苗裔。禹封舜少子于西戎，世为羌酋”[2]。南凉建国者鲜卑秃发氏宣称其先与后魏同出。北魏统治者标榜自己是黄帝的后裔。《魏书·序纪》称：“黄帝有子二十五人，或内列诸华，或外分荒服，昌意少子，受封北土，国有大鲜卑山，因以为号”，“黄帝以土德王，北俗谓土为托，谓后为跋，故以为氏”。北周统治者鲜卑宇文氏宣称自己是炎帝之后。[3]

魏晋南北朝时期的大一统思想最后还体现在各民族统治者都具有以统一的中国为内容的祖国观念。汉族统治者以统一的中原王朝的疆域作为自己的祖国，各少数民族统治者同样自觉地将秦汉以来所形成的中原王朝的疆域作为自己的祖国。如北凉学者阚骃编撰《十三州志》，书中所记载的是两汉时的地理疆域，这说明其认定的是统一中国的地理概念。后赵君主石勒一方面自称“本小胡，出于戎裔”，一方面却又把自己视为西晋王朝的臣民，以替天行道、拯救苍生于水火的救世主的面目出现。[4] 这一时期，许多汉族士人也认同各少数民族统治者将中原王朝的疆域作为祖国的观念，辅佐少数民族统治者治理国家，如王猛不与桓温去江南，而是尽力辅佐苻坚，为其统一北方做出了巨大贡献。正如有的学者所指出的，“当时的汉人并没有把内迁的‘胡’人看成是‘外’人。这样，就可以理解为什么十六国、北朝的内迁各族建国者都得到了大量汉人士人的支持”[5]。

魏晋南北朝时期的大一统思想深刻地影响这一时期的史学。范晔以大一统思想来审视历史，在其《后汉书》的东夷、南蛮、西羌等列传中，反复强调汉族与其他各民族是出自一个祖先。如《东夷列传》说“昔尧命羲仲宅嵎夷”；在《南蛮西南夷列传》中，蛮夷成了高辛氏之支裔；《西羌列传》则称，“西羌之本，出自三苗，姜姓之别”。范晔认为，“凡

---

[1] 《晋书》卷一百二十二《吕光载记》。

[2] 《晋书》卷一百十六《姚弋仲载记》。

[3] 参见《北史》卷九《周本纪上》。

[4] 参见《晋书》卷一百四《石勒载记上》。

[5] 邱久荣：《魏晋南北朝时期的“大一统”思想》，载《中央民族学院学报》1993年第4期，第45—51页。

蛮、夷、戎、狄总名四夷者，犹公、侯、伯、子、男，皆号诸侯云”[1]。他指责“汉氏征伐戎狄，有事边远”，结果“倾没疆垂，丧师败将”，戎狄还是“服叛难常，威泽时旷”，认为如果“文约之所沾渐，风声之所周流”，那么就会“举种尽落，回面而请吏，陵海越障，累译以内属焉”。[2] 他称道曾在西南的九真与西北的武威担任地方官职的任延，使“徼外蛮夷夜郎等慕义保塞”，赞扬其教民稼穑，兴修水利，使各族人民得以安居乐业。[3] 这些都反映出范晔希望各民族统一和睦的大一统思想。沈约认为，建立北魏的鲜卑拓跋氏是西汉投降匈奴的将领李陵的后代。他宣称：“陵降匈奴，有数百千种，各立名号，索头亦其一也。”[4] 沈约将鲜卑看成李陵后代的观点并不符合历史事实，但这一观点反映出他以大一统思想看待中国各民族的历史。魏收宣称，“自二百许年，僭盗多矣，天道人事，卒有归焉，犹众星环于斗极，百川之赴溟海”[5]。由此可见，在魏收看来，自东汉至北朝的二百余年，北方诸族纷纷进入中原建立政权，不论这些政权的建立者是谁，都属于中国，其历史都是大一统中国的历史。

第四节　魏晋南北朝时期的正统思想与史学

正统思想是中国古代衡量某一政权是否合法的政治思想，同时又是一种重要的反思政权更替与历史演进的史学思想。这种思想在秦汉时期形成以后[6]，内化成为中华民族内部各民族共同的思想意识。魏晋南北朝时期，各民族政权相互对立，各族统治者都有着强烈的正统意识。他们在极力强调自己的正统地位的同时，极力贬低与自己同时存在的其他政权的地位，无视其存在的合法性。正统思想与魏晋南北朝时期的史学

[1] 《后汉书》卷八十五《东夷列传》。
[2] 《后汉书》卷八十六，“论曰”。
[3] 《后汉书》卷七十六《循吏列传》。
[4] 《宋书》卷九十五《索虏列传》。
[5] 《魏书》卷九十五。
[6] 参见庞天佑：《秦汉历史哲学思想研究》，中国社会科学出版社2002年版。

有着极为密切的关系。

魏晋南北朝时期汉族统治者与士大夫之中的“内诸夏而外夷狄”的正统思想观念根深蒂固。汉族统治者无一例外地以天命来标榜自己的正统地位，曹魏、蜀汉、西晋、刘宋等朝的君主都宣称，自己承继帝位不仅顺从天意，因应民心，而且得到蛮夷君长的拥戴。《献帝传》称：“辛未，魏王登坛受禅，公卿、列侯、诸将、匈奴单于、四夷朝者数万人陪位，燎祭天地、五岳、四渎。”[1]《三国志·蜀书·先主传》载刘备即位诏称“询于庶民，外及蛮夷君长”。《晋书·武帝纪》称，武帝即位，“设坛于南郊，百僚在位，及匈奴南单于四夷会者数万人”。《宋书·武帝纪》载刘裕即位策称：“殊俗慕义，重译来庭，正朔所暨，咸服声教”，“是以群公卿士，亿兆夷人，佥曰皇灵降鉴于上，晋朝款诚于下，天命不可以久掩，宸极不可以暂旷”。从这些记载中，我们可以看到汉族统治者的华夏正统思想。正如有的学者所指出的，“曹魏的怀柔分化、先征服后迁徙的政策；蜀汉的‘西和诸戎，南抚夷越’政策；西晋安抚与奴役兼施政策；刘宋对南方少数民族的设治管辖与武力镇压政策以及对北魏的征伐等等，也都是从华夏正统出发而制定的”[2]。

魏晋南北朝时期，在激烈的民族对立与冲突中，北方汉族人民多把南方汉族政权视为正统，或举族迁徙南方，或聚众就地起义，或配合南方北伐，甚至入仕胡族的汉族士大夫，也持有同样的理念。前秦宰相王猛临终时对君主苻坚言：“晋虽僻陋吴越，乃正朔相承。”[3]某些少数民族首领也视南方的汉族政权为正统，氐族人苻融劝阻前秦君主苻坚：“且国家本戎狄也，正朔会不归人，江东虽微弱仅存，然中华正统，天意必不绝之。”[4]十六国时期，鲜卑慕容氏建立前燕政权，直到称王以后仍向东晋称臣。然而，从整体上来看，少数民族统治者入主中原，建立政权以后，就是以正统思想为依据来强调自己政权的合法性与历史地位。他们为了统治其辖区内占人口多数的汉人，一方面学习汉制争取汉人世

[1]《三国志》卷二《文帝纪》注。

[2] 白翠琴：《魏晋南北朝民族观初探》，载《民族研究》1993年第5期，第66—77页。

[3]《晋书》卷一百十四《苻坚载记》附《王猛载记》。

[4]《资治通鉴》卷一百四，太元七年。

家豪族的支持与合作；另一方面想方设法确立自己受天之命，继承华夏正统的形象。如鲜卑拓跋氏宣称自己是黄帝后裔。天兴元年，拓跋珪下诏："昔朕远祖，总御幽都，控制遐国，虽践王位，未定九州。逮于朕躬，处百代之季，天下分裂，诸华乏主。民俗虽殊，抚之在德，故躬率六军，扫平中土，凶逆荡除，遐迩率服，宜仍先号，以为魏焉。"[1] 鲜卑拓跋氏以"魏"为国号，其目的一方面是以"神州之上国"自居，另一方面则是标榜自己是曹魏的合法继承者，以与东晋争夺正统地位。

魏晋南北朝时期各民族统治者均以正统自居，他们无一不是从"天无二日，土无二王"的正统思想出发，极力贬低与自己对立的政权，否认其统治的合法性。在十六国与东晋、北朝与南朝时期，汉族政权与其他少数民族对立并存，各族统治者互争正统。八王之乱时，匈奴人刘宣对匈奴贵族刘渊说："今司马氏父子兄弟自相鱼肉，此天厌晋德，授之于我。"刘渊称善。[2] 刘渊族子刘曜获传国玉玺以后，迁都长安，改国号为赵，宣称自己以水德取代晋的金德。羯族人石勒建立后赵以后，设馆修史，与前赵、东晋争夺正统。后赵在灭前赵并获传国玉玺之后，石勒也宣称自己是承金德而为水德。北魏统治者既将自己的族源与黄帝联系起来，标榜遥继黄帝的土德而强调自己的正统地位；又根据五德终始说与王者居中原说宣称自己是正统政权。东晋南朝统治者将争夺正统地位视为己任，晋恭帝禅位刘裕时宣称："桓玄之时，天命已改，重为刘公所延，将二十载。今日之事，本所甘心。"又说："昔土德告沴，传祚于我有晋。今历运改卜，永终于兹，亦以金德而传于宋。"[3] 晋虽禅位于宋，但宋仍必须与北方胡人争夺正统地位。因为北方胡人政权正是标榜自己是继汉统或者是继晋统的正统政权，如果不争，自己将成为僭伪政权而失去历史地位。刘裕虽宣称出自汉宗室，但并不以遥继汉统自任，也不宣称汉运中兴，而是从必须与北方胡人政权争夺正统这一历史背景出发，坚持正统在晋的观念。这是因为刘宋即由东晋禅让而来。宋、齐、梁、陈无一不是以华夏正统自居，否认北朝的正统地位。东晋南朝政权之所

---

[1] 《魏书》卷二《太祖纪》。

[2] 《晋书》卷一百一《刘元海载记》。

[3] 《宋书》卷二《武帝纪中》。

以在南方设许多侨置州县，就在于显示自己的中华正统地位，这一点北朝统治者心里十分清楚。正如北魏韩显宗所言：“自南伪相承，窃有淮北，欲擅中华之称，且以招诱边民，故侨置中州郡县。自皇风南被，仍而不改，凡有重名，其数甚众。”[1]

魏晋南北朝时期的史家以正统思想审视历史，正统思想成为这一时期的一种极为重要的史学思想。陈寿否定四夷的正统地位，他引《书》载“蛮夷滑夏”、《诗》称“猃狁孔炽”强调夷狄历来是中国的忧患。[2]范晔从“内诸夏而外夷狄”的正统思想出发，认为夷狄历来危害中国。他宣称：“四夷之暴，其势互强矣。匈奴炽于隆汉，西羌猛于中兴。而灵献之间，二虏迭盛，石槐骁猛，尽有单于之地，蹋顿凶桀，公据辽西之土。其陵跨中国，结患生人者，靡世而宁焉。”[3]沈约宣称，“戎夷猾夏，自擅荒服”[4]。他认为拓跋氏为李陵之后，是化外之民，对于其遥继黄帝土德之说，则一概加以否认，不承认其有正统地位。在《宋书》中，沈约根据“内诸夏而外夷狄”的宗旨，立《索虏列传》以置北魏，将北魏的事迹置于国人类传之后，外国列传之前。萧子显宣称：“魏虏，匈奴种也”，“被发左衽，故呼为索头”。[5]其《南齐书》立《魏虏列传》以载北魏事迹，同样否认北魏具有正统地位。魏收的《魏书》以北魏为正统，对东晋及南朝政权则大加贬斥，将东晋称为“僭晋”，以宋、齐、梁为“岛夷”，宣称：“司马睿之窜江表，窃魁帅之名，无君长之实，跼天蹐地，畏首畏尾，对之李雄，各一方小盗，其孙皓之不若也。”[6]又说：“二萧（萧道成、萧衍）竞涂泥之中，同蜗角之战，或年才三纪，或身不获终，而偷名江徼，自拟王者，考之遂古，所未前闻。昔句践致贡而延世，夫差争长而后死，两寇方之吴越，不乃劣乎？”[7]在《魏书》中，魏收将东晋南朝的事迹置于其国人事迹之后，外国事迹之前，视为

---

[1]《魏书》卷六十《韩麒麟传》附《韩显宗传》。

[2]《三国志》卷三十《乌丸鲜卑东夷传》。

[3]《后汉书》卷九十，“论曰”。

[4]《宋书》卷九十八，“史臣曰”。

[5]《南齐书》卷五十七《魏虏列传》。

[6]《魏书》卷九十六《僭晋司马睿传》。

[7]《魏书》卷九十八，“史臣曰”。

僭伪的地方政权。魏晋南北朝时期的史家都把为本朝争夺正统地位作为自己义不容辞的职责。

总之，魏晋南北朝时期，民族政权林立，民族矛盾错综复杂。无论是汉族政权，还是少数民族统治者建立的政权，其境内都存在多种民族，都存在民族矛盾。各民族在长期分裂对峙的同时逐渐走向融合。魏晋南北朝时期民族关系的这些特点影响着这一时期的史学思想。这一时期的史学思想中，既出现了要求民族平等的思想，又存在强烈的大一统思想，还有明显的正统思想。由此可见，我们只有将这一时期的民族关系与史学思想结合起来加以考察，才能形成深刻而全面的认识。

第三章　玄学与魏晋时期的史学思想

魏晋时期“略于具体事物而究心抽象原理”[1] 的玄学，是以老庄哲学为圭臬而兼综儒家的思辨理论系统。《说文》：“玄，幽远也。”玄即玄妙、玄远，玄学即玄远之学。它一方面是指玄理、玄论、玄言，即不讲具体的道理，而讲抽象的本体学说；另一方面则又指玄妙、玄化，即不讲文句，不论具体事物，不谈具体的人和物，而讲一般的义理。玄学还包含玄静之意，即追求精神上、人格上的玄远。玄学以名教与自然关系为中心，从本体论的角度探讨政治问题、人生问题、精神境界问题，通过“有无”“体用”“本末”“言意”“动静”等范畴的讨论构筑其哲学体系。玄学紧紧地追随着历史的进程，企图从哲学的高度来把握时代的脉搏，表现时代的精神。从中国思想发展史的角度考察，玄学促使魏晋士人以一种理性精神观察自然、社会、人生，追求个体精神出路，对于汉代迂腐而繁琐的经学禁锢来说可谓思想大解放。魏晋时期史学地位的提高、魏晋史家的人生观与价值观、魏晋史家研究领域与人物评价、魏晋时期史著体例的发展、魏晋时期史著内容与史学思想等，都与玄学有着极为密切的关系。考察玄学与魏晋史学的关系，可以从中体察哲学与史学发展的关系，了解魏晋史学的时代特点，进而认识其在中国史学史上

[1] 汤用彤：《魏晋玄学论稿》，上海人民出版社 2015 年版，第 21 页。

的地位。

第一节　玄学对魏晋时期史学的发展及史家的人生观价值观的影响

在中国史学史上，哲学的进步往往是史学发展的先导。汉代经学的哲学观点是宇宙生成论，魏晋玄学则为宇宙本体论。汉代经学的理论思维方法主要是验证法，带有很大的片面性；魏晋玄学的思维方法则是一种辨名析理的方法，重在从逻辑推演中得出结论。魏晋玄学扩展和完善了许多哲学范畴，诸如有无、本末、体用、动静、形神、名实、言意、一多、音声、才性等。由此可见，从哲学主题和哲学论证方法而言，魏晋玄学比汉代经学进步。李泽厚言：魏晋“是一个哲学重新解放，思想非常活跃，问题提出很多，收获甚为丰硕的时期”，“是一个突破数百年的统治意识重新寻找和建立理论思维的解放历程”。[1] 玄学不讲天人感应，不谈宇宙生成，而是着重探讨现实世界所依据的本体，是一种思辨性很强、抽象程度很高的本体论。魏晋清谈名士围绕着与这种本体论相关的认识论问题、主客关系问题、精神境界问题等，反复辩论，表现出对抽象理论思维的极大兴趣，形成一代玄风。这种风气比之经学占统治地位的汉代思想文化领域，无疑是一次大解放、大进步。余敦康言：“玄学思潮不讲天人感应，不谈阴阳灾异，不把对正常的封建秩序的理想建立在虚幻的天神的意旨之上，而是根据清醒的理性来探讨名教与自然的关系，企图用理想来纠正现实，使现实符合理想。”[2] 余敦康先生所论，极为正确。

玄学为魏晋士人突破经学的藩篱而思考历史提供了新的理论。经学家拘泥于君臣父子人伦之道，玄学家则醉心于个体人格之美。人们可以不拘一格，不尊一家，只要能提出某种独到的见解，便会受到称赞。在魏晋这样一个政治险恶、祸福无常的时代，研究历史成为精神苦闷的士

[1] 李泽厚：《美的历程》，文物出版社 1981 年版，第 86 页。
[2] 余敦康：《玄学的基本性格》，载《文史哲》1985 年第 4 期，第 40—42 页。

人们超越现实、排遣苦闷、追求自我、实现自我的重要途径，著书立说成为一种时尚。清人顾炎武在论及玄学对史学发展的促进作用时说，从曹魏开始，“一时名士风流盛于洛下，乃其弃经典而尚老、庄，蔑礼法而崇放达，视其主之颠危若路人然，即此诸贤为之倡也。自此以后，竞相祖述”[1]。近代学者余嘉锡曾言：“东汉以后，文章之士，耻其学术不逮古人，莫不笃志著述，欲以自成一家，流风所渐，魏、晋尤甚。”[2] 著名学者金毓黻言：“两汉经师，最重家法，至后汉郑玄，而结集古今学之大成。魏晋以后，转尚玄言，经术日微，学士大夫有志撰述者，无可发抒其蕴蓄，乃寄情乙部（史部），一意造史。此原于经学之衰者一也。”[3] 据统计，自殷商至两汉1800余年，所成史书不过200余部，而魏晋至隋400余年，史书竟有1200余部。后者时间不到前者的四分之一，而史书却是前者的6倍有余。前者写一个朝代的史书不过一部或几部，个别的也只有十几部；后者写一个王朝的史书几乎都有几十部（写晋和梁这两朝的史书更多至百余部）。[4] 这些史著中很大一部分是魏晋史家所撰。

魏晋时期史家辈出，他们研究的重点是东汉史、三国史，尤其重视晋史。东汉史方面的著作有谢承的《后汉书》、薛莹的《后汉记》、司马彪的《续汉书》、华峤的《汉后书》、谢沈的《后汉书》、张莹的《后汉南记》、袁宏的《后汉纪》、袁山松的《后汉书》以及张璠的《后汉纪》《汉山阳公记》《汉灵献起居注》等。三国史方面的著作有鱼豢的《魏略》、王沈的《魏书》、荀勖的《魏书》、傅玄的《魏书》、韦昭的《吴书》、陈寿的《三国志》、束皙的《三魏人士传》、郭颁的《魏晋世语》、孔衍的《汉魏春秋》及《魏尚书》、王隐的《蜀记》、环济的《吴纪》、阴澹的《魏纪》、孙盛的《魏氏春秋》等。晋史方面的著作有陆机的《晋纪》、曹嘉之的《晋纪》、束皙的《晋书帝纪》及《晋书十志》、荀绰的《晋后书》、华畅的《魏晋纪传》、傅畅的《晋诸公赞》及《公卿故事》、王隐的《晋书》、虞预的《晋书》、朱凤的《晋书》、谢沈的《晋书》、干宝的《晋

---

[1] 《日知录》卷十三，《正始》条。

[2] 余嘉锡：《古书通例》，上海古籍出版社1985年版，第71页。

[3] 金毓黻：《中国史学史》，第95页。

[4] 参见尹达主编：《中国史学发展史》，第122页。

纪》、邓璨的《晋纪》、徐广的《晋纪》、王韶之的《晋纪》、孙盛的《晋阳秋》、习凿齿的《汉晋春秋》等。正如《隋书·经籍志》所说，“一代之史，至数十家”。

魏晋时期史学著作的大量编撰直接导致其学术地位的提高。刘歆的《七略》与班固的《汉书·艺文志》将史书著录于《六艺略》的《春秋》家之下，实际上是经学的附庸。魏晋时期史学摆脱了经学附庸的地位而成为独立的学术门类。西晋荀勖根据魏郑默的《中经》更著《新簿》，分甲乙丙丁四部归类图书，将史书由丙部提高到乙部。如果没有随玄学兴起而形成的思想解放潮流，史学就不能得到巨大发展而成为独立的学术门类。

玄学以清谈为学术交流的主要形式，以言不尽意为学术方法，以讨论名教与自然以及“有”与“无”的关系为宗旨。玄学席卷魏晋时期整个上层知识界，产生了极大的社会影响，使整个时代的文化风貌为之一变。玄学“就思想言，其特色是易、老、庄的三玄之学代替了汉代的经学；就行为言，其特色则是突破传统礼教的藩篱而形成一种‘任诞’的风气”[1]。玄学祖尚虚无，深刻地影响着魏晋时期人们的人生观与价值观。葛兆光在谈到东晋南朝士人的人生态度和生活情趣时说：“老庄——玄学思想由于它吻合当时人们既追求又失望、既向往又颓废的心态，吻合人们所羡慕的自然、恬淡、无拘无束的生活情趣，所以格外受士大夫的青睐”，“他们挥麈执扇，你来我往，唇枪舌剑，反复论难，看似玄远的哲理对他们来说显得那么亲近，现实的社会对他们来说却变得那么陌生。这股理论兴趣突然高涨起来，不懂得谈论哲理乃是耻辱，只晓得世务乃是庸碌之辈。其实，在这股理论兴趣背后萌动的依然是对人生的关切，士大夫们对有限的人生感到失望，才去探寻那无限的永恒，人们对嚣扰的现实感到厌倦，才去讨论静谧的哲理世界，借心中的永恒与静谧在抵御现世的短暂与纷扰，以玄远的言语来平息内心的焦灼与冲动”。[2]在玄学思潮影响下，宗法血缘关系的束缚松弛了，“独具特色的魏晋风度

[1] 余英时：《士与中国文化》，上海人民出版社 2003 年版，第 357 页。
[2] 葛兆光：《道教与中国文化》，上海人民出版社 1987 年版，第 154 页。

即以此为精神底蕴”[1]。

玄学促使魏晋士人摆脱了儒家伦理与传统礼教的束缚。他们崇仰自然，重视个人价值，追求潇洒飘逸、放浪形骸的言谈举止和愤世嫉俗、高蹈浪漫的处世态度，“表达出某种内在的、本质的、特殊的、超脱的风貌姿容”[2]。魏晋士人不像两汉士人那样有着执着的“为王者师”的人生理想，他们看到了专制统治的残暴与力量，“意识到人作为个体血肉之躯的存在与作为某一群体（家、国……）的社会存在以及作为某种目的（名、利……）的手段存在之间的矛盾与冲突”[3]，于是形成了与儒家提倡的行义达道的人生目标颇为不同的新型人格理想。近代史学大师钱穆认为，东汉王充提出内心批评之说，由此导致传统尊严的松弛，个人地位逐渐膨胀，又加上乱世，生灵涂炭，礼义道德扫地，仁人志士心灰意冷，一腔热血无处可施，于是便转向自我，形成了一时的学术风尚。玄学以无为为本，想摆脱一切束缚。[4] 魏晋名士超然物上，逸于俗外，解放情性，自由自在，如风之飘，如水之流，自适其性，从而具有异乎寻常之风姿，具有清言玄思之神韵。阮籍在《大人先生传》中说：“昔者天地开辟，万物并生，大者恬其性，细者静其形，阴藏其气，阳发其精，害无所避，利无所争。”玄学的影响使魏晋士人注重个人短暂的人生，内在的享乐，他们讨厌人世的喧嚣，鄙视世俗的纷争，不愿为外物所累，凄惶一生，要求摆脱繁琐的纲常伦理的束缚，不受神或礼教的支配，而得以称情任性，傲然独立，蔑视礼法，放浪形骸。王隐《晋书》说：“阮籍嗜酒荒放，露头散发，裸袒箕踞。”在他的影响下，“贵游子弟阮瞻、王澄、谢鲲、胡毋辅之之徒，皆祖述于籍，谓得大道之本。故去巾帻，脱衣服，露丑恶，同禽兽。甚者名之为通，次者名之为达也”[5]。其母去世时，阮籍“正与人围棋。对者求止，籍留与决赌，既而饮酒二斗，举声一号，吐血数升。及将葬，食一蒸肫，饮二斗酒，然后临诀。直言

---

[1] 参见王晓毅：《魏晋玄学当代研究略论》，载《东岳论丛》1992 年第 3 期，第 74—78 页。

[2] 参见李泽厚：《美的历程》，第 92 页。

[3] 李泽厚：《中国古代思想史论》，人民出版社 1985 年版，第 182 页。

[4] 参见钱穆：《国学概论》，商务印书馆 1997 年版。

[5] 《世说新语·德行》篇注，中华书局 2007 年版。

穷矣，举声一号，因又吐血数升”[1]。嵇康性情洒脱，他在《与山巨源绝交书》中说：“又纵逸来久，情意傲散，简与礼相背，懒与慢相成。而为侪类见宽，不攻其过。又读庄老，重增其放，故使荣进之心日颓，任实之情转笃。此由禽鹿少见驯育，则服从教制，长而见羁，则狂顾顿缨，赴蹈汤火，虽饰以金镳，飨以嘉肴，逾思长林而志在丰草也。”《晋书·嵇康传》载其“常修养性服食之事，弹琴咏诗，自足于怀。以为神仙禀之自然，非积学所得，至于导养得理，则安期、彭祖之伦可及，乃著《养生论》”，这种重养生的态度即对个体生命的重视。刘伶的行为方式更为怪诞，主张人不必穿裤子，因为天地是被服，房屋是裤衩，有人进屋拜访，他竟嘲弄别人钻到他的裤裆里来了。据《晋书》的本传记载：乐广“善清言”；王衍“神情明秀，风姿详雅”，“妙善玄言”；山涛“少有器量，介然不群，性好老庄”；向秀“清悟有远识”，“雅好老庄之学”；阮咸“任达不拘”，“而居母丧，纵情越礼”；王戎“幼而颖悟，神彩秀澈，视日不眩”，其遭母丧忧居时，不拘礼制，“饮酒食肉，或观弈棋”；王导“少有风鉴，识量清远”；谢鲲“不修成仪，好《老》《易》，能歌善鼓琴”；庾亮“美姿容，善谈论，性好《老》《庄》”；殷浩“识度清远”，与叔父融“俱好《老》《易》”；王恭“少有美誉，清操过人”；周顗“少有重名，神采秀彻”；温峤“风仪秀整，美于谈论”。这些名士的共同特点是不愿受儒家伦理束缚，追求称情任性、风流飘逸的生活方式。

魏晋史家作为这一时期士人群体主要组成部分，其言行举止深深打上了玄学的烙印。陈寿在父丧期间使婢丸药，明显有违礼法。陆机在《文赋》中主张诗歌创作应与人的觉醒一致而具有鲜明个性特征，反映其反对礼法束缚与追求人性自觉的人生态度。皇甫谧“博综典籍百家之言”，“沈静寡欢，始有高尚之志，以著述为务”，[2] 其人生态度深受老庄思想影响。华峤“性嗜酒，率常沈醉”[3]，其行为放任洒脱，不拘礼法。司马彪“少笃学不倦，然好色薄行，为睦所责，故不得为嗣，虽名

[1] 《晋书》卷四十九《阮籍传》。

[2] 《晋书》卷五十一《皇甫谧传》。

[3] 《晋书》卷四十四《华峤传》。

出继，实废之也”[1]，其年轻时的行为颇受玄学影响。束皙才学博通，然“性沈退，不慕荣利”[2]。这种淡泊名利的人生态度与玄学有着密切关系。东晋的王珣、谢安、谢玄、王坦之、郗超、范汪、孙盛、袁瓌、袁方平（二者为袁山松祖及父、袁宏的从祖与从父）、袁宏、常璩、伏滔、罗含、顾恺之等，大都是玄儒双修。孙盛善言名理，其时唯有擅名一时的谈玄高手殷浩能与之相抗论。[3] 袁山松“衿情秀远，善音乐。旧歌有行路难曲，辞颇疏质，山松好之，乃文其辞句，婉其节制，每因酣醉纵歌之，听者莫不流涕”[4]。习凿齿深染清谈名士风气，以谈玄称著一时，甚至连苻坚也知其谈玄之名。他与孙盛、孙绰兄弟过从颇密，常相与讥调及谈辩名理。孙绰文藻为当时文士之冠，是颇有影响的谈宗之一。

玄学思潮泛滥使儒家伦理道德准则失去约束力，生活中的种种礼法被践踏抛弃，从而使魏晋士人任情放纵，毫无掩饰地表现自我，寻求排遣苦闷的精神出路，折射出魏晋士人对整个现存世界的疲乏和厌倦。汤用彤言：“魏晋人生观之新型，其期望在超世之理想，其向往为精神之境界，其追求者为玄远之绝对，而遗资生之相对。从哲理上说，所在意欲探求玄远之世界，脱离尘世之苦海，探得生存之奥秘。”[5] 刘大杰在谈到魏晋人的人生观时说：“魏晋人的人生观是以人性的觉醒为其基础，而以个人主义、自然主义为其归宿。因为人性的觉醒与复活，所以对于伦理道德一概破坏，追求其心灵或是肉体的满足。因为个人主义自然主义的发展，造成利己的无为的思想，而缺乏社会的救世的精神。对于现实，他们都感着不满意，不得不寄其苦闷的灵魂于理想的乐园，可是那乐园并不只一个，有的过于玄妙，有的过于现实，有的过于做作，有的又过于机械，因为如此，所以他们的成就各有不同。”[6]

---

[1] 《晋书》卷八十二《司马彪传》。

[2] 《晋书》卷五十一《束皙传》。

[3] 参见《晋书》卷八十二《孙盛传》。

[4] 《晋书》卷八十三《袁山松传》。

[5] 汤用彤：《理学·佛学·玄学》，北京大学出版社 1991 年版，第 317 页。

[6] 刘大杰：《魏晋思想论》，上海古籍出版社 1998 年版，第 129—130 页。

第二节　玄学与魏晋史家的学风及其人物评价的密切关系

魏晋时期，社会黑暗，政治险恶。曹魏篡汉，司马氏代魏，宫廷政变酿成八王之乱，进而五胡乱华，形成东晋与北方十六国更替的局面。社会动荡不安，朝代不断更迭，统治集团内部激烈冲突，使士人们感到祸福难测。一会儿高官厚禄，一会儿身陷囹圄，一会儿飞黄腾达，一会儿命丧黄泉，人世纷纭，社会复杂！这种危机意识使魏晋史家既不满现实，又时时关注现实。宗白华言："汉末魏晋六朝是中国政治上最混乱、社会上最苦痛的时代，然而却是精神史上极自由、极解放，最富于智慧、最浓于热情的一个时代"，"魏晋的玄学使晋人得到空前绝后的精神解放"。[1]

魏晋玄学经历不同的发展阶段，出现不同的学术倾向，调和儒道成为社会风尚，成为学者文人治学的普遍现象。如董遇一方面"常挟持经书，投闲习读"，另一方面又"善治《老子》，为《老子》作训注"。[2]王昶既重视儒家的礼乐仁义，宣称"夫孝敬仁义，百行之首，行之而立，身之本也"，又对其子侄言："欲使汝曹立身行己，尊儒者之教，履道家之言。"[3]庾峻调和道家的出世与儒家的入世，认为，山林之士"节虽离世，而德合于主；行虽诡朝，而功同于政"[4]。徐苗被称为"儒宗"，既精研儒家经典，作《五经异同评》，"又依道家著《玄微论》，前后所造数万言，皆有义味"。[5]江惇"孝友淳粹，高节迈俗。性好学，儒玄并综。每以为君子立行，应依礼而动，虽隐显殊途，未有不傍礼教者也。若乃放达不羁，以肆纵为贵者，非但动违礼法，亦道之所弃也"[6]。魏

[1] 宗白华：《美学与意境》，江苏文艺出版社 2008 年版，第 140、143 页。

[2]《三国志》卷十三《王朗传》附《王肃传》注。

[3]《三国志》卷二十七《王昶传》。

[4]《晋书》卷五十《庾峻传》。

[5]《晋书》卷九十一《徐苗传》。

[6]《晋书》卷五十六《江统传》附《江惇传》。

晋时期，诸如此类调和儒道的学者极多，可谓举不胜举。

魏晋史家大都有一个共同特点：既致力于史学又精通玄学。司马彪除著《续汉书》《九州春秋》外，又曾作《庄子注》，对《庄子》一书做过深入研究。孙盛撰《魏氏春秋》《晋阳秋》《魏世谱》，又著《易象妙于见形论》《老聃非大贤论》《老子疑问》《反讯》等。《晋书》本传说其《晋阳秋》“词直而理正，咸称良史”。他善言名理，其《易象妙于见形论》连谈玄高手殷浩等也无以难之，足见其玄学造诣之高。干宝除撰《晋纪》等外，又撰《周易注》《周易宗涂》《周易爻义》《周易问难》《周易玄品》等，足见其对《周易》曾做过深入研究。邓瓅著《晋纪》，又注《老子》。袁宏著《后汉纪》《三国名臣颂》《正始名士传》《竹林名士传》等，其《后汉纪》的史论与玄学有着极为密切的关系。他将自然与名教加以协调，视名教为天地自然之理，名教之本即君臣父子关系。换言之，君臣父子永恒不变的尊卑关系所体现的天地之性就是名教。因此，袁宏认为人人都应遵循这种自然之理，顺其自然而行事。[1] 袁宏还对魏晋玄学发展过程进行过系统考察，他按“正始名士”“竹林名士”“中朝名士”三个阶段对玄学代表人物进行归类。其《竹林名士传》对竹林时期的玄学人物进行专门论述和评论，实际上是一部玄学史。由是可知，袁宏的史学与玄学是紧紧结合在一起的。

东汉清议注重人物道德评价。魏晋之际，由于玄学的兴起，经学的衰落，士人的文化核心主题已经由砥砺品节转向形象的审美与哲思的追求。正如有的学者所言，魏晋之际“险恶的社会环境再加上沉痛的心灵创伤，使人们对现存世界彻底绝望了，而对不存在的、玄虚的东西发生兴趣。这样沉寂了许久的老、庄哲学又重新被抬出，并很快地占据了人们的全部生命意识”[2]。魏晋士人或退处保身，或诡行异论，或任情放达，或愤世嫉俗，追求以形象智慧著称于世，这样形成了以别俗立异为尚的社会士风。魏晋之际兴起的清谈主要关注人物风韵神态与仪容器质，品评人物才性器识成为魏晋时期一种普遍的史学风气。这种风气反映出

[1] 参见《后汉纪》卷二十六。

[2] 参见董志广：《魏晋清谈起源及发展新探》，载《北方论丛》1987 年第 6 期，第 53—57 页。

在玄学思潮的影响下，整个社会逐步走向重视人，重视人的自然情性，重视人格的独立，强调个人价值，追求精神解脱的普遍趋势。谢承的《后汉书》侧重从人物的才性器识来评价人物。《张堪传》称其“志美行励，诸儒号曰圣童”，《袁闳传》称其“少修志节，矫俗高厉”，《李咸传》则称其“仁风丰泽，四海所宗”。[1] 陈寿的《三国志》评价人物关注其才性器识，称曹操为“非常之人，超世之杰”，刘备“弘毅宽厚，知人待士，盖有高祖之风，英雄之器”，孙权“任才尚计，有勾践之奇英，人之杰矣”，刘表“资貌甚伟”，关羽、张飞“并有国士之风”，诸葛亮“少有逸群之才，英霸之器，身长八尺，容貌甚伟，时人异焉”。[2] 诸如此类，举不胜举，反映出陈寿的人物评价明显“带有魏晋清谈的风格”[3]。喜欢评论人物的外表风貌与才性器识，反映出整个社会追求个体情性的风气。这种风气对南北朝的史家仍然有着广泛的影响。范晔的《后汉书》、沈约的《宋书》、魏收的《魏书》以及萧子显的《南齐书》等纪传体正史中，往往极为喜欢称赞有关人物的仪容气质，称道有关人物高大魁伟的体格与卓异不凡的神态。

魏晋之际，人才学成为统治阶级极为关心的问题，也成为清谈的重要内容。这集中表现在“才”“性”之辩。对于性，有人认为是操行，有人认为是人的本性；才则是指人的才干、才能。才与性的关系，傅嘏认为才性同，李丰认为才性异，钟会主张才性合，王广主张才性离。钟会撰《四本论》阐发其才性合的观点，评述了其他各种主张。刘劭撰《人物志》，从理论上探讨人物评价问题，将阴阳、五行、气质、道德视为一个整体，而人的气质才性取决于其所秉受的五行中何种物质，“是故观人察质，必先察其平淡，而后求其聪明”。刘劭根据人物才能把人物划分为“圣人”“兼材”“偏至之材”三类及十三流品。他指出：“盖人物之本出乎情性”，“凡人之质量，中和最贵矣，中和之质，必平淡无味”，又说：“夫中庸之德，其质无名”，“兼德而至，谓之中庸”。刘劭以道家思想解释儒家中庸的理论，认为“平淡”“无名”“无味”是中庸之质，而中庸

[1] 参见周天游辑注：《八家后汉书辑注》，上海古籍出版社 1986 年版。

[2] 参见《三国志》曹操、刘备、孙权、刘表、关羽、张飞、诸葛亮等传。

[3] 参见吴怀祺：《中国史学思想史》，第 140 页。

之质即为圣人品质。《人物志》“述性品之上下，材质之兼偏，研幽摘微，一贯于道”[1]，实质上是这个时期因玄学影响而在人物评价中重视才性器识的理论总结。

魏晋玄学思潮是人们的精神由现实世界转入抽象世界的产物，是人们对现实世界感到失望和厌倦而又无能为力的一种心理表现。魏晋士人“将人的本体存在等同于宇宙的自然存在，强调人作为感性个体的意义”[2]。他们一反汉代人物评价注重伦常操行的传统，将人物的才智、气度、风仪、神采等作为评价的标准。通过《世说新语》中的《言语》《文学》《雅量》《识鉴》《赏誉》《品藻》《捷语》《豪爽》等篇章，我们可窥见魏晋士人重视人物的“神采”“颖悟”“器量”“风仪”的概貌。魏晋士人极重才性，讲究“才情”“才理”“才藻”“才气”“才能”“才用”等等，而鉴赏人物又有“俊才”“天才”“长才”“大才”“清才”“高才”“奇才”等等。才高者又多被称为“才藻奇拔”“才峰秀逸”“天才宏赡”“资才秀异”等等。而重才亦即重神，天才宏赡者，其精神亦高彻，因而论评人物又极为重视神味，如“神姿高彻”“神明开朗”“神衿可爱”“神锋太俊”“神怀挺率”“神姿锋颖”“明惠若神”“风神清令”“奕奕神令”“常自神王”等等。[3]

概括起来，魏晋史家评价人物，大体上可分为器识、风度、才华三个层次：“器识与道德或神明相通，乃人品之深层”，“风度者，乃一人逸气美才表现于形外之虚象”，“才华者，乃逸气美才表现于实事而可为人人共见者”。[4] 魏晋史家欣赏天才，赞颂天才，对奇童夙慧的天才少年的称道实际上是人物评价重才性器识的重要表现。《三国志》称何晏“少以才秀知名”，钟会“少敏惠夙成”。[5] 孙盛的《魏氏春秋》称魏明帝“天资秀出，立发垂地，口吃少言，而沉毅好断”[6]。《晋书》称阮籍

[1] 阮逸：《人物志序》，刘劭《人物志》，中州古籍出版社2004年版。

[2] 陈明：《儒学的历史文化功能——士族：特殊形态的知识分子研究》，上海学林出版社1997年版，第265页。

[3] 参见任继愈：《中国哲学发展史》（魏晋南北朝），人民出版社1988年版。

[4] 张蓓蓓：《中古学术论略》，台湾大安出版社1991年版，第88页。

[5] 参见《三国志》卷九《何晏传》，卷二十八《钟会传》。

[6] 《三国志》卷三《明帝纪》注。

"志气宏放，傲然独得"，嵇康"有奇才，远迈不群"，陆机"少有异才，文章冠世"，潘岳"少以才颖见称，乡邑号为奇童"。[1]《晋书》虽为唐人所修，但其所据史料为晋人所撰，因此所反映的仍然是晋人的思想观念。魏晋史家称扬隐逸，赞美隐逸，以此表现魏晋士人追求超越洒脱，讲究风度器质。皇甫谧撰《高士传》，说："孔子称举逸民，天下之民归心焉。"[2] 陆喜把隐逸称为天下第一流之士。[3] 魏晋史家注重从才性器识评价人物的风气，实为玄学这种追求人的个性价值的哲学思想对史学研究影响的结果。正如有的学者所指出的，魏晋时期，"随着人的自觉的不断加强和自我价值的普遍重视，形成了一种新的评品人物的标准，比如：颖悟、宏放、奇迈、秀彻、远识、清通、特达等等，反映了人们对个体内在精神与智能的重视"[4]。

第三节 玄学与魏晋时期史著的体例及其内容

玄学与魏晋时期史著体例的发展密切相关。首先，玄学与魏晋时期人物传记的发达密切相关。人物评价是魏晋史学的重心所在。这固然与《史》《汉》二书的影响、推动有关，但更重要的还是玄学的影响在起作用。魏晋时期，一方面，以人物传记为中心的纪传体得到巨大发展，因为这种史体适应品评人物的需要；另一方面，各种单独的人物传记大量出现，迅速成为史著中的一个主要门类，正如葛兆光所说的，"'先白望而后实事，浮竞驱驰，互相贡荐'（《晋书·陈頵传》）之风和对虚名的疯狂追求，造成了高士、隐士传的繁多；颓废没落，'依杖虚旷，依阿无心'（干宝《晋纪总论》），在神仙中寻找灰色的归宿的风气，引起了神仙传的兴盛"[5]。《隋书·经籍志》著录魏晋南北朝史著 874 部，16500

[1] 参见《晋书》阮籍、嵇康、陆机、潘岳等传。

[2] 皇甫谧：《高士传序》，严可均辑《全晋文》卷七十一，商务印书馆 1999 年版。

[3] 参见《晋书》卷五十四《陆机传》。

[4] 田文棠：《魏晋三大思潮论稿》，陕西人民出版社 1988 年版，第 39 页。

[5] 葛兆光：《晋代史学浅论》，载《北京大学学报（哲学社会科学版）》1981 年第 2 期，第 75—85 页。

余卷。据清章宗源《随书经籍志考证》统计，《隋志》未著录的各种单记一人的人物传记，可考者就有184种之多。汉末三国以迄两晋知名人物，如郑玄、马融、郭泰、陈寔、荀彧、钟会、吴质、费祎、诸葛恪、司马徽，直至晋书所见大小人物，无不有其专门的别传见在。[1] 总之，玄学的影响使魏晋史家重视品评人物的才性器识，从而直接导致了人物传记的发达。

其次，玄学与魏晋时期谱牒的兴盛密切相关。从本质上说，玄学是一种反映门阀士族利益要求的意识形态。玄学崇仰自然，关注个人价值，促使整个社会弥漫着一种打破儒家精神枷锁，要求精神解脱和个性自由之风，这就是所谓魏晋风度。《世说新语·任诞》记载了一个故事：王子猷居山阴，在大雪之夜思念朋友戴安道，“时戴在剡，即便夜乘小船就之，经宿方至，造门，不前而返。人问其故，王曰：‘吾本乘兴而行，兴尽而返，何必见戴?’”这种怪诞故事，反映出魏晋人的超脱与放达的风度。魏晋风度是一种内在的精神、脱俗的气质、高朗的格调，[2] 其所体现的就是门阀士族的精神风貌。品评人物的才性器识正是为了反映、称道、赞颂魏晋风度，而人物的才性器识往往又与其家世门第相关，因而品评人物必须追溯其家世门第，以反映门阀士族人物的高雅洒脱的风度的渊源所自。魏晋是门阀士族把持政权的时代。魏晋“以门第取士，单寒之家，屏弃不齿，而士大夫始以郡望自矜”[3]。谱牒的兴盛适应了门阀士族品评人物及其把持政权的需要。如前所述《隋书·经籍志》著录的谱牒之书，有帝谱、州谱、家谱等，连同亡佚的共53部，合1280卷。实际上，魏晋南北朝时期所修谱牒的数量比这要大得多，刘孝标的《世说新语注》所征引的谱书即达46种，其中43种不见于《隋志》著录。这些谱牒中不少为魏晋人所修。谱牒的兴盛使其成为这一时期史著的一个重要门类。

第三，玄学与魏晋时期方志的形成密切相关。方志的起源与形成，学术界的看法不一。笔者认为，方志这种亦史亦地的著作是在魏晋时期

---

[1] 张蓓蓓：《中古学术论略》，第145页。
[2] 参见赵明：《道家思想与中国文化》，吉林大学出版社1986年版，第225—226页。
[3] 钱大昕：《十驾斋养新录》卷十二，《郡望》条。

大量出现的“郡书”“地记”“地理书”的基础上形成的。余嘉锡言：“传先贤耆旧者，谓之郡国书；叙风俗地域者，谓之地理书；至挚虞乃合而一之。”[1] 玄学的影响而形成的品评人物的风气，使魏晋士人热衷于通过编撰“郡书”“地记”“地理书”等以颂扬风土人物，称道先贤耆旧，反映民情习俗。“郡书”主要记一个地方的先贤人物。如陆凯有《吴先贤传》，陈寿有《益部耆旧传》，习凿齿有《襄阳耆旧记》等。“地记”主要记地方人物、风俗、文物、物产等。魏晋时期各重要地区都有“风俗记”“风土记”，边远地区则有“异物志”，还有专记山水的“水道记”“山水记”等。西晋太康年间已有《太康三年地记》《太康土地记》等七种全国性区域志。“地理书”主要记一方物产、风土人情。如谯周有《三巴记》《益州志》，陈寿有《古国志》《华阳传》。常璩撰《华阳国志》，记载自远古至晋代西南地区的历史演变、地理沿革、民族分布、经济文化、重要人物等。这种自然与社会并载、地理与人物兼及、物产与风俗俱述的著作，就是初步形成的方志。

玄学与魏晋时期一些史著的曲笔回护有着密切关系。玄学的影响使魏晋士人追求自然自任、闲适清静的生活，大都不以忠节为念，为保全身家性命，苦心孤诣，无所不用其极。他们的一切行为都是以自我为中心，关注自身利益，着眼利禄名位，求名、求利、保身、放荡、飘逸，至于国家与社会的利益则全然不顾。这就是所谓“政失准的与士无特操”[2]。干宝在《晋纪总论》中说：“风俗淫僻，耻尚失所。学者以庄、老为宗而黜六经，谈者以虚薄为辩而贱名检，行身者以放浊为通而狭节信，进仕者以苟得为贵而鄙居正，当官者以望空为高而笑勤恪”，“毁誉乱于善恶之实，情慝奔于货欲之途。选者为人择官，官者为身择利”。干宝所论，真实反映出晋代士人的贞操志节荡然无存。在这种士风之下，史家放达荡越，率由自我，“无多留意于团体社会而寄意于经世的大情怀”[3]。虽仍有不少严肃的史家忠于史实，秉笔直书，但史著中颠倒黑白、书事曲笔确实不少。如阮籍原为司马氏亲信，史称其“本有济世志，

[1] 余嘉锡：《四库提要辩证》卷七，中华书局 1980 年版。

[2] 参见罗宗强：《玄学与魏晋士人心态》，浙江人民出版社 1991 年版，第 168 页。

[3] 雷家骥：《中古史学观念史》，台湾学生书局 1990 年版，第 322 页。

属魏晋之际，天下多故，名士少有全者，籍由是不与世事，遂酣饮为常”[1]。他与荀𫖮、王沈等共撰的《魏书》被批评为“多为时讳，未若陈寿之实录”[2]。阮籍是玄学家兼史学家，他违礼放荡，不与政事，不能实录史实于国史，实由其时险恶的政治环境所致。如陈寿的《三国志》既要替魏回护，又要为司马氏隐讳，篡夺被说成禅让，回护曲笔之处颇多。魏晋时期统治阶级内部的斗争与不同学术思想之间的斗争交织在一起，导致了如伪《古文尚书》《孔子家语》一大批伪书的出现。

玄学与魏晋时期荒诞怪异之说盛行有着密切关系。西晋傅玄说：“近者魏武好法术而天下贵刑名，魏文慕通达而天下贱守节，其后纲维不摄，而虚无放诞之论盈于朝野。”[3] 玄学以老庄为本，崇尚虚无，使整个社会形成了一种清谈风气。这种风气使许多史家不去认真搜集史料以考辨史实，不做深入扎实的研究，乐于将虚浮不实之词、怪诞不经之说写进史著。唐人所修《晋书》喜载荒诞不经之说，就是来源于晋人所撰史书中多羼杂怪异之说。追求猎奇，寻求寄托，使神鬼怪异之说在魏晋士人中有着广泛影响。据统计，魏晋南北朝时期出现的志怪小说大约有一百种之多，[4] 其中魏晋时期尤其是晋代就出现了许多著名的志怪小说，如魏文帝曹丕的《列异传》、晋张华的《博物志》、郭璞的《玄中记》、干宝的《搜神记》、葛洪的《神仙传》、王嘉的《拾遗记》、陶潜的《搜神后记》等等。这些志怪小说虽然内容荒诞，情节离奇，但实际上仍然反映着社会现实生活，是玄学在魏晋士人的人生信仰上的折射。

玄学与魏晋时期的古史研究及史注的发达有着密切关系。这一时期地下古籍如汲冢书的出土以及史籍的大量出现，是促使史注史考一类著作大量出现的重要原因。然而玄学思潮使这个时期的士人追求悠闲自在的生活情趣也与史注史考发达直接相关。有的史家通过研究古史以发幽情，有的史家则通过研究前人著作并为其作注以寄寓情趣。谯周撰《古史考》，皇甫谧撰《帝王世纪》，束皙整理汲冢书，司马彪根据汲冢书对

---

[1] 《晋书》卷四十九《阮籍传》。
[2] 《晋书》卷三十九《王沈传》。
[3] 《晋书》卷四十七《傅玄传》。
[4] 参见穆克宏：《魏晋南北朝文学史料述略》，中华书局 1997 年版，第 205 页。

谯周的《古史考》再做考辨。魏王肃，吴虞翻、唐固、韦昭曾分别为《国语》作注，晋杜预作《春秋左氏经传集解》，孔晁作《国语注》《逸周书注》，郭璞作《山海经注》《穆天子传注》《水经注》，晋灼作《汉书集注》等。

第四节　玄学与魏晋时期史家思维的变化

玄学倡导任性自然，随心所欲，对思想界形成了猛烈冲击，在压抑的氛围中不断唤醒士人的自我意识，进而冲破传统的纲常伦理的禁锢，使士人在发现自我价值和生活体认上有了长足的进展，“人的自觉成为魏晋思想的独特精神”[1]。玄学的影响使整个社会意识由重天转向重人，人对天的依附性减弱的同时，人自身的地位提高了。“一方面，它表现为对人生持有一种理性的态度，从而探求生命的意义和人生的存在价值，而不再相信什么‘天人感应’、谶纬宿命的荒唐观念；另一方面，它又表现为好尚自然，不受礼法羁绊，要求人性解放。”[2] 魏晋史家思考历史，逐渐抛弃传统的天命史观而重视人事的作用。我们考察魏晋时期的史论，即可清楚地看到这种史学思想上由天到人的转变。曹冏的《六代论》从人事的角度反思自夏朝至魏世的治乱兴衰，认为“昔夏、殷、周之历世数十，而秦二世而亡，何则？三代之君，与天下共其民，故天下同其忧。秦王独制其民，故倾危而莫救”。曹冏进而指出，“向使高祖踵亡秦之法，忽先王之制，则天下已传，非刘氏有也”。陆机的《辨亡论》根据人事论述吴从兴盛到衰亡的历史，指出孙权“以奇踪袭于逸轨，睿心因于令图，从政咨于故实，播宪稽乎遗风”，“加之以笃固，申之以节俭，畴咨俊茂，好谋善断”，故能黜魏军于赤壁，挫蜀旅于西陵。然孙皓时，滥施淫刑，草菅人命，“黔首有瓦解之志，皇家有土崩之衅”，“军未浃辰，而社稷夷矣”。干宝的《晋纪总论》根据人事分析西晋乱亡的原因，认为西晋“树

---

[1] 参见张家成：《名理学方法与汉魏思想变迁》，载《华东师范大学学报（哲学社会科学版）》1988 年第 6 期，第 25—28 页。

[2] 参见赵明：《道家思想与中国文化》，第 226 页。

立失权，托付非才，四维不张，而苟且之政多也”，昏君无能，朝臣结党，政治黑暗，纲纪败坏，“故贾后肆虐于六宫，韩午助乱于外内，其所由来者渐矣，岂特系一妇人之恶乎？”干宝所论，极为深刻。正如周一良先生所言，干宝“强调人事而不归之于天命，不把西晋的灭亡归咎于贾后个人，这在当时不能不推为卓识”[1]。袁宏在《后汉纪》的史论中阐述了君主必须具备“德”“仁”“义”。君主治理天下，应善于纳贤，“量材任以授官，参善恶以毁誉，课功过以赏罚”，这样能充分发挥贤才的作用。袁宏主张，君主应“宽以临民，简以役物”，“圣人知天理之区别，即物性之所托，混众流以弘通，不有滞于一方，然后品类不失其所，而天下各遂其生矣”。[2] 魏晋史家根据人事考察历史，论评历史，这种史学思想在古代史学史上具有重要的进步意义。

玄学使理论思维得到极大丰富。玄学家们大都注重辨析名理，善于使用逻辑分析方法，其结论往往是从对概念范畴的分析中推衍出来。他们的论证分析，条理严谨，思辨味道极浓。魏晋许多思想家喜欢辩论而善言名理，辨析名理的思潮促进了逻辑思维水平的提高。[3] 有的学者认为，“玄学宇宙论的提出，极大地提高了哲学的抽象思辨性，它影响各种精神领域，自然也有助于提高文学创作和理论的思维水平”[4]。有的学者进一步指出，玄学“大大地提高了中华民族的理论思维水平。作为一种思维方式，它不仅对古代文学、艺术产生了极大的影响（当然，其中有积极影响，也有消极作用），而且对自然科学的发展也起过一定的促进作用”，“魏晋六朝时的物理、天文、数学、机械、医学等都有相当突出的发展，是与当时理论思维水平的提高分不开的”。[5] 笔者认为，这种思维水平的提高也直接促进了史学的发展。如西晋时为官修晋史的上限问题（即所谓晋元论问题），朝廷上下曾有过激烈争论。荀勖等人主张晋史上限始于魏齐王曹芳正始年间司马懿兵变夺权，贾谧等人主张以晋武

---

[1] 周一良：《魏晋南北朝史学著作的几个问题》，《魏晋南北朝史论集》，第406页。

[2] 参见《后汉纪》卷十七。

[3] 参见周立升：《玄学三题》，《文史哲》1985年第4期，第45—47页。

[4] 任继愈：《中国哲学发展史》（魏晋南北朝），第299页。

[5] 张家成：《名理学方法与汉魏思想变迁》，载《华东师范大学学报（哲学社会科学版）》1988年第6期，第25—28页。

帝于泰始受禅为上限。这两种不同意见代表了原始察终与辨析名理两种不同的主张。史家应该根据原始察终的要求，才能真实地反映一代兴衰的始末，如果斤斤于辨析名理，那么就会拘泥于“名”“理”而难以真实地反映历史的本来面目。陈寿修《三国志》并未因为曹操生前没有皇帝之名就不为他立纪，而是根据原始察终的原则立《武帝纪》以记载曹操一生的活动，这样人们就能从中了解曹魏兴起的过程。这说明陈寿具有很高的史识，懂得修史的要求。西晋朝廷关于晋元论的争论中，贾谧因为权过人主，其主张的晋始于泰始受禅之议成为官方意见。当时支持贾谧的人多为擅长文学与玄学的清流名士，他们表面上似奉《汉书》起元高祖成例，实际上拘于“名”“理”之辨，既没有修史经验，缺乏史识，又欲回避切断晋三祖的事迹。此外，魏晋时期史考史注得到了很大发展，这也从另一方面反映出这一时代理论思维水平的提高对史学发展的促进作用。前已指出，南朝史家范晔的《后汉书》与沈约的《宋书》中的序和论，确实体现出对历史的深刻理解与整体认识能力。这种对历史发展的洞察能力的提高是玄学的兴起与佛教的流行促进思维水平提高的结果。

综上所述，玄学对魏晋史学的影响是多方面的，既有积极的影响，也有消极的影响。魏晋是中国传统史学初步发展的时期，魏晋史学与玄学有着极为密切的关系。我们只有将两者结合起来思考，才能充分认识魏晋史学的时代特点和发展特色。

第四章 佛教与魏晋南北朝时期的史学思想

佛教自东汉传入中国，至魏晋南北朝时期成为一种有着重要影响的社会意识形态。“佛教传入中国后和中国原有的思想相接触，不断变化，不断发展”，形成了“既不同于中国的传统思想，也不同于印度的思想”的一种宗教哲学。[1] 魏晋南北朝时期佛教广泛流传的过程，就是“不断消化变通印度佛教的过程，就是与中国固有思想融合并不断发展创新的过程”[2]。佛教与魏晋南北朝时期的史学思想有着密切关系。

第一节 儒、玄、释相互影响下的史家

佛教传入之前，儒学是中国文化的主体和核心。学者文人的知识结构自然是以儒学为主。魏晋之际玄学兴起并成为一种有着广泛影响的意识形态。而魏晋南北朝佛教传播过程中，一方面翻译、注释、讲解佛教典籍的人，往往原来深受儒家思想的影响和玄学思潮的熏陶，这样必然

[1] 吕澂：《中国佛学源流略讲》，中华书局 1979 年版，第 1 页。
[2] 方立天：《魏晋南北朝佛教论丛》，中华书局 1982 年版，第 226 页。

把儒学、玄学的思想带进其所传播的佛教中；另一方面，魏晋南北朝的社会条件与政治现实决定佛教必须适应把持政权的统治者的需要，协调与儒学、玄学彼此矛盾之处，以宗教形式为解决社会现实问题服务。因此魏晋南北朝时期，学者文人的知识结构比较复杂，儒、佛、道兼通，以玄释佛、以儒释佛成为一种普遍现象。

玄学为佛教般若学的流行提供了适宜的土壤。般若学以论证现实世界虚幻不实为目的，虽讲出世，但实际是以出世的姿态关注世间。般若学的性空说，类似于《老》《庄》的虚无；其“涅槃”“寂灭”，可比于《老》《庄》的“无为”。《老》《庄》认为人与万物皆从无所生，故人生真谛应归根复命，反本还朴。佛教则认为人生业报相寻，致落苦海，解脱之方在息意去欲，识心达本，以为无为（涅槃）。般若学的中心问题也是在谈本末、空（无）有的问题。这是按玄学的思想和范畴对般若学的“二谛说”的比附、引申和发挥，即把“真谛”说成是本体的“无”，把“欲谛”说成是万物的“有”。[1] 般若学者以《老》《庄》释发其说。如鸠摩罗什既译众经，又作《老子注》二卷；竺法潜或畅方等，或释《老》《庄》；[2] 慧远少为诸生，博综六经，尤善《庄》《老》；[3] 支遁尝在白马寺，与刘系之等谈《庄子·逍遥篇》，并注《逍遥篇》，为王羲之作《逍遥义》数千言；[4] 僧肇爱好玄微，每以《庄》《老》为心要，尝读老子《道德章》。[5]《出三藏记集》收载道安的《道地经序》《安般注序》等佛学论著，其所使用的名词和阐发的思想都与玄学密切相关。

魏晋南北朝时期，儒学与佛教彼此吸收融合。汉末三国时期的牟子在其《理惑论》中以儒家、道家思想阐发佛理，其征引的理论和典故，除佛经以外，还有《老子》《论语》《孝经》，以及《左传》《国语》《庄子》《荀子》《韩非子》《吕氏春秋》《礼记》《淮南子》《史记》《新序》《列仙传》《列女传》，甚至纬书《春秋元命苞》《春秋合诚图》等。[6] 魏

[1] 参见方立天：《魏晋南北朝佛教论丛》，第228—229页。

[2] 参见《高僧传·竺法潜传》。

[3] 参见《高僧传·慧远传》。

[4] 参见《高僧传·支遁传》。

[5] 参见《高僧传·僧肇传》。

[6] 参见周叔迦编《牟子丛残·牟子理惑论事义集证》，公记印书局1930年铅印本。

晋南北朝时期，不少名僧在其出家之前已经具有精深的儒学造诣，如道安、僧肇、慧远、道生等都是由儒玄并重转向皈依佛祖而成为一代高僧的。他们在阐发佛教理论时必然引入儒学乃至玄学。三国时吴国名僧支谦把儒家五常融入佛教教义之中。另一吴国名僧康僧会以儒家的“仁义”解释佛教教义，宣称儒典之格言，即佛教之明训，将孟子的仁政学说与佛教的“天国”直接联系起来。[1] 晋代名僧智琳、慧琳儒、佛兼通。一些在家的居士信徒也竭力将儒学融入佛教，东晋孙绰认为“周孔即佛，佛即周孔，盖外内名之耳”，“周孔救极弊，佛教明其本耳”。[2] 在《喻道论》中，他指出佛教与儒学一个治本，一个治表，可以相互补充，佛教主张离亲出家，但可通过传教修道而荣宗耀祖，还可为祖先祈福，故并不违背孝道。东晋郗超撰《奉法要》，意即信奉佛法的要点。他将佛教的道德戒条、斋法与儒家伦理结合起来。一些儒家学者则把佛教引入对儒家伦理的解释。北齐魏收以儒家五常解释佛教五戒，说：“五戒，去杀、盗、淫、妄言、饮酒，大意与仁、义、礼、智、信同，名为异耳。”[3] 南齐张融临终时，遗命入殓时“左手执《孝经》《老子》，右手执小品《法华经》”[4]。

魏晋南北朝时期，名士与名僧合流。汤用彤言：两晋之际“《般若》大行于世，而僧人立身行事又在在与清谈者契合。夫《般若》理趣，同符《老》《庄》，而名僧风格，酷肖清流，宜佛教玄风，大振于华夏也。西晋支孝龙与阮庾等世称为八达，而东晋孙绰以七道人与七贤人相比拟，作《道贤论》。名人释子共入一流，世风之变，可知矣”[5]。西晋时，被誉为“中州名士”的玄谈家刘元真与出自名门而后来落发为僧的竺法潜结为至交。据《高僧传·释慧严传》记载，名士王导、周颛、庾亮、王濛、谢尚、王坦、王恭、王谧、郭文、谢敷、戴逵、何充、王元琳、范汪、孙绰、张玄、殷颛等，莫不与名僧往来。据《高僧传·支遁传》记载，名僧支遁与名流王洽、刘恢、殷浩、许询、郗超、孙绰、桓彦表、

[1] 参见《高僧传·康僧会传》。
[2] 《弘明集》卷三《喻道论》。
[3] 《魏书》卷一百一十四《释老志》。
[4] 《南齐书》卷四十一《张融传》。
[5] 汤用彤：《汉魏两晋南北朝佛教史》，上海人民出版社 2015 年版，第 107 页。

王敬仁、何次道、王文度、谢长遐、袁彦伯等，“皆著尘外之狎”。谢安、王羲之等东晋名士与名僧关系极为密切。史载谢安“寓居会稽，与王羲之及高阳许询、桑门支遁游处，出则渔弋山水，入则言咏属文”[1]，“会稽有佳山水，名士多居之。谢安未仕时亦居焉。孙绰、李充、许询、支遁等皆以文义冠世，并筑室东土，与羲之同好”[2]。鲁迅深刻地指出：“中国自南北朝以来，凡有文人学士，道士和尚，大抵以‘无特操’为特色的。晋以来的名流，每一个人总有三种小玩意，一是《论语》和《孝经》，二是《老子》，三是《维摩诘经》。”[3]

魏晋南北朝时期，儒学、佛学、玄学各种思想纷然杂陈，不同流派争奇斗妍，既彼此碰撞，又相互吸收，形成你中有我，我中有你的局面，使这一时期思想文化领域色彩斑斓。这种时代特色决定了学者文人既继承了传统的儒家、道家思想，又程度不同地受到佛教文化的影响。他们的知识结构中，既有儒学、玄学的东西，又有佛学的成分。如晋代的殷浩、王羲之、顾恺之，南朝宋时的宗炳、颜延之、谢灵运，南齐时的王俭、周禺、沈约、王融，梁代的萧统、萧子显、阮孝绪、江淹、刘勰、裴子野，陈代的江总、姚察、徐陵，北朝的魏收、颜之推等，无一不是如此。

魏晋南北朝的史家是这个时期学者文人群体的重要组成部分。我们这里略举几例来看看佛教对他们的深刻影响。如谢灵运是南朝刘宋时著名文学家与史学家，曾撰《晋书》未成被杀。他笃信佛教，曾与慧严、慧观改编北本《大涅槃经》，[4] 作《辨宗论》述道生顿悟之义，撰有《佛影铭》《无量寿颂》《维摩诘经十譬赞》等佛学论著。史载：“太守孟颛事佛精恳，而为灵运所轻，尝谓颛曰：‘得道应须慧业文人，生天当在灵运前，成佛必在灵运后。’”[5] 谢灵运的诗文中流露出浓重的出世思想与宗教感情。他在比较儒、佛优劣之后说：“六经典文，本在济俗为治

[1] 《晋书》卷七十九《谢安传》。

[2] 《晋书》卷八十《王羲之传》。

[3] 《鲁迅全集》第五卷，人民文学出版社 1957 年版，第 245 页。

[4] 参见《高僧传·慧严传》。

[5] 参见《宋书》卷六十七《谢灵运传》。

耳。必求性灵真奥，岂得不以佛经为指南邪!”[1] 如王俭是南齐时著名史学家，曾整理文献典籍并撰《七志》这一重要目录学著作。他礼敬涅槃学者法瑗，曾延请僧宗讲《涅槃经》。如沈约是齐梁间著名文学家与史学家，曾撰《晋书》《宋书》《齐纪》。作为以佞佛著称的南朝齐竟陵王萧子良的八友之一，沈约笃信佛教，精通内典，与周颙等人参照佛经转读与印度声明，总结出四声八病；又撰有很多专门阐扬佛理的论、记、铭、序等。如萧子显是南齐宗室，齐梁间著名史家，撰有《南齐书》等。他认为“孔、老、释迦，其人或同，观方设教，其道必异”，“孔、老治世为本，释氏出世为宗”。[2] 如裴子野是南朝梁著名史学家，撰有《宋略》《众僧传》，“末年深信释氏，持其教戒，终身饭麦食蔬”[3]。如姚察是南朝陈著名史学家，著有《汉书训纂》等，“幼年尝就钟山明庆寺尚禅师受菩萨戒，及官陈，禄俸皆舍寺起造，并追为禅师树碑”[4]。如魏收是北朝著名史学家，撰有《魏书》等。他小字佛助，自幼接触佛教，任官后与佛教僧侣来往密切。北魏明帝时，魏收曾参与昙无最同道士姜斌的辩论；东魏时他与名僧道宠为师生关系，又曾受敕为僧稠制碑文。[5] 佛教对魏晋南北朝史家知识结构的深刻影响必然在其史著的内容、体例等方面反映出来。

第二节　佛教与魏晋南北朝时期的理论思维

魏晋玄学的兴起提高了这个时期的抽象思维水平。佛学与玄学对于有无、生灭、本末、体用、言意等方面的论述具有一致性，两者都包含着丰富的辩证法因素，对于人们认识事物的发展变化，揭示现象与本质的区别和联系，把握语言形式和思想内容的复杂关系，具有重要启迪

---

[1] 《弘明集》卷十一，《答宋文帝赞扬佛教事》。

[2] 《南齐书》卷五十四《高逸传》。

[3] 《梁书》卷三十《裴子野传》。

[4] 《陈书》卷二十七《姚察传》。

[5] 参见《魏书》，《续高僧传》卷二十三《昙无最传》，《续高僧传》卷七《道宠传》，《续高僧传》卷十六《僧稠传》。

作用。

佛教促进魏晋南北朝时期思维水平的提高首先体现在其重视思辨对人的启发作用。前已论及，佛教给中国文化带来了许多新的东西，开阔了人们的视野，活跃了人们的学术思想。佛教大量使用繁琐、复杂的名相表达概念，通过分析这些概念构建一整套唯心主义的思想体系。如律藏中讲到一条戒律，都要明确规定每个概念的内涵与外延。这种方法虽然包含许多诡辩的成分，但又包含着丰富的逻辑方面的知识，代表认识与思辨的成果。在这个时期，“儒学的政治伦理、纲常名教由于抛弃了汉代神学目的论和谶纬的粗俗内容和形式，得到具有较强思辨性的佛教理论的论证、渗透，从而增强了它的抽象、思辨的能力”[1]。

佛教的传入对魏晋南北朝时期思维水平的提高的促进作用其次体现在其论说方式对人的启发作用。马克思主义认为：“每一个时代的理论思维，从而我们时代的理论思维，都是一种历史的产物，它在不同的时代具有完全不同的形式，同时具有完全不同的内容。因此，关于思维的科学，也和其他各门科学一样，是一种历史的科学，是关于人的思维的历史发展的科学。”[2] 佛教理论是一种形而上学的体系。它采用条分缕析的论说方式，利用纯粹思辨的分析分解事相，阐发宗教理论。佛典论藏的每一部书都是一个分析的理论体系。魏晋南北朝时期，佛教要面对内外论敌的挑战，因此，佛教论藏的论著需要进行严密的逻辑分析、细致的概念辨析，善于使用推理演绎。魏晋南北朝时期史注史考的发达与这一时期佛教的逻辑分析、概念辨析及演绎推理所带来的思维水平的提高有着深刻的内在联系。

佛教对魏晋南北朝时期思维水平的提高的促进作用最后还体现在语言与所引入的新概念对人的启发作用。前已论及佛教对汉语语言的影响。语言是思维的表达形式，语言的丰富极大地推动了思维的发展。佛教的一些新概念的输入带来了大量新的词汇，从而丰富了汉语的词汇。佛教经典的翻译促使外来的语法结构输入汉语。佛教富于玄想和夸张，注意描绘形象，其生动活泼的语言表达和写作方法，给人智慧的启迪，有利

[1] 赵吉惠等：《中国儒学史》，中州古籍出版社 1991 年版，第 425 页。
[2] 《马克思恩格斯选集》第四卷，人民出版社 1995 年第 2 版，第 284 页。

于发展人们的形象思维和辩证思维。魏晋南北朝时期的野史笔记乃至纪传体正史著作中大量记载的各种怪诞不经的遗闻逸事，与佛教的流行导致的形象思维与辩证思维水平的提高不无关系。

魏晋南北朝时期思维水平的提高使史家对历史认识与思辨的能力得到提高，而这一时期史学的巨大发展与思维水平的提高导致的思辨能力的提高有着直接关系。我们从这一时期史学批评形式的多样化，史学批评的内容日益深化，即可看出史家对史学自身发展的思辨能力较之汉代已大大提高。

梁代刘勰的《文心雕龙》虽从整体上说是一部文艺理论著作，但其内容广泛论及历史认识论与史学方法论的诸多问题。该书的撰著显示出佛教的多重影响。首先是思想方面。刘勰是一个深受佛教思想影响的学者，史载其“家贫不婚娶，依沙门僧祐，与之居处，积十余年，遂博通经论，因区别部类，录而序之”。定林寺的经藏，皆为刘勰所定。其“为文长于佛理，京师寺塔及名僧碑志，必请勰制文”。[1] 刘勰熟悉内典，曾协助僧祐编辑《出三藏记集》，其文章的思想内容深深地打上了佛教的烙印，《文心雕龙》也是如此。马宏山在《文心雕龙散论》中甚至称该书的指导思想是“以佛统儒，佛儒合一”。其次是论说方式。全书分为数十个专题，从不同方面、不同角度论述有关文艺的问题。每个专题自成体系，而这数十个专题则又构成一个大的体系。这种高屋建瓴的思考和条分缕析的论说显然来自佛教论藏的影响，来自对佛典本身的借鉴。我们从《史传》篇的论说也可以看到这一点。《史传》对自上古至东晋以前中国史学发展的历史做了理论上的概括和总结，“实为中国史学史及史学批评的雏形之作”[2]。《史传》论述了史学缘起、体例、结构、方法，兼评史著优劣，申言史学功用及史家道德等，虽然其基本思想仍然是儒家传统思想而没有多大理论创新，但其论说方式却与佛教论藏极为相似。这一事例反映出史家儒佛兼通的知识结构对于其史学思辨的影响。

---

[1] 《梁书》卷五十《刘勰传》。

[2] 雷家骥：《中古史学观念史》，第566页。

第三节　佛教对魏晋南北朝时期史学的多重影响

佛教的传入不仅丰富了中国文化的宝库，从而为史学的发展创造了良好的文化氛围，而且对魏晋南北朝时期史籍的内容有着广泛而深刻的影响。

佛教影响了这一时期纪传体正史的内容。这种影响首先反映在对一些历史人物与历史事件的具体记载方面。陈寅恪先生在《寒柳堂集·三国志曹冲华佗传与佛教故事》中对华佗医术与佛教的关系提出新的解释。陈先生认为，华佗“断肠破腹，数日即差，揆以学术进化之史迹，当时恐难臻此”。他结合佛教故事和语言影响，指出：华佗的医术与佛经《棕女耆域因缘经》所载神医耆域之诸奇术相同。华佗的名字亦与天竺语有关。华佗本名华旉，华佗二字古音与 gada 相应。天竺语有 agada，是“药”的意思。省去 a 字即省却“阿”字，犹如“阿罗汉”简称“罗汉”。这样，医术高明的华旉，由于当时民间比附印度神话故事，因称为华佗，实以药神目之。季羡林先生在此基础上进一步揭示《三国志》《后汉书》中有许多印度的东西。如《三国志·邓哀王冲传》中所记的曹冲称象的故事即为印度故事。佛经《杂宝藏经》卷一《弃老国缘》中有一个用船称象的故事。这个故事可能在汉代即已从口头传入我国。该传记载曹冲五六岁时即有成人智慧。孙权送给曹操一头象，曹操想知道象的重量，文武百官无法解决，曹冲说：“置象大船之上，而刻其水痕所至，称物以载之，则校可知矣。”《三国志·方技传》记载华佗的许多奇术：他能给人破腹洗肠，再缝好，一月之间能够平复；他看到广陵太守陈登得了病，胸中烦懑，面色发红，不能吃饭，经诊脉后说陈登肚子里有几升虫子，并为陈登煮了二升汤，结果陈登吐出了二升多红头虫子。这些故事与《棕女耆域因缘经》里的故事十分相似。《后汉书·方术列传》里记郭宪和樊英喷酒灭火的故事，同佛图澄的故事完全一样。又如佛书称佛祖释迦牟尼耳朵大，头发长，牙齿白。佛书对佛祖形象的描绘影响到纪传体正史对君主形象的描绘。《三国志·明帝纪》裴注引孙盛之语，说明帝的头发一直垂到地上；《三国志·先主传》说刘备垂手下膝，能看到自己的耳朵；《晋书·武帝纪》说武帝的手一直垂到膝盖以下，头发垂到地上；《陈书·高祖纪》说高祖垂手过膝；《陈书·宣帝纪》说宣帝垂手过膝；《魏书·序纪》说昭成皇帝立发垂地，卧则乳垂至席；《魏书·太祖纪》说太祖广颡大耳；《北齐书·神武纪》说神武长头高颧，齿白如玉。这些类似的记载都来自佛教的影响。[1]

佛教影响了这一时期纪传体正史的内容。这种影响其次主要表现在对历史的记载中广泛反映出来的因果报应思想与生死轮回观念。如沈约深受佛教影响，宣传信奉佛教，凡事必能逢凶化吉。《宋书·王玄谟传》载："初，玄谟始将见杀，梦人告曰：'诵《观音经》千遍，则免。'既觉，诵之得千遍，明日将刑，诵之不辍，忽传呼停刑。"沈约记载这一事例，反映出他对佛教的服膺。《南史·江淹传》载："淹少以文章显，晚节才思微退，云为宣城太守时罢归，始泊禅灵寺渚，夜梦一人自称张景阳，谓曰：'前以一匹锦相寄，今可见还。'淹探怀中得数尺与之，此人大恚曰：'那得割截都尽。'顾见丘迟谓曰：'余此数尺既无所用，以遗君。'自尔淹文章踬矣。又尝宿于冶亭，梦一丈夫自称郭璞，谓淹曰：'吾有笔在卿处多年，可以见还。'淹乃探怀中得五尺笔一以授之，尔后为诗绝无美句，时人谓之才尽。"这些故事反映出佛教的因果报应思想对纪传体史内容的影响。

佛教对野史笔记的内容有着广泛影响。魏晋南北朝是一个野史笔记兴起的时代。佛教的流行使这个时期产生了许多反映因果感应、生死轮回的笔记小说，如干宝的《搜神记》、陶潜的《搜神后记》、刘义庆的《宣验记》及《幽明录》、王琰的《冥祥记》、曹丕的《列异传》、朱君台的《征应传》、王延秀的《感应传》、荀氏的《灵鬼志》、陆杲的《观音应验记》、王曼颖的《补续冥祥记》、祖冲之的《述异记》、陆琼的《嘉瑞记》、颜之推的《集灵记》与《冤魂志》、刘泳的《因果记》等。这类笔记小说从内容到思想都反映出佛教的影响。如干宝的《搜神记》是最早的一部保存比较完整的志怪小说，作者"在思想观念上与思维方式上都与中国传统意识有很大差异。那些亡灵与神变的故事，显然是受到佛典

[1] 参见季羡林：《中印智慧的汇流》，周一良主编《中外文化交流史》。

的写法的影响”[1]。王琰在《冥祥记》序中称其幼年在交趾从高僧贤法师受五戒，得观世音菩萨金像一座，虔心供奉，后金像两次显灵。刘义庆的《宣验记》中所载鹦鹉灭火的故事，与佛经《旧杂譬喻经》几乎完全相同。其《幽明录》宣称冥界有官、刑狱及与人间一样的社会机构，描绘了地狱巡游，死而复生等情节，反映出神鬼、轮回、济度、转生等观念。他的另一部小说《世说新语》虽然以魏晋士族名流生活逸事为主要内容，但由于许多名僧如支遁等与名流过从甚密，故该书的内容中也包括一些僧人的逸事和隽语。颜之推的《冤魂志》专记因果报应、感应灵验之事。在这些志怪小说中，有的故事直接取自佛书，有的则是从佛教史上的传说演化而来。故鲁迅言：“魏晋以来，渐译释典，天竺故事亦流传世间，文人喜其颖异，于有意或无意中用之，遂蜕化为国有。”[2]据记载，六朝时期记佛教灵验、业报的故事集见于著录者共有 20 家左右。[3]

魏晋南北朝是一个人物传记极为发达的时代。佛教的流行使僧传成为这个时期人物传记中一个极为重要的史籍门类。这些僧传中既有释迦和印度圣贤传记，如《马鸣传》《龙树传》《提婆传》等，又有大量关于中国僧人的传记，“中国僧传，为两晋南北朝最发达之史书。其名见于《高僧传》《隋志》及诸目录及类书者极多”[4]。这些僧传中，有一人一传，如佚名氏的《佛图澄传》《支法师传》《支遁传》《安法师传》《安和尚传》《释道安传》《高座道人别传》《于法兰别传》《稠禅师传》《僧崖菩萨传》《韶法师传》《慧达别传》，康泓的《道人善道开传》，顾恺之的《竺法旷传》，张野的《远法师铭》，王微的《竺道生传》，张辩的《僧瑜传赞》及《昙鉴传赞》，陶弘景的《梁故草堂法师传》，萧回理的《草堂法师传》，曹毗的《真谛传》等；有一类僧人的传记，如竺法济的《高逸沙门传》，释法安的《志节传》，释僧宝的《游方沙门传》，僧祐的《沙婆多部相承传》；有一时一地僧人的传记，如郗超的《东山僧传》，张孝秀

[1] 孙昌武：《佛教与中国文学》，上海人民出版社 1988 年版，第 261 页。

[2]《鲁迅全集》第八卷，人民文学出版社 1957 年版，第 38 页。

[3] 参见孙昌武：《佛教与中国文学》，第 261 页。

[4] 参见汤用彤：《汉魏两晋南北朝佛教史》，第 401 页。

的《庐山僧传》，陆杲的《沙门传》等。[1]

佛教通史的出现是魏晋南北朝佛教流行的表征之一。梁代宝唱搜集列代僧录，撰《名僧传》31卷。该书实际上是一部由历代名僧传记汇编成的佛教通史。根据现存的《名僧传抄》中保留的原书目录，可知其分为18科，收有426人的传记。宝唱又博采碑颂，广搜记集，撰《比丘尼传》4卷。作者在序中称佛法东传以来最早的比丘尼是两晋之际的净检，此后比丘尼渐多。其中有的以苦节、禅观著称，有的以立志、学问出名。宝唱"或询之博闻，或访之故老，铨序始终，为之立传"。该书立于正传的比丘尼56人，附见于传中的比丘尼52人，比丘47人，记载了上起两晋之际，下至梁天监年间一些著名的比丘尼的事迹，对于研究东晋南北朝时期妇女受戒出家修行的情况具有重要价值。梁慧皎撰《高僧传》14卷。这是宝唱的《名僧传》之后又一部由历代高僧的传记汇编而成的佛教通史。慧皎在该书自序中称："尝以暇日，遇览群作，辄搜检杂录数十余家，及晋宋齐梁春秋书史，秦赵燕凉荒朝伪历，地理杂篇，孤文片记，并博咨故老，广访先达，校其有无，取其同异。"作者将其书名定为《高僧传》，是因其立传的僧人不管有名无名，只是根据僧人自身德行高否。该书所记人物分为十科，一曰译经，二曰义解，三曰神异，四曰习禅，五曰明律，六曰亡身，七曰诵经，八曰兴福，九曰经师，十曰唱导，上起东汉永平十年（67），下至梁天监十八年（519），前后达450多年。正传收载人物257人，附见200多人，基本记载了自汉至梁的高僧事迹，对研究这一时期的佛教史具有极为重要的价值。

《魏书·释老志》是纪传体正史中唯一记载佛道二教历史的史志。该志的编撰反映出作者魏收的"卓识"。[2]《释老志》全文近两万字，关于佛教的记载约占四分之三，作者采用概述的形式，介绍了佛教的起源和基本教义，佛教传入中国的历史，如汉至东晋时期佛教的初传，包括佛图澄及其弟子道安、慧远，以及鸠摩罗什等人译经、传教的情况，并重点介绍了北魏接受、兴盛佛教的情况，北魏朝廷对佛教的态度及其与佛教流行的关系。作者记载自北魏孝文帝承明元年（476）至孝明帝正光之

[1] 参见汤用彤：《汉魏两晋南北朝佛教史》。

[2] 周一良：《魏收之史学》，《魏晋南北朝史论集》，第256—292页。

际，在不到半个世纪的时间里，僧尼人数竟由7万余人骤增至200万人，占去政府编户总人口数额的十五分之一。作者深刻地指出："魏有天下，至于禅让，佛经流通，大集中国，凡有四百一十五部，合一千九百一十九卷。正光已后，天下多虞，王役尤甚，于是所在编民，相与入道，假慕沙门，实避调役，猥滥之极，自中国之有佛法，未之有也。略而计之，僧尼大众二百万矣，其寺三万有余。流弊不归，一至于此，识者所以叹息也。"[1] 魏收所论，实际上揭示了北魏佛教猥滥发展的社会政治原因及其流弊。因此，这篇史志对研究佛教传入中国的过程及流行情况，以及所导致的中国社会的深刻变化，具有重要史料价值。

佛教的广泛流行和佛典的大量翻译直接影响到目录的编撰。一方面目录学家在校勘整理文献之后于其所编定的文献目录中著录所见佛教典籍。如魏郑默的《中经》始载佛书，晋荀勖的《新簿》亦载佛经，南齐王俭的《七志》中编录道、佛二家，梁阮孝绪的《七录》的外编设佛法与仙道二录。另一方面一些佛教学者对佛教典籍进行搜集、整理、鉴别、分类，编撰出专门的佛经目录，称为"经录"。"经录"是文献目录中的一个重要类别。它不同于一般的目录，其中除载有目录外，还对译人的生平，译事的情况进行记录，并依时代顺序，为之分类编定。三国时魏国名僧朱士行曾编过经录。西晋时西域名僧竺法护及其助手聂道真都曾编过经录。东晋名僧支敏度曾编过《经论都录》与《经论别录》两种经录。这些经录都已亡佚。东晋高僧道安所编的《综理众经目录》是我国佛教史上第一部有着深远影响的经录，被后世称为《道安录》。《道安录》已失传，但从梁代僧祐编撰的《出三藏记集》可知，它分为7篇，分别著录已知译者的经典、已不详译者的经典（失译经）、从凉州搜集到的失译经、从关中搜集到的失译经、已无法确定年代的经典、疑伪经典及道安本人的佛教著述。道安将其所能搜集到的全部佛教典籍梳理排比，甄别分类，编制成一个完整的目录。该录收经比较丰富、广泛，提出了疑经、伪经的问题，初步建立起一种分类体系，奠定了中国佛教目录学的基础，对于研究中国经录史及汉魏两晋佛教流传情况具有重要价值。[2]

---

[1] 《魏书》卷一百一十四《释老志》。

[2] 参见方广锠：《佛经目录杂谈》，文史知识编辑室编《佛教与中国文化》，中华书局1988年版。

梁僧祐编撰的《出三藏记集》是继《道安录》之后的又一重要的佛教经录。该录分为“撰缘起”“铨名录”“总经序”“述列传”4个部分。“撰缘起”1卷，引《大智度论》《十诵律》《菩萨出胎经》等有关佛陀出世以后由迦叶、阿难等弟子会诵结集经、律、论三藏的传说，述及译经中胡汉音义同异问题，认为鸠摩罗什及其弟子译经最好。“铨名录”4卷，在《道安录》的基础上审订并载明自东汉初至梁天监三年（504）所译出的佛经450部1867卷的目录、卷数、译者、译出年代等。“总经序”7卷，收录经序、后记120篇，包含着各个时期译经的背景、译者、经过、佛经内容、流传情况等方面的大量材料。“述列传”3卷，载历代译经者32人之传，为后世修撰僧传体佛教史书直接继承。[1]《出三藏记集》对后世修撰佛教经录影响很大。近代学者陈垣高度评价《出三藏记集》的史学价值，指出：“其中之经序及后记，皆为六朝人著作。严可均辑《全南北朝文》，将此书七卷全数采取，散入南北朝文中，可谓探骊而得其珠者矣。”他又指出《出三藏记集》的经序和列传，有许多地方可以补裴松之的《三国志注》的不足，说：“至于本书经序及列传中，有涉及各朝帝王及士庶者，均可为考史资料。如吴主孙权之于支谦，宋文帝之于求那跋陀罗，以及宋彭城王义康、谯王义宣、齐竟陵文宣王子良等，皆与诸僧应接。此书撰自裴注《三国志》后，为裴松之所未见，故魏、吴诸僧事，可补《三国志注》者尚多。杭世骏撰《三国志补注》，未能采此书一条，此杭君之疏忽也。”[2]

魏晋南北朝史籍中，地记与地理书数量众多。随着佛教的广泛流行，各地修建了大量的寺庙佛塔。因此地记与地理书中出现了佛教寺塔记这个门类，如慧远的《庐山记略》、支遁的《天台山铭序》、昙宗的《京师寺塔记》、刘悛的《益部寺记》、刘璆的《京师寺塔记》、佚名的《晋南京寺记》、杨衒之的《洛阳伽蓝记》等。其中《洛阳伽蓝记》是一部专记北魏都城洛阳寺庙的史学著作。作者有感于北魏时期佛教的流行，“恐后世无传”，指出：“《三坟》《五典》之说，九流百氏之言，并理在人区，而

[1] 参见任继愈主编：《中国佛教史》第三卷，中国社会科学出版社1988年版。

[2] 参见陈垣：《中国佛教史籍概论》，上海书店出版社2001年版，第3—4页。

义兼天外。至于一乘二谛之原，三明六通之旨，西域备详，东土靡记。”[1] 故撰著此书，分别记述了洛阳城内、城东、城南、城西、城北较大的佛寺或有代表意义的佛寺兴建的缘起与兴盛情况。该书正面介绍的佛寺有40所，顺便提到的有43所。而正面描绘的40所佛寺中，皇帝造者4所，后妃造者3所，亲王造者12所，百官造者2所，宦官造者6所，其他13所。北魏时期洛阳佛寺总数为1367所，由此可见北魏统治者佞佛造寺的情况。作者还记载了北魏时期中外文化交流的有关史实。如卷三记宣阳门外永桥以南，圜丘以北，伊洛之间，在御道东有金陵、燕然、扶桑、崦嵫四馆，在御道西有归正、归德、慕化、慕义四里，分别接待安置南朝、北夷、东夷、西夷前来投奔归顺者。卷四载乌场国沙门昙摩罗所造法云寺“佛殿僧房，皆为胡饰”。卷五载神龟元年（518）至正光三年（522）宋云与崇立寺比丘惠生奉胡太后之命西行求法的情况，对其所经之地的山川地理、民情风俗、政治经济、宗教寺庙、历史遗迹等，做了记载。该书还记载了北魏历史上的一些重要史实。如卷一“永宁寺”条记武泰元年（528）尔朱荣发动河阴之役，以及尔朱荣被杀前后的史事；卷二“平等寺”条载建明二年（531）尔朱荣废长广王元晔立广陵王元恭（节闵帝）的史事；卷三“高阳王寺”载高阳王元雍“贵极人臣，富兼山海，居止第宅，匹于帝宫”；卷四“法云寺”条记载寿丘里河间王元琛常与元雍比富，造崇殿玉井，蓄妓三百，养千里马，“以银为槽，金为锁环”，金银玉宝，绫罗钱帛等不计其数。“宣忠寺”条记载了庄帝与城阳王元徽谋划诛尔朱荣之事。这些记载具有重要的史料价值。

佛教对魏晋南北朝时期史籍类别的影响还表现在这一时期出现了我国历史上最早的一批域外游记。随着佛教的流行，既有不少域外僧人来中国传教，又有中国僧人去西天取经。他们将自己的所见所闻或亲身经历以游记的形式记载下来。如道安的《西域志》及《四海百川水源记》，法显的《历游天竺记》（《佛国记》），支僧载的《外国事》，竺枝的《扶南记》，昙景的《外国传》，法盛的《历国传》，智猛的《游行外国传》，昙无竭的《历国游记》，宝云的《外国传记》，道普的《游履异域传》，宋云的《家记》等。这类域外游记真实地记载了有关国家的历史沿革与社

[1] 杨衒之：《洛阳伽蓝记》。

会状况，以及中外文化交流的许多重要史事。这里以法显的《历游天竺记》为例，该书虽然只有 9500 多字，远不如唐代玄奘的《大唐西域记》那么丰富、博大，但却是我国现存的对海外情况的最早记录。作者记载了他在后秦弘始元年（399）从长安出发，经西域到印度，从海路经斯里兰卡、苏门答腊，于东晋义熙九年（413）返回建康的经过。法显西行，首尾共计达 15 年，及至 29 国。他的记载对于研究古代中亚、南亚各国的历史文化、社会风俗、宗教信仰等，具有重要价值。

总而言之，佛教与魏晋南北朝时期的史学思想发展有着极为密切的关系。佛教改变了学者文人的知识结构，提高了这个时期的思维水平，影响了史籍的内容，导致了与佛教有关的史籍类别的形成。我们只有认识佛教与魏晋南北朝时期史学的多重关系，才能对这个时期史学思想发展的特色加以科学分析，引出正确结论。

第五章　儒家思想与魏晋南北朝时期的史学思想

魏晋南北朝时期，玄学兴起，佛教流行，儒家思想在思想文化领域的垄断地位被打破。各种思潮、各种流派争奇斗妍，思想意识形态领域呈现多元化的局面。前已论及，这一时期的史学思想，既受到玄学的深刻影响，又与佛教有着密切的关系。然而从整体上考察，儒家思想在魏晋南北朝时期的史学思想中仍然处于重要地位。

第一节　儒家思想在魏晋南北朝学术潮流变化中地位的升降

魏晋南北朝是我国古代历史上大动荡、大分裂的时期。这一时期，阶级矛盾、民族矛盾和统治阶级内部的矛盾十分尖锐。农民战争、民族战争接连不断，社会生活动荡不安。在这种社会历史背景下，玄学的兴起适应了面对黑暗而精神苦闷的士人寻求解脱的需要，而佛教的流行满足了动荡不安时代人们寻求避世的心理。儒家思想在思想意识形态领域中的一统天下局面被打破，丧失了独尊的地位。然而，经过汉代 400 年的经学统治，儒家思想已经成为中国文化的核心，深深地渗透到中国文化的各个领域，并且内化成为中国各民族共同的民族心理与政治理念。玄学与佛教不论怎样流行，始终无法也根本不可能取代儒家经典与经学“在社会和政治生活中的崇奉莫替的位置”，“无法取代儒家思想的正统且受到崇奉的位置”。[1] 从魏晋南北朝时期思想意识形态的整个情况来看，儒学的宗主地位并没有丧失，儒家思想的统治地位也没有动摇，仍然是这一时期居于重要地位的社会意识形态。

魏晋南北朝时期，不论是南方还是北方，不论是汉族政权的统治区还是少数民族政权的统治区，儒学尽管受到玄学与佛教的冲击，却仍然是这一时期社会中的显学。无论是汉族统治者，还是少数民族统治者，都设立太学，儒家经典是太学生徒研习的主要科目。由于社会分裂，官学与汉代相比固然是大大衰落了，但仍然存在着，在社会相对稳定的时间里还得到一定的发展。与此同时，私学得到巨大发展。私学同样是以儒家经典作为生徒研习的主要内容。永嘉之乱以后，中州名士多避乱江左或者河西。留居中州的士儒因世道混乱，隐居乡间，聚徒讲学。江南地区因北方士人的大量到来，私学得到迅速发展。河西敦煌、酒泉、张掖的私学渐趋鼎盛。西晋济南刘兆，从业门徒数千人，两晋之际敦煌宋纤受业弟子三千余人，郭瑀弟子著录千余人，后秦姚兴时，天水姜龛、东平淳于岐、冯翊郭高等皆耆儒硕德，“经明行修，各门徒数百，教授长安，诸生自远而至者万数千人。兴每于听政之暇，引龛等于东堂，讲论道艺”[2]。北魏渤海高允，受业者千余人。据《魏书·儒林列传》记载，太原张伟“学通诸经，讲授乡里，受业者常数百人”。北地梁祚“历治诸经，尤善《公羊春秋》《郑氏易》，常以教授”。河内常爽置馆于京师温水之右，教授门徒七百余人，“京师学业翕然复兴”。私学的繁盛发展使儒家思想扩大了社会影响，使儒学继续占据思想意识形态领域的宗主地位。

魏晋南北朝时期，对儒家经典的研究与阐释虽然经历了起伏波折，但一直延续不断，成为学者文人主要的精神寄托与思想追求。随着各地私学的兴盛，出现了许多著名的儒家学者。如晋有杜预、范宁、郭璞，

[1] 章权才：《魏晋南北朝隋唐经学论略》，载《学术研究》1990 年第 2 期，第 51—54 页。

[2] 《晋书》卷一百十七《姚兴载记上》。

十六国时期有董景道，北朝有徐遵明、刘献之、熊安生，南朝有雷次宗、皇侃等。前赵董景道“明《春秋》三传、《京氏易》《马氏尚书》《韩诗》，皆精究大义。三礼之义专遵郑氏，著《礼通论》非驳诸儒，演广郑旨”[1]。北魏刘献之，精通《毛诗》《春秋》，著有《毛诗序义》《三礼大义》《三传略例》等，“海内诸生多有疑滞，咸决于献之”[2]。徐遵明，被人称为“魏末大儒”。据《北史·儒林列传》记载，徐遵明讲郑康成所著《易》，“以传卢景裕、崔瑾，是遵明深于《易》也。《尚书》之业，遵明所通者郑注之今文，后以授李周仁等，是遵明深于《尚书》也。三《礼》并出遵明之门，传李铉、祖隽、熊安生，是遵明深于《礼》也。馆陶赵世业家有服氏《春秋》，乃晋永嘉旧本，遵明读之，手撰《春秋义章》三十卷，河北诸儒能通服氏《春秋》者，并出徐生之门，是遵明又深于《春秋》也”[3]。这些名儒在潜心研究之余，广收门徒，既推动了儒学的发展，又扩大了儒学的社会影响。

魏晋南北朝时期，研究儒家经学成为众多学者文人的主要精神追求，因而这一时期的经学在两汉时期的基础上得到了新的发展。魏晋经学打破了汉代经学固陋僵化的弊病，丰富了经学的内容，为后来的发展准备了条件。如王弼的《周易注》、何晏的《论语集解》、杜预的《春秋左氏经传集解》、范宁的《穀梁传注》、郭璞的《尔雅注》、皇侃的《论语义疏》等，都是对后世影响较大的经注。《十三经注疏》所收集的经注，有近一半为魏晋人所作。南北朝时期，南北经学呈现出风格差异。南朝经学受魏晋玄学的影响，采用魏晋以来的新注为多。北朝经学重汉代传统，采用汉人旧注为多。北魏刘献之著《毛诗序义》《三礼大义》及《三传略例》等，徐遵明著《春秋义章》等。北齐李炫撰定《孝经》《论语》《毛诗》《三礼义疏》及《三传异同》《周易义例》等。北周沈重撰《周礼义》《仪礼义》《礼记义》《毛诗义》《礼记音》等，熊安生撰《周礼义疏》《礼记义疏》《孝经义》等，刘焯撰《五经述议》，刘炫撰《论语述议》《春秋攻味》《五经正名》《孝经述议》《春秋述议》《尚书述议》《毛诗述议》

[1] 《晋书》卷九十一《董景道传》。

[2] 《魏书》卷八十四《刘献之传》。

[3] 参见《廿二史札记》卷十五，《北朝经学》条。

等。南朝梁崔灵恩著《三礼义宗》《左氏经传义》《左传条例》《公羊穀梁文句义》，并分别撰有《毛诗集注》与《周礼集注》。由此可见，魏晋南北朝时期的经学著述，数量众多。尽管这一时期的经学派别繁杂，未能形成统一的局面，在思想意识形态领域不再占据绝对优势，但是仍然涌现出了一大批造诣很深的学者，取得了巨大成就，对隋唐时期经学的发展有着深刻的影响。

魏晋南北朝时期，无论是汉族统治者，还是少数民族统治者，都以儒家思想治理国家。西晋奠基者司马懿"博学洽闻，伏膺儒教"[1]。《晋书·儒林列传》记载司马炎上台以后更加重视儒学，建学校，幸辟雍，把大批的所谓宿德耆儒抬到显赫位置，贺循就被尊为两晋之际的一代儒宗。魏晋时期玄学虽风靡一时，但始终没有成为官方哲学，儒家经学仍然是治国之纲。在前面的第二章中，我们已经述及，十六国时期，儒学作为社会中占据主导地位的意识形态，得到入主中原的少数民族统治者的普遍认同。如刘渊少好学，"习《毛诗》、京氏《易》、马氏《尚书》，尤好《左氏春秋》"，其子刘和"习《毛诗》、《左氏春秋》、郑氏《易》"；慕容皝尚经学，"自造《太上章》以代《急就》，又著《典诫》十五篇"；姚兴为太子时，"与范勖等讲经籍"。[2] 他们都遵循儒学以治理国家。由汉族人张轨建立的前凉，"令有司可推详立州已来清贞德素，嘉遁遗荣；高才硕学，著述经史；临危殉义，杀身为君；忠谏而婴祸，专对而释患；权智雄勇，为时除难；谄佞误主，伤陷忠贤；具状以闻"[3]。有的学者指出，张轨建立的前凉，"从典章制度到价值伦理，皆本之儒学精义"，"汉代承袭下来的儒学思想发挥了社会的组织和均衡、整合和认同诸社会文化功能"。[4] 南朝梁武帝大力倡导儒学，亲自撰经义200余卷。《梁书·武帝纪》称其经义"并正先儒之迷，开古圣之旨。王侯朝臣皆奉表质疑，高祖皆为解释。修饰国学，增广生员，立五馆，置五经博士"。北朝统治者极为热心儒学，依据儒家经典来建立各种典章制度。《魏书·太祖纪》

[1]《晋书》卷一《宣帝纪》。

[2] 参见《廿二史札记》卷八，《僭伪诸君有文学》条。

[3]《晋书》卷八十六《张轨传》。

[4] 陈明：《儒学的历史文化功能——士族：特殊形态的知识分子研究》，第301页。

称，太祖道武帝皇始二年（397）得著名儒家学者崔玄伯以后，第二年即在其帮助下开始“营宫室，建宗庙，立社稷”，并下诏有司议定国号。崔玄伯议曰：“国家虽统北方广漠之土，逮于陛下，应运龙飞，虽曰旧邦，受命惟新，是以登国之初，改代曰魏。又慕容永亦奉进魏土。夫‘魏’者大名，神州之上国，斯乃革命之征验，利见之玄符也。”[1]《魏书·儒林列传序》云：“太祖初定中原，虽日不暇给，始建都邑，便以经术为先，立太学，置五经博士，生员千有余人。”北魏太武帝拓跋焘统一北方后，到孔孟之乡山东邹山，“见秦始皇石刻，使人排而仆之，以太牢祠孔子”。北周武帝宇文邕即位后，前去请教名儒于谨，战胜北齐后又去拜访北齐国子博士熊安生。大量事例表明，魏晋南北朝时期的统治者，即使像梁武帝那样深信佛教的君主，也主要是遵循儒家思想来治理国家。

魏晋南北朝时期，南北对立，社会分裂，统治者利用玄学，倡导佛教，甚至也提倡道教。陈寅恪先生认为，佛、道二教在这一时期学说思想方面之影响甚至远远超过作为封建统治学说的儒学。[2]然而总的来说，儒家思想的影响要比道教、佛教广泛得多、深刻得多。正如有的学者所说，“道教始终把三纲五常作为道戒之首，中国的佛教徒也申明佛教不违背忠孝之道，是弃小忠小孝而尽大忠大孝。这说明社会道德舆论以儒家信条为善的最高标准”[3]。玄学与佛教始终无法作为治理国家的主体思想，始终无法代替儒学的社会功能，道教更不用说了。在这一南北对立、社会分裂，阶级矛盾与民族矛盾错综复杂的特定的历史时期，儒家思想发挥着加速入主中原的少数民族封建化和社会风俗汉化，促进并加强中华民族各族的融合与凝聚的历史作用。儒家的纲常伦理是魏晋南北朝时期各朝代统治者安邦治国的指导思想，其制度律令、朝纲礼仪依据儒家经典而制定，以忠、孝为核心的儒家道德仍然被整个社会尊奉为最高道德原则。这些说明儒学作为社会主流意识形态的地位没有改变。

---

[1] 《魏书》卷二十四《崔玄伯传》。

[2] 参见陈寅恪：《冯友兰〈中国哲学史〉下册审查报告》，《金明馆丛稿二编》，上海古籍出版社1980年版。

[3] 任继愈主编：《中国哲学发展史》（魏晋南北朝），第906页。

第二节　儒家思想与魏晋南北朝时期史家的人生观、价值观

人生观是关于人生的根本观点。在一个社会中，人们总是要以这种或那种思想、理论来看待人生，进而决定自己的人生行为与价值取向。在任何时代、任何社会中，每个社会成员总是自觉地或者不自觉地以某种思想作为其人生观的核心思想。价值观是关于人生价值的总的观点，它涉及人生的价值取向、价值构成，以及怎样实现人生价值等方面的问题。魏晋南北朝时期，史家们的人生观与价值观仍然普遍遵循儒家思想。吴国韦曜（韦昭）指责“今世之人多不务经术，好玩博弈，废事弃业”，这些人“技非六艺，用非经国，立身者不阶其术，征选者不由其道”，“考之于道艺，则非孔氏之门也”，他们“以变诈为务，则非忠信之事也；以劫杀为名，则非仁者之意也”。[1] 在韦曜看来，这些人的行为违背了传统的以儒家思想为主导的人生观。萧子显宣称，“儒风在世，立人之正道；圣哲微言，百代之通训”[2]，无论立身，还是行事，都应该遵循儒家思想所确立的原则。

魏晋南北朝时期史家的人生观、价值观普遍遵循儒家思想，这首先体现在史家们潜心儒学，追求学业。对人生价值与人生理想的追求是人生观价值观的重要表现。儒家历来主张“学而优则仕”。在当时社会里，研习儒学，博通经史，这是报效社会，建功立业，实现人生理想的唯一途径。魏晋南北朝时期的史家们大都遵循这一途径，追求自己的人生价值目标。陆机“伏膺儒术，非礼不动”[3]。王隐“以儒素自守，不交势援，博学多闻，受父遗业”[4]。王韶之对学业有着执着的热情与刻苦的追求，史称他“家贫好学，尝三日绝粮而执卷不辍，家人诮之曰：‘困穷

[1]《三国志》卷六十五《韦曜传》。
[2]《南齐书》卷三十九，“史臣曰”。
[3]《晋书》卷五十四《陆机传》。
[4]《晋书》卷八十二《王隐传》。

如此，何不耕？’答曰‘我常自耕耳’”[1]。任昉“四岁诵诗数十篇，八岁能属文”，学识博通，“于书无所不见，家虽贫，聚书至万余卷”。[2]王僧孺自小立志学业，“七岁能读十万言，及长笃爱坟籍”，聚书至万余卷，“于书无所不睹”。[3]姚察六岁时即能“诵书万余言，不好戏弄，励精学业”，甚至“在乱离间”，仍然“笃学不废”，他“专志著书，白首不倦”。[4]诸如此类的事例，可谓举不胜举。

魏晋南北朝时期史家的人生观、价值观普遍遵循儒家思想，这其次体现在他们谨守儒家伦理规范上。人生平常行为是人生观、价值观的外在表现，因此，通过一个人的平常行为可以透视其人生观、价值观。请看魏晋南北朝时期史家的平常行为：杜预“结交接物，恭而有礼，问无所隐，诲人不倦，敏于事而慎于言，既立功之后，从容无事，乃耽思经籍”[5]。王沈“蹈礼居正，执心清粹，经纶坟典，才识通洽”[6]。徐广可谓“百家数术无不研览”，其行为谨守儒家纲纪伦常之道，史称：“初，桓玄篡位，帝出宫，广陪列，悲动左右。及刘裕受禅，恭帝逊位，广独哀感，涕泗交流。”[7]徐广对东晋的灭亡极为痛心，而对桓玄的篡位及刘裕代晋虽无力阻止，但心中充满愤恨。由此可见徐广恪守君臣大义，以谨守君臣之道作为自己的行为准则。范晔引刘梁之语强调，“君子之于事也，无适无莫，必考之以义焉”，“君子之行，动则思义，不为利回，不为义疚，进退周旋，唯道是务”。[8]范晔这里所说的义，就是儒家的伦理规范，“动则思义”，就是要求一切行为都要恪守儒家的伦理规范。

魏晋南北朝时期史家的人生观、价值观普遍遵循儒家思想，还主要体现在他们恪守孝道。荀顗“孝养蒸蒸，以母忧去职，毁几灭性，海内

[1]《南史》卷二十四《王韶之传》。
[2]《南史》卷五十九《任昉传》。
[3]《南史》卷五十九《王僧孺传》。
[4]《南史》卷六十九《姚察传》。
[5]《晋书》卷三十四《杜预传》。
[6]《晋书》卷三十九《王沈传》。
[7]《晋书》卷八十二《徐广传》。
[8]《后汉书》卷八十下《文苑刘梁传》。

称之"，"温恭忠允，至行纯备，博古洽闻，耆艾不殆"。[1] 谢沈"事母至孝，博学多识，明练经史"[2]。王俭恪守孝道，史载齐明帝"以俭嫡母武康公主同太初巫蛊事，不可以为妇姑，欲开冢离葬，俭因人自陈，密以死请，故事不行"[3]。任昉"孝友纯至，每侍亲疾，衣不解带，言与泪并，汤药饮食必先经口"[4]。王僧孺年幼时，"初读《孝经》，问授者曰：'此书何所述？'曰：'论忠孝二事。'僧孺曰：'若尔，愿常读之。'又有馈其父冬李，先以一与之，僧孺不受，曰：'大人未见，不容先尝'"，他家贫，"常佣书以养母"。[5] 裴子野"生而母魏氏亡"，为祖母所养，九岁时祖母亡，他"泣血哀恸"，其父"寝疾弥年"，子野"祷请备至，涕泗沾濡"，及至居丧，"每之墓所，草为之枯"。[6] 这些史家的共同特点是孝，而"孝"是儒家伦理思想的核心。

魏晋南北朝时期，有些史家的人生观、价值观的确受到玄学与佛教的深刻影响，但他们同样受到儒家思想的深刻影响。如皇甫谧是西晋时期著名史学家，撰有《帝王世纪》《高士传》《逸士传》《列女传》等，他的人生观受到道家思想的深刻影响，自号"玄晏先生"，然其"居贫，躬自稼穑，带经而农"，自言"平生之物，皆无自随，唯赍《孝经》一卷，示不忘孝道"。[7] 这些说明皇甫谧的人生观同样受到儒家思想的深刻影响。南齐臧荣绪的人生观深受道家思想影响，他"躬自灌园，以供祭祀"，然其"惇爱五经，谓人曰：'昔吕尚奉丹书，武王致斋降位，李、释教诫，并有礼敬之仪。因甄明至道。'乃著《拜五经序论》。常以宣尼庚子日生，其日陈五经拜之"。[8] 由此可见，臧荣绪的人生观同样受到儒家思想的深刻影响。梁阮孝绪被称为"文贞处士"。他自称："少爱坟籍，长而弗倦。卧病闲居，傍无尘杂。晨光才启，缃囊已散；宵漏既分，

[1]《晋书》卷三十九《荀顗传》。
[2]《晋书》卷八十二《谢沈传》。
[3]《南齐书》卷二十三《王俭传》。
[4]《南史》卷五十九《任昉传》。
[5]《南史》卷五十九《王僧孺传》。
[6]《南史》卷三十三《裴松之传》附《裴子野传》。
[7]《晋书》卷五十一《皇甫谧传》。
[8]《南史》卷七十六《臧荣绪传》。

绿帙方掩；犹不能穷究流略，探尽秘奥，每披录内省，多有缺然。”[1]从这些语言可以看出，阮孝绪的人生观价值观深受道教思想与佛教思想的影响。然据史载，他“幼至孝”，“年十三，遍通五经”，“年十六，父丧不服绵纩，虽蔬菜有味亦吐之”。[2] 这些材料说明阮孝绪人生观受到儒家思想的深刻影响。

第三节　儒家思想在魏晋南北朝时期史家知识结构中的重要地位

所谓知识结构，它指的是各种知识体系在人的头脑中的内化，也就是客观知识经过人的有选择地输入、储存、加工，在头脑中形成的由智力联系起来的多元素、多系列、多层次的动态综合体。魏晋南北朝时期史家的知识结构比汉代史家要复杂得多，广泛得多，主要是因为随着社会的发展与进步，人们对自然界与人类社会的认识领域不断拓展，认识程度不断深化，使得各门学科研究范围更加广泛，特别是随着佛教的传入和中外文化的交流，整个社会的知识总量得到极大扩充。社会知识总量的极大扩充必然会直接改变作为士人群体的重要组成部分的史家的知识构成，不仅使其知识总量得到扩充，而且导致其知识结构的改变。前已述及，这一时期玄学的兴起与佛教的传播，导致出现了许多博通众家的学者，出现兼通儒、佛、道、玄的史家。然而不管这些史家的知识结构多么复杂，由于社会的主流意识是儒家思想，因此就整体而言，儒家思想在这个时期史家的知识结构中居于重要地位。

从魏晋南北朝时期史家的知识构成来考察。无论哪一史家怎样受玄学或佛教影响，他一定精通儒学。这首先是因为在当时的社会里，任何人开始接受的教育，只可能是儒家经典。儒家经典既是学童读书的主要教材，又是学者文人研究的主要对象。其次是因为儒家思想作为社会中

[1] 阮孝绪：《七录序》，张舜徽主编《文献学论著辑要》，陕西人民出版社 1985 年版，第 25 页。

[2] 《南史》卷七十六《阮孝绪传》。

占据主流地位的意识形态，广泛渗透到社会文化的各个领域，任何社会成员都必然受到儒家思想的深刻影响。作为社会上层的士人群体（史家是其中的重要组成部分），只有精通儒学，才有可能入流，否则必然被排斥于群体之外。再次是儒、佛、道、玄这些不同的思想流派之间，既有冲突与对立，又有吸纳与融合，玄学本来就是儒、道合一的产物，而佛教也在流传的过程中大量吸收儒家思想，因此史家在接受玄学或者佛教的同时也会加深对儒家思想的理解与认识。请看以下具体事例：西晋束皙的思想受到玄学的深刻影响，他“性沈退，不慕荣利”[1]，曾作《玄居释》。然而束皙也对儒学有精深研究，这从其所撰《五经通论》即可窥见一斑。东晋袁宏既精通玄学，又精通儒学，宣称要以道为本，以儒为用来治理国家。在《后汉纪》中，袁宏大量引用经典之言或圣人之语论评史事。南朝沈约精通佛学，撰有大量的佛学著作，然而他同样精通儒学，其知识结构中，儒家思想居于核心地位，这一点从《宋书》的内容就可以看得非常清楚。南朝文论家刘勰深受玄学及佛教的影响，晚年还出家做了僧侣，但他同样精通儒学，在“依沙门僧祐”之前，其所储存的中国传统文化的信息，主要是接受了儒家思想的影响。萧子显深受佛教思想影响，然他又精儒学，撰《孝经义疏》《孝经敬爱义》等著作阐扬儒家伦理。

从魏晋南北朝时期史家的知识结构来考察。我们知道，知识结构的形成是各种知识经过求知者的内化而形成的动态综合体，每个求知者有目的的选择和个体的智力因素对知识结构的形成起着决定作用。杂乱无章的知识组合是无法内化成为知识结构的，求知者对所吸收的知识进行加工处理，促使其成系统，加速其内化。这一时期的史家虽然大都不同程度地受到各种思潮、各个流派的影响，不少人甚至具有兼容众家的特色，但在这些史家的知识体系中，各种思想并不是处于同样的地位，而是以儒为主，兼综各家。儒家思想在他们的知识结构中居于重要的地位。之所以如此，一是因为儒家思想是整个社会中居统治地位的意识形态，这种地位得到社会成员的普遍认同，背离儒家伦理的行为则要受到社会的指责，被视为大逆不道；二是魏晋南北朝时期史家普遍精通儒学，他

[1] 《晋书》卷五十一《束皙传》。

们对各种知识进行加工处理，自然是以儒家思想为主体。西晋挚虞“少事皇甫谧，才学通博”。他既相信天命，“尝以死生有命，富贵在天”，又受道家思想的影响。然在挚虞的知识结构中，儒家思想同样占据重要地位。他“考正旧典”，编撰《族姓昭穆》这一谱牒学著作，宣扬儒家尊卑等级观念。北魏崔浩“少好文学，博览经史，玄象阴阳，百家之言，无不关综”[1]。他既长律历，作《五寅元历》，又精儒学，曾注五经。这些材料说明，崔浩虽通各家学说，但在他的知识体系中，儒家学说是其中最重要的内容。北魏高允与崔浩共撰《国记》。高允少年时一度出家为僧且终生信奉佛教，但他又“博通经史、天文术数，尤好《春秋公羊》”[2]，并以儒家思想为根据，多次向君主进谏，以图匡正社稷。高允的知识构成有着兼通各家的特色，然而同样是以儒家思想作为知识结构的重要组成部分。

魏晋南北朝时期，不少史学家精通经学，他们既研究经，又研究史。如谯周既“研精六经”[3]，撰《五经论》，又治古史，著《古史考》。陈寿既“治《尚书》、三传”，又“锐精《史》《汉》”。[4] 荀颢曾与王沈、阮籍等撰《魏书》，又与郑冲、何晏等共撰《论语集解》。续咸“师事京兆杜预，专《春秋》《郑氏易》”，又治史，“著《远游志》《异物志》《汲冢古文释》”。[5] 王接出自世修儒史之学的家庭，他本人也同样经史兼通，既撰《列女后传》，又精《礼》《传》，并“更注《公羊春秋》，多有新义”[6]。虞溥也是经史集于一身，他专心坟籍，既撰有《江表传》等史著，又“注《春秋》经、传”[7]。干宝既通经，又懂史，既“为《春秋左氏义外传》，注《周易》《周官》凡数十篇”，又著《晋纪》《搜神记》。[8] 王准之传承家学，既深谙江左旧事，又“兼明《礼》传”[9]。范晔“少

[1]《魏书》卷三十五《崔浩传》。
[2]《魏书》卷四十八《高允传》。
[3]《三国志》卷四十二《谯周传》。
[4]《三国志》附录《华阳国志·陈寿传》。
[5]《晋书》卷九十一《续咸传》。
[6]《晋书》卷五十一《王接传》。
[7]《晋书》卷八十二《虞溥传》。
[8]《晋书》卷八十二《干宝传》。
[9]《南史》卷二十四《王准之传》。

好学，博涉经史，善为文章”[1]。裴松之“年八岁，学通《论语》《毛诗》，博览坟籍”，后来奉宋文帝之命，“鸠集传记，增广异闻”，成《三国志注》。[2] 何承天“儒史百家，莫不该览”[3]。王俭经史兼通，他依《七略》撰《七志》，又撰《元徽四部书目》，又“长《礼》学，谙究朝仪，每博议，证引先儒，罕有其例”[4]。阚骃“博通经传，聪敏过人，三史群言，经目则诵，时人谓之宿读；注王朗《易传》，学者籍以通经；撰《十三州志》，行于世”[5]。刘昞出自儒学世家，十四岁时师承博士郭瑀受学。他既注《周易》，又著《凉书》《敦煌实录》等史学著作。高允通经史、天文、术数，除先后参与撰修北魏国史以外，又著《左氏释》《公羊释》《毛诗拾遗》等经学著作。高闾博综经史，既撰有《燕志》等史书，又以儒家思想议事论政。这类经史兼通的史家在魏晋南北朝时期为数不少，他们的知识结构中，儒家思想毫无疑问处于极重要的地位。

从上可见，儒家思想在魏晋南北朝时期史家的知识结构中居于重要地位，对于这一时期的史学思想有着重要影响。它决定史家们在思考历史、研究历史的时候必然以儒家思想作为重要的理论依据。

第四节　儒家思想与魏晋南北朝时期的史书编撰

魏晋南北朝时期，儒学继续发挥其主观修养论（内圣）与外在政治论（外王）两方面的功能。儒学一方面是经世致用之学，其所探讨的是君臣、父子、夫妇、兄弟、朋友等领域的人伦关系问题，关注着现实社会的治理；另一方面又是道德修养理论，其所强调的是通过修养，人皆可以为尧舜。由此可见，儒学虽注重经世致用，但在本质上却将经世致用的精神动力落实在道德自觉上，“认为人生而具有仁义礼智等善端，道

---

[1]《宋书》卷六十九《范晔传》。
[2]《宋书》卷六十四《裴松之传》。
[3]《宋书》卷六十四《何承天传》。
[4]《南齐书》卷二十三《王俭传》。
[5]《魏书》卷五十二《阚骃传》。

德修养，就是通过人的主观努力使为善之可能性变为现实性的过程”[1]。因此，儒学既强调个体内心自省与道德自觉，又强调服务社会，报效国家。这样一来，修身、齐家、治国、平天下四者有机地结合在一起，个体的主观修养论与外在的社会政治论合二为一。儒学的这种精神旨趣极为适应统治者维护纲常伦理，稳定统治秩序的需要。正如《隋书》的作者所言：“儒之为教大矣，其利物博矣！笃父子，正君臣，尚忠节，重仁义，贵廉让，贱贪鄙，开政化之本源，凿生民之耳目，百王损益，一以贯之。”[2]

魏晋南北朝时期，许多史家把宣扬儒家伦理视为编撰史著的目的。荀勖认为，“凡居位者，使务思萧曹之心，以翼佐大化，笃义行，崇敦睦”，“重敬让，尚止足，令贱不妨贵，少不陵长，远不间亲，新不间旧，小不加大，淫不破义，则上下相安，远近相信”。[3] 在荀勖看来，统治者只要遵循儒家的纲常伦理，就可以建立稳定的统治秩序。傅玄强调：“夫儒学者，王教之首也。”[4] 常璩宣称：“夫书契有五善：达道义、章法戒、通古今、表功勋，而后旌贤能。”他自称编撰《华阳国志》，“博考行故，总厥旧闻”，以便“宪章成败，旌昭仁贤。抑绌虚妄，纠正谬言。显善惩恶，以杜未然”。[5] 这就是说，编撰史著，要通过表彰贤者，吸取经验，总结教训，彰明治道。袁宏把“通古今而笃名教”看成治史的目的。史家通过编撰史著，记载历史，论评人物，就是为了要序定人伦，彰明治体。袁宏所说的名教，指的是以正名定分为主要内容的纲常伦理。纲常伦理是维系封建社会秩序稳定的根本所在，这是绝对不能被破坏的。《左传》《史记》《汉书》《汉纪》虽足以“扶明义教，网罗治体”，但还没有很好地阐扬名教之本，因此他编撰《后汉纪》，“因前代遗事，略举义教所归，庶以弘敷王道，补前史之阙”。[6] 刘勰认为，“然史之为任，乃

[1] 陈立旭：《儒学精神旨趣与魏晋玄学的兴起》，载《福建论坛（人文社会科学版）》1999 年第 1 期，第 32—38 页。
[2] 《隋书》卷七十五《儒林列传》。
[3] 《晋书》卷三十九《荀勖传》。
[4] 《晋书》卷四十七《傅玄传》。
[5] 常璩：《华阳国志》卷十二。
[6] 袁宏：《后汉纪序》。

弥纶一代，负海内之责，而赢是非之尤，秉笔荷担，莫此之劳”[1]，史家撰史就是要通过阐扬儒家伦理，达到为社会服务的目的。

魏晋南北朝时期，许多史家通过对历史的记载直接宣扬儒家纲常伦理。陈寿引高堂隆语称：“夫礼乐者，为治之大本也。”[2] 又言：“《易》称有夫妇然后有父子，夫人伦之始，恩纪之隆，莫尚于此矣。”[3] 其所撰《三国志》在当时即被称为“辞多劝诫，明乎得失，有益风化”[4]。所谓辞多劝诫，就是指其文辞深刻地体现出儒家的纲常伦理，能够起到劝诫人们遵循纲常名教的作用；而所谓有益风化，则是指通过彰显纲纪伦常，有利于以儒家思想教育人，化育社会风尚。由是可知，《三国志》对儒家思想的宣扬，有着极为重要的社会效益。范晔的《后汉书》极力宣扬忠孝仁义。他引延笃之语强调，“孝在事亲，仁施品物。施物则功济于时，事亲则德归于己”，“夫仁人之有孝，犹四体之有心腹，枝叶之有本根也”，因此，“仁以枝叶扶疏为大，孝以心体本根为先”。[5] 裴松之在《三国志注》中，极力宣扬君臣大义、忠孝节义之类，他通过孙盛之口称：“夫士虽百行，操业万殊，至于忠孝义节，百行之冠冕也。”[6] 他又引干宝语称：“古之烈士，见危授命，投节如归，非不爱死也，固知命之不长而惧不得其所也。”[7] 沈约声称，“六经奥远，方轨之正路；百家浅末，捷至之偏道”[8]。魏收以程骏之语宣称，“《诗》之作也，盖以言志，迩之事父，远之事君，关诸风俗，靡不备焉。上可以颂美圣德，下可以申厚风化”[9]。他主张遵循纲常伦理，谨守尊卑长幼之道，以李彪之语声称，君主治理国家，应“恢崇儒术以训世嫡，世嫡于是乎习成懿德”[10]。他赞赏北魏统治者敦崇儒学，并描绘北魏时期儒学兴盛的状况

[1]《文心雕龙·史传》。
[2]《三国志》卷二十五《高堂隆传》。
[3]《三国志》卷三十四，“评曰”。
[4]《晋书》卷八十二《陈寿传》。
[5]《后汉书》卷六十四《延笃传》。
[6]《三国志》卷四十四《姜维传》注。
[7]《三国志》卷四十四《姜维传》注引。
[8]《宋书》卷五十五，“史臣曰”。
[9]《魏书》卷六十《程骏传》。
[10]《魏书》卷六十二《李彪传》。

说：迁都洛邑以后，诏立国子太学、四门小学，“高祖钦明稽古，笃好坟典，坐舆据鞍，不忘讲道”，世宗时，“大选儒生，以为小学博士”，“天下承平，学业大盛。故燕齐赵魏之间，横经著录，不可胜数。大者千余人，小者犹数百。州举茂异，郡贡孝廉，对扬王庭，每年逾众”。[1] 这类儒家伦理道德说教，几乎充斥于魏晋南北朝时期的各种史学著作之中。

魏晋南北朝时期，许多史家在史著中极力宣扬儒家伦理的教化作用。陈寿以诸葛亮引《礼记》之语称：“立爱自亲始，教民孝也；立敬自长始，教民顺也。”[2] 范晔强调谨守儒家伦理，宣称：“然所谈者仁义，所传者圣法也。故人识君臣父子之纲，家知违邪归正之路。自桓、灵之间，君道秕僻，朝纲日陵，国隙屡启，自中智以下，靡不审其崩离，而权强之臣，息其窥盗之谋，豪俊之夫，屈于鄙生之议者，人诵先王言也，下畏逆顺势也。至如张温、皇甫嵩之徒，功定天下之半，声驰四海之表，俯仰顾眄，则天业可移，犹鞠躬昏主之下，狼狈折札之命，散成兵，就绳约，而无悔心。暨乎剥桡自极，人神数尽，然后群英乘其运，世德终其祚。迹衰敝之所由致，而能多历年所者，斯岂非学之效乎？故先师垂典文，褒励学者之功，笃矣切矣。”[3] 这就是说，宣传仁义，传播儒学，可使人们充分地懂得人伦纲常，可使权臣豪杰息其邪恶之念，可使朝纲的寿命得以延续。沈约认为，天地之道与君臣之礼，这是不可违背的。他引晋安帝义熙元年（405）三月的诏书之语称：“古称大者天地，其次君臣，所以列贯三辰，神人代序。”[4] 他强调，治理国家就是以儒家思想教化人民，并借用周朗之语宣称：“凡治者何哉？为教而已。”[5] 魏收引用常爽之语称：“昔者先王之训天下也，莫不导以《诗》《书》，教以《礼》《乐》，移其风俗，和其人民。故恭俭庄敬而不烦者，教深于《礼》也；广博易良而不奢者，教深于《乐》也；温柔敦厚而不愚者，教深于《诗》也；疏通知远而不诬者，教深于《书》也；洁静精微而不贼者，教深于《易》也；属辞比事而不乱者，教深于《春秋》也。夫《乐》以和

[1] 《魏书》卷八十四《儒林列传》。

[2] 《三国志》卷三十四《二主妃子传》。

[3] 《后汉书》卷七十九下，“论曰”。

[4] 《宋书》卷一《武帝纪上》。

[5] 《宋书》卷八十二《周朗传》。

神，《诗》以正言，《礼》以明体，《书》以广听，《春秋》以断事，五者盖五常之道相须而备，而《易》为之源。”[1] 魏晋南北朝时期史著中，宣扬儒家思想的教化作用之处甚多，几乎可以说是随处可见。

魏晋南北朝时期，许多史家在史著中极力强调礼乐对于治理国家的作用。陈寿引鲍勋之语称：“夫乐，上通神明，下和人理，隆治致化，万邦咸乂。移风易俗，莫善于乐。”[2] 沈约主张，治理国家要大兴礼、乐，稳定统治要依靠礼乐教化。他引晋成帝咸康三年（337）国子祭酒袁瓌、太常冯怀的上疏称：“先王之教也，崇典训，明礼学，以示后生，道万物之性，畅为善之道也。”[3] 又引晋孝武帝太元九年（384）尚书谢石上言之语称：“立人之道，曰仁与义。翼善辅性，唯礼与学”，“《诗》《书》垂轨教之典，敦《诗》悦《礼》，王化以斯而隆”。[4] 魏收强调，“礼乐者为国之基，不可斯须废也”[5]。他又宣称：“夫在天莫明于日月，在人莫明于礼仪。先王以安上治民，用成风化，苟或失之，斯亡云及。圣者因人有尊敬哀思嗜欲喜怒之情，而制以上下隆杀长幼众寡之节，本于人心，会于神道，故使三才惟穆，百姓允谐。”[6] 又称：“乐在宗庙之中，君臣上下同听之，莫不和敬；在族长乡里之中，长幼同听之，莫不和顺；闺门之内，父子兄弟同听之，莫不和亲。又有昧任离禁之乐，以娱四夷之民。斯盖立乐之方也。”[7] 他又引刁雍之语强调说：“有国有家者，莫不礼乐为先。故《乐记》云：礼所以制外，乐所以修内。和气中释，恭敬温文。是以安上治民，莫善于礼；易俗移风，莫善于乐”，“夫感天动神，莫近于礼乐。故大乐与天地同和，大礼与天地同节。和，故百物皇生；节，故报天祭地。礼行于郊，则上下和肃。肃者，礼之情；和者，乐之致。乐至则无怨，礼至则不违”。[8] 这样就能确立良好的统治秩序。萧

---

[1] 《魏书》卷八十四《常爽传》。
[2] 《三国志》卷十二《鲍勋传》。
[3] 《宋书》卷十四《礼志一》。
[4] 《宋书》卷十四《礼志一》。
[5] 《魏书》卷五十六《郑羲传》。
[6] 《魏书》卷一百八之一《礼志》。
[7] 《魏书》卷一百九《乐志》。
[8] 《魏书》卷三十八《刁雍传》。

子显认为，礼乐对于治理国家有着重要作用，他指出，“礼仪繁博，与天地而为量，纪国立君，人伦攸始”[1]。

从上可见，魏晋南北朝时期，许多史家撰史的目的，就是通过历史经验的总结，宣扬儒家伦理，为稳定统治服务。儒家思想渗透在魏晋南北朝时期的史著之中。

第五节　儒家思想与魏晋南北朝时期史家的历史认识

魏晋南北朝时期，由于统治者的积极倡导，传统力量的认同，儒家思想仍然占据思想意识形态领域中的主流地位。从社会政治、思想、文化、教育的整体情况来看，“儒家的三纲五常仍然是此一时期各朝代统治者治国实质上的指导思想，以‘忠’‘孝’为核心的儒家传统伦理规范仍被尊为最高的道德原则；社会教育仍以儒学作为事实上法定的内容”[2]。儒家的君权神授、天人感应、忠君孝亲、明君善政、内诸夏而外夷狄等思想，已经成为概念化、规范化的东西，造成整个社会中一种根深蒂固的心理定式，固化为一种整个社会普遍认同的思维规范。因此，这一时期，“相当多的史家在著史时仍是以儒家思想作为其指导思想，在史学思想上仍是儒家思想占主导地位”[3]。

魏晋南北朝时期，绝大多数史家强调要以儒家思想作为思考历史的依据。韦昭云：“昔孔子发愤于旧史，垂法于素王。左丘明因圣言以摅意，托王义以流藻。其渊源深大，沉懿雅丽，可谓命世之才，博物善作者也。”[4] 杜预认为，“京师王化之始，自近及远，凡所施论，务崇大体”[5]。他指出，孔子与左丘明撰著《春秋》经、传，“会成王义，垂法

[1]《南齐书》卷九《礼志》上。

[2] 赵吉惠等：《中国儒学史》，第 450—451 页。

[3] 陈虎：《试论裴松之的主要史学成就和贡献》，载《甘肃社会科学》1994 年第 2 期，第 92—97 页。

[4] 韦昭：《国语解叙》，上海古籍出版社 1978 年版。

[5]《晋书》卷三十四《杜预传》。

将来”，“王道之正，人伦之纪备矣”。[1] 刘勰既将“征圣宗经”作为撰史的原则，又以其作为论史的依据。他宣称：“是立义选言，宜依经以树则，劝戒与夺，必附圣以居宗。然后诠评昭整，苛滥不作矣。”他进一步指出，《春秋》“举得失以表黜陟，征存亡以标劝戒。褒见一字，贵逾轩冕；贬在片言，诛深斧钺”[2]。在刘勰看来，撰史与论史都要依据经典之言与圣人之语。萧子显引顾欢之语称，“夫辨是与非，宜据圣典”[3]，要求以儒家经典作为辨别是非的标准，以孔子的是非为是非，这当然是不可取的。

魏晋南北朝时期，许多史家往往根据儒家思想来思考历史。谯周以儒家经典作为衡量古代历史的尺度。他认为，司马迁的《史记》对于古史的记载，“周秦以上或采俗语百家之言，不专据正经，周于是作《古史考》二十五篇，皆凭旧典，以纠迁之谬误”[4]。陈寿的《三国志》中，《魏书》立《后妃传》，《蜀书》立《二主妃子传》，《吴书》立《妃嫔传》。他指出：“《易》称：‘男正位乎外，女正位乎内，男女正，天地之大义也。”[5] 他之所以在三书中都要立后妃传，目的就是通过后妃制度来说明纲常伦理对于治理国家的重要意义。李彪上封事七条，其论评历史，每条都以儒家纲常伦理为据，其言称：“古先哲王之为制也，自天子以至公卿，下及抱关击柝，其宫室车服，各有差品，小不得僭大，贱不得逾贵”，“《易》称：‘主器者莫若长子。’《传》曰：‘太子奉冢嫡之粢盛。’然则祭无主则宗庙无所飨，冢嫡废则神器无所传”，“《孝经》称父子之道天性，盖明一体而同气，可共而不可离者也”，“《礼》云：‘臣有大丧，君三年不呼其门。’此圣人缘情制礼，以终孝子之情也”。[6]

魏晋南北朝时期，那些深受玄学或佛教影响的史学家，同样以儒家思想为根据来思考历史。孙盛精于玄学，然其以儒家思想作为思考历史的标准。在《晋阳秋》中，他站在维护东晋正统地位的立场，揭露桓温

[1] 杜预：《春秋左氏经传集解序》，严可均辑《全晋文》卷四十三，第432—433页。
[2] 《文心雕龙·史传》。
[3] 《南齐书》卷五十四《顾欢传》。
[4] 《晋书》卷八十二《司马彪传》。
[5] 《三国志》卷五《后妃传》。
[6] 《北史》卷四十《李彪传》。

在枋头之役的失败，实质上是指斥其僭逆企图。习凿齿深受玄学与佛教的影响，他与“清谈文章之士韩伯、伏滔等并相友善”，有高僧道安到荆州与凿齿相见，“道安曰：‘弥天释道安。’凿齿曰：‘四海习凿齿。’时人以为佳对”。然习凿齿思考历史的理论仍然是儒家思想。桓温觊觎非望，习凿齿通过编撰《汉晋春秋》，“以裁正之”[1]，达到维护东晋王朝正统地位的目的。袁宏尽管对光武帝刘秀赞不绝口，称其出生时“夜有赤光”[2]，是个因应天命的圣明天子，但又对其在河北称帝多有贬抑。袁宏认为，当时更始帝尚在，尽管因三王作乱，其地位摇摇欲坠，然刘秀作为臣下，应该率师勤王，不应该背叛君主。刘秀以大臣称帝，这是篡逆。袁宏声称：“于斯时也，君以义立，然则更始之起，乘义而动，号令禀乎一人，爵命班乎天下。及定咸阳而临四海，清旧宫而飨宗庙，成为君矣。世祖经略，受节而出，奉辞征伐，臣道足矣。然则三王作乱，勤王之师不至，长安犹存，建武之号已立，虽南面而有天下，以为道未尽也。”[3] 由此可见，袁宏是站在维护君臣大义这种传统的儒家思想的立场上来思考刘秀称帝这一历史事件的。沈约精于佛学，但其所撰《宋书》“宣扬君权神授，天人感应，忠君孝亲，明君善政，内华夏而外夷狄等，都说明他的历史观深受儒家的影响”[4]。

魏晋南北朝时期，史家们都有着强烈的正统思想，并以这种思想作为理论来反思政权的更替与历史的演进。正统思想既是中国古代的一种传统政治思想，又是一种重要的史学思想。从本质上说，这种思想的核心内容，包括“正君臣名分父子关系”与“夷夏之防”这两个要点，[5] 而这两个要点都是儒家思想的重要内容。因此，以正统思想审视政权更替本质上同样是以儒家思想为依据来思考历史。这一时期，每一个史家都从自己的生活环境出发，为自己所服务的政权争地位、争正统，几乎每一部史著都表现出强烈的正统思想。陈寿以“天下分立，正统在魏”的思想来审视三国时期的历史，编成纪传体国别史《三国志》。袁山松站

[1] 《晋书》卷八十二《习凿齿传》。

[2] 《后汉纪》卷一。

[3] 《后汉纪》卷三。

[4] 刘静夫：《沈约》，陈清泉等主编《中国史学家评传》，第210—226页。

[5] 王东：《正统论与中国古代史学》，载《学术界》1987年第5期，第66—71页。

在维护君臣大义的立场，对曹操篡汉进行严厉抨击。他指出，曹氏始于勤王，终至篡逆，“遂力制群雄，负鼎而趋”，“然因其利器，假而不反，回山倒海，遂移天日。昔田常假汤武而杀君，操因尧舜而窃国，所乘不同，而盗贼之身一也”。[1] 袁宏在《后汉纪》中，对东汉后期的董卓、曹操等名为辅佐之臣而行篡逆之实加以抨击，实质是指责当时企图取晋而代之的权臣桓温，以正君臣大义。习凿齿是陈寿之后以正统思想重新审视三国历史的史学家。在《汉晋春秋》这一编年体通史中，习凿齿按汉终有晋来记载汉晋之间的历史更替与演进，将蜀汉视为正统，而将曹魏视为僭伪。习凿齿的正统观是为了维护东晋政权的地位，匡正君臣大义。因为从其面临的时代背景来说，五胡乱华，中原沦陷，西晋灭亡以后其宗室司马睿所建立的东晋政权，偏据江左一隅，极为类似于东汉瓦解、曹魏代汉以后，刘汉宗室刘备所建立的蜀汉政权，故为蜀汉争正统实质即为东晋争正统。从其所生活的东晋中后期的政治现实情况来说，当时桓温意欲夺取政权，与汉末的曹操极为相似，故以蜀汉为正统，以曹魏为僭伪，实质又是站在东晋皇室的立场，寓含着尊晋抑桓，坚守君臣大义的政治目的。陈寿和习凿齿虽然对三国时期以谁为正统的认同不一，但都是以正统思想审视历史演进与更替，其儒家等级名分观念是一致的。在前面的第二章，我们已经论及，这一时期南北之间，汉族政权与少数民族政权之间，存在着极为激烈的正统之争。无论哪个政权，都自认为是正统；无论哪个史家，其所撰写的史著都是为自己所服务的政权争正统。关于这一方面的情况，前已述及，此不赘言。

从上可见，魏晋南北朝时期，许多史家强调以儒家思想作为思考历史的依据，根据君臣大义、纲常伦理来记载史事，即使那些深受玄学或者佛教思想影响的史家也是如此。

第六节　儒家思想与魏晋南北朝时期的史论、史评

魏晋南北朝时期，道教发展，佛教流行。但总的说来，儒家思想是

[1] 参见袁山松：《后汉书·献帝纪论》，严可均辑《全晋文》卷五十六。

这一时期史家们论评史事的主要依据。即使那些深受玄学与佛教影响的史家，也是以儒家思想作为其论评历史的主要理论。

魏晋南北朝时期的正史著作，对于佛、道二教往往采取排斥态度，通常将那些著名的佛教僧侣、道教道士的事迹，纳于所谓“艺术”“方伎”之中。沈约是深受佛教思想影响的史学家，撰有《形神论》《神不灭论》《难范缜神灭论》等多种宣扬佛教唯心论的著作，但他所编撰的《宋书》却“将有关佛教的记载，附见在《夷蛮传》中，把佛教看作夷狄文化的内容，表明沈约坚持儒家文化本位的立场”[1]。刘勰认为，各种文体史著，都是从儒家经典起源的。他宣称：“故论、说、辞、序，则《易》统其首；诏、策、章、奏，则《书》发其源；赋、颂、歌、赞，则《诗》立其本；铭、诔、箴、祝，则《礼》总其端；纪、传、盟、檄，则《春秋》为根：并穷高以树表，极远以启疆，所以百家腾跃，终入环内者也。”[2] 魏收以儒家思想来论评历史。他称赞“太祖初定中原，虽日不暇给，始建都邑，便以经术为先”[3]，主张治理国家，要“使区寰之内，竞务仁义之风；荒散之余，渐知礼乐之用”[4]。在魏收看来，统治者要治理好国家，就必须大力倡导儒家思想，以儒家思想来教化百姓，这样王道就会太平，盛世就会到来。那么怎样看待魏收在《魏书》中立《释老志》呢？笔者认为，魏收在《魏书》中创立《释老志》，专门记载北魏时期盛行的佛教与道教，主要是由佛道二教在北魏社会中的巨大影响这一实际情况决定的。至于采用书志体裁记述佛教与道教的历史内容，更多且更主要的是从表述的方便容易这个角度来考虑的，正如有的学者所指出的，“从纵的方面看，由于书志部分所承担的历史内容在时间上一般具有更长时段的延续性。因此，修史者为了方便表述，往往打破断代体例的局限，从历史发展的角度，追述某一典章制度的沿革损益。显然，这种方式，对于前无史著记述的佛、道二教的历史内容十分适宜。因为这样既能补充前史记载的缺录，又能突出其历史发展的线索。而在横的

[1] 向燕南：《〈魏书·释老志〉的史学价值》，载《史学史研究》1993年第2期，第57—61页。

[2] 《文心雕龙·宗经》。

[3] 《魏书》卷八十四《儒林列传》。

[4] 《魏书》卷七十七《羊深传》。

方面，因为书志部分一般是以某一专门事物的发展为记述中心，所以相对容易容纳、反映该事物于社会各方面的全貌”[1]。

魏晋南北朝时期的史学著作中，史家们以儒家思想来评论具体史事的事例可谓举不胜举。陈寿根据儒家君臣大义，认为君主只有治好家，才能治好国。他审视历史，远观齐桓，近察孙权，看到他们尽管“皆有识士之明，杰人之志”，然而由于不善治家，“嫡庶不分，闺庭错乱”，结果导致“遗笑古今，殃流后嗣”。他从历史教训中得出结论：“惟以道义为心、平一为主者，然后克免斯累邪！”[2] 范晔以儒家思想评论史事。吴祐敢于指斥专权的外戚梁冀以及投靠梁冀的马融，范晔称赞说，吴祐“怀愤激扬，折让权枉，又何壮也！”[3] 范晔又引孔子言“富与贵是人之所欲，不以其道得之，不处也”，批评相信谶言“刘氏复兴，李氏为辅”，并投靠光武帝刘秀而谋取富贵的李通，“岂知夫所欲而未识以道者乎？”[4] 沈约引郑鲜之语宣称：“有生之所宗者圣人，圣人之为教者礼法，即心而言，则圣人之法，不可改也。”[5] 他以《春秋》《诗经》为依据，认为薛安都“勤王之略，义阙于藩屏，以地外奔，罪同于三叛”[6]。他从君臣大义出发，强调“世及继体，非忠贞无以守其业”。袁粲忠于刘宋，反对萧道成篡立，沈约对此给以高度评价，称其“赴危亡，审存灭，岂所谓义重于生乎！”[7]

魏晋南北朝时期虽然社会动荡，战争频繁，但民本思想却极为突出。许多史家以民本思想为依据论评历史人物的地位与贡献。所谓民本就是以民为本，将民视为国家根本所在。民本思想认为民为邦本，本固邦宁，强调民对于治理国家、巩固政权的极端重要性。这种思想与儒家倡导仁义、主张仁政密不可分。因此，以民本思想论评历史人物的地位与贡献，

[1] 向燕南：《〈魏书·释老志〉的史学价值》，载《史学史研究》1993 年第 2 期，第 57—61 页。
[2]《三国志》卷五十，“评曰”。
[3]《后汉书》卷六十四，“论曰”。
[4]《后汉书》卷十五，“论曰”。
[5]《宋书》卷六十四《郑鲜之传》。
[6]《宋书》卷八十八，“史臣曰”。
[7]《宋书》卷八十九，“史臣曰”。

实质是以儒家思想论评史事。陈寿的《三国志》一方面指责统治者残民虐民的行为，抨击其专横暴虐与大兴徭役给民所带来的痛苦，如引述辛毗之语，批评明帝时“宫室大兴”[1]，另一方面则对爱民、惠民的德政大加称赞，如引诸葛亮语，称道蒋琬为政“以安民为本”[2]。范晔的《后汉书》大量采用民歌、俚语作为史料来称赞东汉历史上的清官良吏的业绩，并将得民心看作是为政之本，以《左传》的“盛德必百世祀”及孔子“宽则得众”二语，来说明汉高祖、汉文帝的宽仁对建立东汉的重要作用。[3] 沈约认为，君主有尧舜之主、中等之主、桀纣之主三种类型，治理天下要行善政。在《宋书·良吏列传》中，他热情称赞王镇之、杜惠度、陆徽、阮长之等人忠于职守、勤政爱民的业绩。萧子显强调要以民为本来治理国家。他引齐武帝诏书之语宣称：“善为国者，使民无伤。”又言：“守宰亲民之要，刺史案部所先，宜严课农桑，相土揆时，必穷地利。”[4] 魏收在《魏书》中既严厉指责王公贵族的贪婪暴虐，又热情称道清官良吏爱民恤民的行为，反映出极为丰富的民本思想。

魏晋南北朝时期的史家对于人物的评价，固然受到玄学思想的影响。这主要体现在这一时期士人们喜欢称道人物的外表风度，赞叹人物的仪容气质。这种风气反映到史学著作中，就是称道、评价人物的外表成为史书的重要内容，无论是《三国志》《后汉书》，还是《宋书》《魏书》，或者是《南齐书》，无一不是如此。在笔者看来，魏晋南北朝时期史家的人物评价，大体上可以分为外在标准与内在标准两个层次。所谓外在标准，指的是由于玄学思想的影响，这一时期的史家在记载人物时，往往喜欢述说人物的风度与仪容，赞美外表与气质。所谓内在标准，指的是以儒家思想为主要依据，评论人物的道德品质，评论有关人物的历史功过与历史地位。两者比较，外在标准是具体的，而内在标准则是抽象的；外在标准是表层的，而内在标准则是本质的；外在标准是次要的，而内在标准是主要的。我们考察魏晋南北朝史家的人物评价，必须把握其双

[1] 《三国志》卷二十五《辛毗传》。

[2] 《三国志》卷四十四《蒋琬传》。

[3] 参见《后汉书》卷十二，“论曰”。

[4] 《南齐书》卷三《武帝纪》。

重标准这一时代特色，关注其主要标准。

魏晋南北朝时期，史家们热衷于褒扬那些品德高尚的人物。陈寿引崔琰之语称赞“征事邴原、议郎张范，皆秉德纯懿，志行忠方”[1]。他引魏文帝诏书之语，称道管宁“耽怀道德，服膺六艺”，又以太仆陶丘一等上言，赞扬管宁“德行卓绝，海内无偶”。[2] 这类事例在《三国志》中极多。范晔赞美来歙是“天下信士”，认为来歙专使乎两国之间，“而能独以信称者，良其诚心在乎使两义俱安，而己不私其功也”。[3] 魏收赞扬游明根“处身以仁和，接物以礼让”[4]。他对许多儒家学者的良好道德极为赞赏，称梁越“性纯和笃信，行无择善”；张伟“以仁德为先”；梁祚“虽羁旅贫窘而著述不倦”；平恒“安贫乐道，不以屡空改操”；陈奇“少孤，家贫，而奉母至孝”；常爽“严正有志概”，“独守闲静”；刘献之“入孝出悌，忠信仁让”；张吾贵“气陵牧守，不屈王侯”；刘兰“家贫无以自资，且耕且学”；卢景裕“谦恭守道，贞素自得”。[5] 这些人物的共同特点是谨守儒家的纲常伦理。

魏晋南北朝时期，君臣之义的道德原则贯穿于许多史著之中。陈寿认为，大臣应秉直仗义。他宣称：“夫杖道扶义，体存信顺，然后能匡主济功，终定大业。”[6] 他强调：“君使臣以礼，臣事君以忠，是以上下休嘉，道光化洽。”[7] 袁宏站在维护君臣大义的立场上评价人物，他借批评荀彧以指责企图篡权的桓温，说：“刘氏之失天下，荀生为之也。若始图一匡，终与势乖，情见事屈，容身无所，则荀生之识为不智矣。若取济生民，振其涂炭，百姓安而君位危，中原定而社稷亡，于魏虽亲，于汉已疏，则荀生之功为不义也。夫假人之器，乘人之权，既而以为己有，不以仁义之心，终亦君子所耻也。一污犹有惭色，而况为之谋主，功奋于当年，迹闻于千载。异夫终身流涕，不敢谋燕之徒隶者。自已为之功

[1] 《三国志》卷十一《邴原传》。

[2] 《三国志》卷十一《管宁传》。

[3] 《后汉书》卷十五，“论曰”。

[4] 《魏书》卷五十五《游明根传》。

[5] 这里所列均见《魏书》卷八十四《儒林列传》。

[6] 《三国志》卷三十五《诸葛亮传》注。

[7] 《三国志》卷十二《何夔传》注。

而已死之，杀身犹有余愧，焉足以成名也。惜哉！虽名盖天下而道不合顺，终以忧卒，不殒不与义。”[1] 袁宏认为，荀彧不是忠心辅佐汉室，而是充当企图篡汉的曹操的谋主，其不得善终是咎由自取，至于历史地位就更无从谈起了。沈约宣称，“有礼有法，前谟以之垂美”[2]。他这里所说的“有礼有法”，实质就是恪守儒家的君臣大义。沈约认为，彭城王就是因为背离君臣大义，故自陷大祸。他指出，“彭城王照不窥古，本无卓尔之资，徒见昆弟之义，未识君臣之礼，冀以此家情，行之国道，主猜而犹犯，恩薄而未悟，致以呵训之微行，遂成灭亲之大祸。开端树隙，垂之后人”[3]。他称赞朱脩之、宗悫“怀廉洁之操”，王玄谟“当少帝失道，多所杀戮，而能冒履不测，倾心辅弼，斯可谓忘身徇国者欤”。[4]《张畅传》记载，张祎“少有孝行，历宦州府，为琅邪王国郎中令。从琅邪王至洛。还京都，高祖封药酒一罂付祎，使密加鸩毒。祎受命，既还，于道自饮而卒”。而其子张畅“起家为太守徐佩之主簿，佩之被诛，畅驰出奔赴，制服尽哀，为论者所美”，其后元凶弑逆，张畅“哀容俯仰，荫映当时，举哀毕，改服”。[5] 在沈约看来，朱脩之、宗悫、王玄谟等都能谨守君臣大义，而张祎、张畅更是恪守君臣之义的表率。萧子显以孔子之语，宣称君臣之义如同父子之道一样，是来自神圣的“天性”。[6] 魏收以君臣之义评论人物。他以韩麒麟孙子子熙上书之语，赞扬清河王怿“尽忠贞以奉公，竭心膂以事国”[7]。

魏晋南北朝时期，忠孝之道是史家们热心探讨的主题。袁宏极力提倡孝道，对孝义之士大加表彰。干宝认为，诸葛瞻虽智不足以扶危，勇不足以拒敌，却能外不负国，内不改父志，其原因是“忠孝存焉”[8]。习凿齿认为，“霸王者，必体仁义以为本，仗信顺以为宗，一物不具，则

---

[1] 《后汉纪》卷三十。

[2] 《宋书》卷八十七，“史臣曰”。

[3] 《宋书》卷八，“史臣曰”。

[4] 《宋书》卷七十六，“史臣曰”。

[5] 《宋书》卷五十九《张畅传》。

[6] 《南齐书》卷五十五《孝义列传》。

[7] 《魏书》卷六十《韩麒麟传》附《韩子熙传》。

[8] 《三国志》卷三十五《诸葛亮传》注。

其道乖矣”[1]。范晔在《后汉书》中立《孝子列传》表彰那些忠孝人物嘉言懿行。他认为，“风霜以别草木之性，危乱而见贞良之节”，卢植“抽白刃严阁之下，追帝河津之间，排戈刃，赴戕折”，堪称士之楷模，国之桢干。范晔感慨：“君子之于忠义，造次必于是，颠沛必于是也。”[2] 沈约极力宣扬忠孝，一方面对忠于君主的行为大加赞赏，袁淑忠于君主而被杀，沈约称赞他“投躯殉主，世罕其人”[3]；另一方面又大肆鼓吹孝道，在《宋书》中立《孝义列传》，对龚颖、刘瑜、贾恩、郭世道等孝义人物大加称赞，特别是对他们居丧尽礼，事父母至孝的行为极力表彰。

魏晋南北朝时期，仁义志节是史家们论评人物的重要标准。范晔立《逸民列传》赞扬那些“守节”“不屈”的隐者的高尚品格。他指责班固没有很好地宣扬忠孝仁义，批评其“论议常排死节，否正直，而不叙杀身成仁之为美，则轻仁义，贱守节愈矣”[4]。范晔宣称：“夫称仁人者，其道弘矣！立言践行，岂徒徇名安己而已哉，将以定去就之概，正天下之风，使生以理全，死与义合也。夫专为义则伤生，专为生则骞义，专为物则害智，专为己则损仁。若义重于生，舍生可也；生重于义，全生可也。”[5] 倡导人们如孟子所说的，做到“杀身成仁，舍生取义”。他赞扬李固“据位持重，以争大义，确乎而不可夺”[6]。沈约引《易》语宣称：“立人之道，曰仁与义。”[7] 魏收对那些恪守伦理道德的妇女给以高度评价。如平原鄃县女子孙氏男玉“重节轻身，以义犯法”；泾州兕先氏“守礼履节，没身不改”，被称为“贞女”；荥阳京县人张洪初妻刘氏，年十七，夫亡，遗腹生子，三岁又没，“其舅姑年老，朝夕奉养，率礼无违”，“兄矜其少寡，欲夺而嫁之”，而“刘氏自誓弗许，以终其身”；陈留董景起妻张氏年十六岁，“痛夫少丧，哀伤过礼”，“形容毁顿，永不沐

[1]《三国志》卷三十七《庞统传》注。
[2]《后汉书》卷六十四，“论曰”。
[3]《宋书》卷七十，“史臣曰”。
[4] 参见《后汉书》卷四十下《班彪传》附《班固传》。
[5]《后汉书》卷六十三，“论曰”。
[6]《后汉书》卷六十三，“论曰”。
[7]《宋书》卷九十一《孝义列传》。

浴”，“独守贞操，期以阖棺”。他特别赞誉巨鹿魏博妻房氏的道德贞操，绘声绘色地记载了其事迹：房氏“幼有烈操”，十六岁时其夫魏博遇病且卒，“房氏操刀割左耳，投之棺中，仍曰：‘鬼神有知，相期泉壤。’流血滂然，助丧者咸皆哀惧”，而于时房氏的儿子缉生未十旬，“鞠育于后房之内，未曾出门。遂终身不听丝竹，不预座席。缉年十二，房父母仍存，于是归宁。父兄尚有异议，缉窃闻之，以启母。房命驾绐云他行，因而遂归，其家弗知之也。行数十里方觉，兄弟来追，房哀叹而不反。其执意如此。训导一子，有母仪法度”。[1] 诸如此类的事例甚多。这些事例表明，魏晋南北朝时期，史家们以儒家的伦理道德作为人物评价的主要标准，当然，这种标榜贞妇烈女的道德本身并不道德。

从上可见，在魏晋南北朝时期，儒家思想仍然是在整个社会中居于主流地位的意识形态，这种地位是玄学与佛教不可替代的。魏晋南北朝时期，史家的人生观与价值观虽然不同程度地受到玄学与佛教的影响，但儒家思想仍然是形成其人生观与价值观的核心思想。他们编撰史著的目的，就是通过对历史经验的总结，宣扬儒家伦理，为统治者治理国家提供历史借鉴。他们以儒家思想作为审视历史的主要理论，又以儒家思想作为论评史事的主要依据，还以儒家伦理作为评价人物的主要标准。因此，从整体上考察，儒家思想在魏晋南北朝时期的史学思想中居于重要地位。

[1] 这里所列均见《魏书》卷九十二《烈女传》。

第二编

陈寿与袁宏是两晋众多史家中的突出代表，考察他们的史学思想对于把握魏晋时期的史学思想有着重要意义。这两位史家生活的时代，玄学思潮盛极一时，玄学对他们的史学思想有着深刻影响。陈寿后半生生活于西晋的都城洛阳，而洛阳是当时的玄学中心，虽然现在还尚未发现陈寿与玄学关系的直接材料，但是我们通观《三国志》全书，可以看到，陈寿既继承了传统的儒家思想，如天命思想、民本思想、正统思想等，又深染魏晋清谈名士的风气，其人物评价既以所谓“识量器局”为标准，又以儒家伦理为尺度。本书第六章中除以《三国志》为材料直接探讨陈寿的史学思想以外，又系统地探讨了陈寿的人物评价问题。这是因为人物评价实际上为我们考察陈寿的史学思想提供了新的角度。袁宏是东晋时期玄学家兼史学家，玄学与史学一身二任使得袁宏的史学思想有着鲜明的玄学特色。他主张以道为本，以儒为用，维护名教，合乎自然，本于天理，顺乎人情，崇尚简易，倡导无为，这些都从不同角度反映出袁宏史学思想的玄学特色。陈寿与袁宏在历史认识论方面都有贡献。陈寿对历史人物的评价将具体考察与辩证分析结合起来。袁宏的历史认识论包含丰富的辩证法思想，在思考历史问题时不仅看到事物的不同方面，而且能以发展变易的观点分析历史问题。陈寿与袁宏的史学思想在魏晋时期具有重要地位。

葛洪是东晋前期与袁宏大致同时的著名学者，既是道教思想家，又是史学家。其代表作《抱朴子》虽然是一部道教理论著作，但其内容中包含着深刻的史学思想。葛洪提出“以道为本，以儒为末”，这一主张与袁宏“以道为本，以儒为用”的主张有异曲同工之妙。葛洪继承了先秦以来即已形成的历史借鉴思想，认真总结治国兴邦的历史经验。葛洪认为治理国家要刑仁并举，以刑辅仁，人君治国如同治身养神，爱其民就能保其国。葛洪把社会的发展与历史的进步看成是自然的过程，反对美化古代，反对神化儒家经典，批评贵古贱今、贵远贱近的风气。探讨葛洪的史学思想，对于考察道教与中国古代史学思想的关系具有重要意义。

南北朝时期的史学思想具有以下几个方面的共同特点：一是玄学对史学思想仍有一定的影响，如刘勰的《文心雕龙》与玄学有着密切关系，而沈约、萧子显、魏收等人的著作中都喜欢记载谈玄论道的风气，喜欢描绘人物外表仪貌与风度气质；二是佛教与史学思想关系密切，沈约、刘勰、萧子显、魏收等史家都深受佛教思想影响；三是尽管南北朝时期的史家都受到玄学与佛教的影响，但他们都是以儒家思想作为思考历史的主要依据，不论是像刘勰那样晚年出家为僧的学者，还是像萧子显那样自称“服膺释氏，深信冥缘”的学者，都是以儒家思想为主要依据来思考历史。在南北朝时期的史家中，范晔的史学思想主要是传统的儒家思想。沈约的史学思想中，既有玄学的影响，又有佛教的影响，但主要还是儒家思想。刘勰深受佛教影响，然其《文心雕龙》既有玄学的思想成分，又带有明显的佛教思想影响的痕迹，但他把“征圣宗经”作为思考历史、研究历史的原则。萧子显虽然深受佛教思想影响，但他把“父子之道”“君臣之义”看成是天性，其史学思想的主体仍然是儒家思想。魏收也受到佛教的影响，其史学思想中也有玄学的成分，具体表现在喜欢评论人物的外表仪容、风度气质，然而其主要是以儒家思想为理论来思考历史，评论历史。

值得特别指出的是，南北朝时期的史学家在历史认识论方面，提出了一些颇有价值的观点与见解，如范晔提出“以意为主，以文传意”，这一见解表达他关于编撰历史著作应以内容为主，文辞是用来表达内容的形式的观点，具有一定的思想价值。刘勰在对上古至东晋史学发展进行总结的基础上，对历史认识的原则与目的、历史认识的标准与要求、历史认识的内容与表达形式等方面，提出了一系列有价值的创见。尤其是历史认识方法上，范晔、萧子显都是以整体的方法来考察历史，萧子显以类叙的方法来叙述史事，而刘勰对历史认识的方法论做了理论总结。

南北朝时期史学思想方面的这些成果，到隋唐时期得到进一步的继承与发展。

第六章 陈寿的史学思想

陈寿，字承祚，巴西郡安汉县（今四川南充）人，生于蜀汉后主建兴十一年（233），卒于晋惠帝元康七年（297），终年65岁。陈寿是西晋时期著名史学家，撰有《益部耆旧传》10卷、《古国志》50篇、《三国志》65卷。这些著作除《三国志》以外均已亡佚。《三国志》是陈寿史学的代表作，该书是我国历史上继班固的《汉书》之后的又一部纪传体断代史，记载了上起184年黄巾起义，下至280年西晋灭吴近100年的历史。《三国志》记事，被称为“文质辨洽”[1]，在中国史学史上具有极为重要的地位。在这里，笔者根据《三国志》中的有关材料，对陈寿的史学思想及其人物评价做一点初步的探讨。

笔者认为，陈寿的史学思想是极为复杂的，概括起来，可以从下述几个方面来进行考察：

第一节 历史认识的二重特征

天命思想是中国古代的一种重要的史学思想。这种思想将历史演进

[1] 刘勰：《文心雕龙·史传》。

的动因看成是天的意志。天根据统治者的行为，授予其天命或者革除其天命。陈寿深受天命思想的影响。他相信天命，在思考历史时，以天命来解释三国时期出现的一些历史现象。

陈寿认为王者之兴，受之于天。把魏、蜀、吴三国鼎立看作是天命，曹魏代汉也是天命。《武帝纪》称："初，桓帝时有黄星见于楚、宋之分，辽东殷馗善天文，言后五十岁当有真人起于梁、沛之间，其锋不可当。至是凡五十年，而公破绍，天下莫敌矣。"这一记载表明，在陈寿看来，曹操势力的兴起，天在50年前就已表现出征兆，至其破袁绍，势力日渐强大，这是天意的体现，是谁也无法阻挡的。《文帝纪》称："初，汉熹平五年，黄龙见谯，光禄大夫桥玄问太史令单飏：'此何祥也?'飏曰：'其国后当有王者兴，不及五十年，亦当复见。天事恒象，此其应也。'内黄殷登默而记之。至四十五年，登尚在。三月，黄龙见谯，登闻之曰：'单飏之言，其验兹乎!'"陈寿称述这一事例，力图进一步说明，天在熹平年间即已显现刘汉王朝即将被取代的征兆，45年以后再现这种征兆，随后的曹魏代汉，曹丕称帝完全体现了天意。他引述汉协帝的禅位诏书，称"天之历数在尔躬，允执其中，天禄永终，君其祗顺大礼，飨兹万国，以肃承天命"[1]。其目的是通过汉献帝之口，宣称汉的禅位只是顺从天命，天命是不能违背的。陈寿认为，蜀汉与孙吴的立国同样体现了天命。《刘二牧传》引董扶谓刘焉言，称"益州分野有天子气"。《先主传》引刘豹、向举等人上言，称"西南数有黄气，直立数丈，见来积年，时时有景云祥风，从璿玑下来应之"，又称"数有气如旗，从西竟东，中天而行"。该传又载许靖、糜竺等上言，称襄阳男子张嘉等"献玉玺，玺潜汉水，伏于渊泉，晖景烛耀，灵光彻天"，并说："夫汉者，高祖本所起定天下之国号也，大王袭先帝轨迹，亦兴于汉中也。今天子玉玺神光先见，玺出襄阳，汉水之末，明大王承其下流，授与大王以天子之位，瑞命符应，非人力所致。"该传又引刘备语，宣称"天命不可以不答，祖业不可以久替，四海不可以无主"。这些言论归结到一点，就是刘备称帝是天的意志，反映了天命。《吴主传》载："初，兴平中，吴中童谣曰：'黄金车，班兰耳，闿昌门，出天子。'"《胡综传》言："黄武八年夏，黄龙见

[1] 参见《三国志》卷二《文帝纪》。

夏口，于是权称尊号，因瑞改元。”这些记载表明，陈寿把魏、蜀、吴的立国都看成天命。

陈寿又将魏、蜀、吴三国的灭亡看成是天命。《三少帝纪》载咸熙二年（265）五月下诏，称“相国晋王诞敷神虑，光被四海，震耀武功，则威盖殊荒，流风迈化，则旁洽无外”。至这年十二月，“天禄永终，历数在晋”，“禅位于晋嗣王，如汉魏故事”。《后主传》载炎兴元年（263）冬，遣谯周奉书投降邓艾，宣称“天威既震，人鬼归能之数，怖骇王师，神武所次，敢不革面，顺以从命”。《三嗣主传》载孙皓天纪四年（280）三月戊辰，遣使奉书投降于晋军，声言：“今大晋龙兴，德覆四海。暗劣偷安，未喻天命。”这些记载表明，在陈寿看来，魏、蜀、吴三国的灭亡，同样体现了天命。

陈寿将君主的行为与天道的运行联系起来。《杨阜传》载其为将作大匠，魏明帝曹叡“初治宫室，发美女以充后庭，数出入弋猎。秋，大雨震电，多杀鸟雀”。杨阜上书称：“顷者天雨，又多卒暴，雷电非常，至杀鸟雀。天地神明，以王者为子也，政有不当，则见灾谴。”《高堂隆传》载崇华殿灾，魏明帝诏问高堂隆：“此何咎？”高堂隆对曰：“夫灾变之发，皆所以明教诫也，惟率礼修德，可以胜之。《易传》曰：‘上不俭，下不节，孽火烧其室。’又曰：‘君高其台，天火为灾。’此人君苟饰宫室，不知百姓空竭，故天应之以旱，火从高殿起也。上天降鉴，故谴告陛下；陛下宜增崇人道，以答天意。”该传又载：“陵霄阙始构，有鹊巢其上，帝以问隆，对曰：‘《诗》云“维鹊有巢，维鸠居之”。今兴宫室，起陵霄阙，而鹊巢之，此宫室未成身不得居之象也。天意若曰，宫室未成，将有他姓制御之，斯乃上天之戒也。’”陈寿将明帝的行为与当时的自然现象联系起来，并通过记载杨阜的上书与高堂隆的应对来说明这些现象的出现，已经预兆着曹魏政权即将为司马氏所取代，这些都表明他对天人感应思想的服膺。《孙礼传》载，“明帝方修宫室，而节气不和，天下少谷”。在陈寿看来，魏明帝大修宫室，有违天道，这直接导致节气失和而天下少谷。

陈寿以灾异与祥瑞说明某些历史事件的发生反映了天意。他引用陆凯的话说：“王者之兴，受之于天”，“逆犯天地，天地以灾”。[1] 在记载

[1]《三国志》卷六十一《陆凯传》。

一些历史事件时，陈寿将某些异常天象与这些历史事件联系起来，《明帝纪》载：景初二年二月，癸丑，“月犯心距星，又犯心中央大星”；五月乙亥，“月犯心距星，又犯中央大星”；秋八月癸丑，“有彗星见张宿”；闰月，“月犯心中央大星”。这一年十二月乙丑，“帝寝疾不豫”，三年春正月丁亥，“帝崩于嘉福殿”。从景初二年（238）二月至这年八月以后的闰月，出现了一系列怪异星象。陈寿记载这些异常天象，旨在说明这些天象即为上天显现的这年十二月明帝重病及其后来去世的征兆。《公孙渊传》载，“初，渊家数有怪，犬冠帻绛衣上屋，炊有小儿蒸死甑中。襄平北市生肉，长围各数尺，有头目口喙，无手足而动摇。占曰：‘有形不成，有体无声，其国灭亡。’”公孙度以中平六年（189）据辽东，至公孙渊凡三世，历50年而灭。公孙渊家出现的怪异现象，即上天显示的其即将灭亡的征兆。《高堂隆传》载其上言，宣称“黄初之际，天兆其戒，异类之鸟，育长燕巢，口爪胸赤，此魏室之大异也，宜防鹰扬之臣于萧墙之内”。《三少帝纪》载：景元元年（260）十二月甲申，“黄龙见华阴县井中”；三年春二月，“青龙见于轵县井中”；咸熙元年（264）六月，卫瓘“上雍州兵于成都县获璧玉印各一，印文似‘成信’字，依周成王归禾之义”。这类祥瑞，旨在说明此后晋受魏禅是天意。《王肃传》载，嘉平六年（254），白气经天，司马昭问肃其故，肃答曰：“此蚩尤之旗也，东南其有乱乎？君若修己以安百姓，则天下乐安者归德，唱乱者先亡矣。”第二年春，果然毌丘俭、文钦反。这里，陈寿引用王肃的话，说明蚩尤之旗这一异常天象的出现即为上天显示的毌丘俭等人谋反的征兆。

陈寿又以术数、占候、梦境等解释某些历史事件的发生反映了天意。《周群传》称蜀郡张裕晓占候，曾谏刘备云：“不可争汉中，军必不利。”刘备不用裕言，果得地而不得民。《杜琼传》载其言：“古者名官职不言曹；始自汉已来，名官尽言曹，吏言属曹，卒言侍曹，此殆天意也。”这就是说，汉代言官为曹，吏为属曹，反映了上天已经预示曹魏将要取代刘汉。该传又载谯周言，“汉灵帝名二子为史侯、董侯，既立为帝，后皆免为诸侯”，并称“先主讳备，其训具也，后主讳禅，其训授也，如言刘已具矣，当授与人也；意者甚于穆侯、灵帝之名子”。景耀五年（262），蜀汉宫中大树自折，谯周“书柱曰：‘众而大，期之会，具而授，若何复？’言曹者众也，魏者大也，众而大，天下其当会也，具而授，如何复有立者乎？蜀既亡，咸以周言为验”。在谯周看来，汉灵帝名二子为侯，此即这二子后来被免为侯的征兆；后主刘禅之名为禅，禅字即已寓含着授予之义，此即其后来投降于曹魏的征兆。《谯周传》载其咸熙二年(265)夏谓文立曰：“典午忽兮，月酉没兮。”典午者谓司马也，月酉者谓八月也，这年八月司马师果然去世。《邓艾传》载其伐蜀以前，梦坐山上而有流水，以问爰邵，邵曰：“按《易》卦，山上有水曰蹇。蹇繇曰：‘蹇利西南，不利东北。’孔子曰：‘蹇利西南，往有功也；不利东北，其道穷也。’往必克蜀，殆不还乎！”邓艾后来果然在克蜀以后被杀。《魏延传》载其梦头上生角，以问占梦赵直。赵直私下对人说：“角之为字，刀下用也；头上用刀，其凶甚矣。”其后不久魏延果然被杀。

从上可见，陈寿在说明一些历史事件的发生时，囿于当时的客观环境与认识水平，不能做出科学的分析和正确的判断，只能以天命释之。通过此类事例，我们可以看到陈寿的天命思想。

陈寿的史学思想是复杂的。他深受天命思想的影响，但又看到天命并不能决定一切。这就是中国古代史学二重性的表现，是对分裂时期历史分析的二重性特征。他举例说：“昔魏豹闻许负之言则纳薄姬于室，刘歆见图谶之文则名字改易，终于不免其身，而庆钟二主。此则神明不可虚要，天命不可妄冀，必然之验也。而刘焉闻董扶之辞则心存益土，听相者之言则求婚吴氏，遽造舆服，图窃神器，其惑甚矣。”[1] 在陈寿看来，天命是有的，但天命降到哪一个人身上，这又是另一个问题。即使天命降临到某一个人身上，这个人能否保有天命，这更是一个问题。三国是一个分裂动荡的时期，各种政治势力的消长，主要表现为人的作用。客观的历史过程使陈寿看到人事的作用，又促使他从人事的角度来思考历史，以人事来说明历史演变的动因。

陈寿从三国历史的演进中看到，君主对于天下治理起着至关重要的作用。这种作用主要表现在君主是否有雄才大略。他认为，三国的开国君主是具有这种素质的。当汉末“天下大乱，雄豪并起，而袁绍虎视四州，强盛莫敌”，曹操“运筹演谋，鞭挞宇内，揽申、商之法术，该韩、

[1]《三国志》卷三十一，“评曰”。

白之奇策”，故“终能总御皇机，克成洪业”，[1] 奠定了曹魏政权的基础。刘备“弘毅宽厚，知人待士”，“举国托孤于诸葛亮，而心神无贰，诚君臣之至公，古今之盛轨也”，[2] 从而使蜀汉政权鼎立于一方。孙坚“勇挚刚毅，孤微发迹”；孙策“英气杰济，猛锐冠世，览奇取异，志陵中夏”，并且“善于用人，是以士民见者，莫不尽心，乐为致死”，[3] 故能割据江东；孙权“屈身忍辱，任才尚计”，“故能自擅江表，成鼎峙之业”。[4] 正是由于三国的开国君主都具有超乎常人的雄才大略，所以才能够于乱世纷争之中崛起，建立自己的基业。

陈寿认识到，君主治理国家，关键是进用贤才。要进用贤才，首先必须明确进用贤才的极端重要性。他引夏侯玄语深刻地指出，“官才用人，国之柄也”[5]。在《武帝纪》中，陈寿通过曹操之口慨叹：“自古受命及中兴之君，曷尝不得贤人君子与之共治天下者乎!”在《先主传》中，他引用刘备之言，指出“济大事必以人为本”。在《陆凯传》中，他以陆凯之口，要求“有国以贤为本”。他引述荀彧之语，强调说：“古之成败者，诚有其才，虽弱必强，苟非其人，虽强易弱，刘、项之存亡，足以观矣。”[6] 他引用栈潜之语，主张君主治理天下，必须得人，“圣王之御世也，克明俊德，庸勋亲亲；俊乂在官，则功业可隆，亲亲显用，则安危同忧；深根固本，并为干翼，虽历盛衰，内外有辅”[7]。他又引陆抗的上疏，宣称：“夫俊乂者，国家之良宝，社稷之贵资，庶政所以伦叙，四门所以穆清也。”[8] 君主要进用贤才，必须能够识才。陈寿远观齐桓，近察孙权，考察他们是否有识士之明。陈寿认为，有才能的大臣能否施展自己的才能，这取决于君主是否识才。孙吴派吕蒙袭取荆州后，刘备亲率大军前往讨伐。孙权起用年轻将领陆逊，一举战胜刘备。在陈

---

[1] 《三国志》卷一，“评曰”。
[2] 《三国志》卷三十二，“评曰”。
[3] 《三国志》卷四十六《孙破虏讨逆传》。
[4] 《三国志》卷四十七，“评曰”。
[5] 《三国志》卷九《诸夏侯曹传》。
[6] 《三国志》卷十《荀彧传》。
[7] 《三国志》卷二十五《高堂隆传》。
[8] 《三国志》卷五十八《陆逊传》附《陆抗传》。

寿看来，由于孙权的识才，陆逊的谋略才得到充分的发挥，这是“所以济大事”的原因所在。[1] 陈寿通过赵咨之口，称道吴主孙权：“纳鲁肃于凡品，是其聪也；拔吕蒙于行阵，是其明也；获于禁而不害，是其仁也；取荆州而兵不血刃，是其智也；据三州虎视于天下，是其雄也；屈身于陛下，是其略也。”故其堪称聪明仁智的“雄略之主”。[2]

陈寿将怎样看待天下兴亡的问题视为区分亡国之主与圣贤之主的标志。他引高堂隆语指出：“亡国之主自谓不亡，然后至于亡；圣贤之主自谓将亡，然后至于不亡。”[3] 亡国之主之所以自谓不亡而最终陷于覆亡的命运，就在于其依恃权势，为所欲为，穷奢极欲，荒淫无耻，结果众叛亲离，顷刻瓦解；圣贤之主自谓将亡而能建立为后人称道的功业，就在于其时时以天下安危为己任，居安思危，励精图治。如秦始皇欲立万世之业，使子孙长有天下，结果一朝匹夫大呼，国家立即倾覆；汉文帝时时担心国家的安危，故躬行节俭，惠下养民，使国家逐渐走向强盛，实现天下大治。陈寿认为，成为什么样的君主，其关键是君主自己。君主欲正人，必先正己。他引用何晏的上疏，指出：“善为国者必先治其身，治其身者慎其所习。所习正则其身正，其身正则不令而行；所习不正则其身不正，其身不正则虽令不从。”君主“所与游必择正人，所观览必察正象，放郑声而弗听，远佞人而弗近，然后邪心不生而正道可弘也”。[4]

陈寿通过正反两个方面的事例说明得人才对治国兴邦的极端重要性。他指出，只有广搜人才，才能兴旺发达；而摧残人才，则会损害自己的事业，甚至走向衰败灭亡。曹操不拘一格选拔人才，“官方授材，各因其器，矫情任算，不念旧恶”[5]，所以曹魏集中的人才最多，在三国中势力也就最为强大。刘备由于“机权干略，不逮魏武”，所搜集的人才，远不如曹操，“是以基宇亦狭”。[6] 袁绍与刘表，他们都据有广阔的土地，

---

[1] 《三国志》卷五十八，“评曰”。

[2] 《三国志》卷四十七《吴主传》。

[3] 《三国志》卷二十五《高堂隆传》。

[4] 《三国志》卷四《三少帝纪》。

[5] 《三国志》卷一，“评曰”。

[6] 《三国志》卷三十二，“评曰”。

其手下又有众多的人才，然而他们都心胸狭窄，优柔寡断，“外宽内忌，好谋无决，有才而不能用，闻善而不能纳”[1]，不能发挥人才的作用，结果土崩瓦解。陶谦背道任情，“广陵太守琅琊赵昱，徐方名士也，以忠直见疏；曹宏等，谗慝小人也，谦亲任之。刑政失和，良善多被其害，由是渐乱”[2]。结果众叛亲离。陈寿认为，孙亮“童孺而无贤辅，其替位不终，必然之势也”，孙休“不能拔进良才，改弦易张”，孙皓“肆行残暴，忠谏者诛，谗谀者进，虐用其民，穷淫极侈”。[3] 故三嗣主在位期间，孙吴的国势日渐衰落。在陈寿看来，即使是最贤明的君主，对于人才的识别也会有错误的时候，“昔汉光武谬于庞萌，近魏太祖亦蔽于张邈”[4]，即为例证。

陈寿认为要使国家兴盛，必须做到天人和谐。他援引刘焉之语强调，治理国家应当“上当天心，下合人意，天人既和，内省不疚，虽遭凶乱，何忧何惧!”[5] 袁绍的势力本来很强大，然其“外宽雅，有局度，忧喜不形于色，而内多忌害”[6]，既不能发挥手下人才的作用，又因在立嗣问题上任由个人主观好恶，结果使得两个儿子袁谭、袁尚兄弟不和，“兵革败于外，谋臣诛于内，兄弟谗阋，国分为二”，“天灾应于上，人事困于下”，[7] 最后土崩瓦解。在《诸葛亮传》中，陈寿引述其“隆中对”，深刻分析汉末以来历史演变动因。诸葛亮并不简单地将弱小的曹操战胜强大的袁绍归结为天时，而认为更主要是人事在起作用，指出：“自董卓以来，豪杰并起，跨州连郡者不可胜数。曹操比于袁绍，则名微而众寡，然操遂能克绍，以弱为强者，非惟天时，抑亦人谋也。”这里所说的人谋，主要是指君主的谋略，既包括君主是否具有雄才大略，又包括君主是否能团结内部，罗致人才，并充分地发挥人才的作用，使得人尽其才，还包括君主是否能做出正确的决断等。人谋是弱小的曹操逐渐强大，最

[1] 《三国志》卷六，“评曰”。
[2] 《三国志》卷八《陶谦传》。
[3] 《三国志》卷四十八，“评曰”。
[4] 《三国志》卷七，“评曰”。
[5] 《三国志》卷三十八《秦宓传》。
[6] 《三国志》卷六《袁绍传》。
[7] 《三国志》卷二十五《辛毗传》。

后战胜袁绍的主要因素。这是诸葛亮的观点，陈寿是赞同这一观点的。

陈寿既相信天命，又强调人事。这两者从表面上看似乎是矛盾的，其实这是一个问题的两个方面。一方面对许多历史事件的发生感到无法理解，看到在新旧递嬗、兴衰成败的背后，似乎存在着一种巨大而神秘的力量在决定着历史的演变，于是将这种力量看成是天命；一方面又看到在历史演进过程中处处是人的活动，是人的力量在起作用。各种政治势力之间的兴衰成败，主要决定于人事，于是在记载历史演进时，不得不强调人事。在分析历史演变的动因时，主要从人事的角度进行探讨，考察各种历史现象之间的因果联系。如果从人事的角度无法说明，那就只好归结为天命。因此，相信天命与强调人事这两个看来相互矛盾的方面，就这样统一于陈寿的历史认识中。

第二节 “国以民为本”

“国以民为本”，语出《三国志》的《陆逊传》。在该传中，陈寿引述陆逊之语，强调“国以民为本，强由民力，财由民出”。这不仅反映出陆逊对民的作用的高度重视，而且说明陈寿以民本思想审视历史。民本思想既是中国古代普遍的社会心理与共同的政治要求，又是分析民的社会地位与历史作用的史学思想。这种思想强调民为国家根本所在，强调民对于治理国家、巩固政权的极端重要性，认为民为邦本，本固邦宁。这种思想形成于先秦，在汉代得到了进一步发展。陈寿对三国的盛衰兴亡的总结中，包含着强烈的民本思想。

陈寿考察三国时期历史演进过程，指责那些残民、虐民行为，对民的痛苦表现出深切的同情。这一时期，南北对立，社会分裂，战乱频繁，人民遭受了巨大的苦难。《董卓传》真实地揭露其“性残忍不仁，遂以严刑胁众，睚眦之隙必报，人不自保”，“时适二月社，民各在其社下，悉就断其男子头，驾其车牛，载其妇女财物，以所断头系车辕轴，连轸而还洛”。董卓的部将李傕等，也是极其凶残，“时三辅民尚数十万户，傕等放兵劫略，攻剽城邑，人民饥困，二年间相啖食略尽”。《袁术传》揭露其残暴荒淫给民带来的苦难，指出当时“南阳户口数百万，而术奢淫肆欲，征敛无度，百姓苦之”，“后宫数百皆服绮縠，余粱肉，而士卒冻馁，江淮间空尽，人民相食”。在《二公孙陶四张传》的“评曰”中，陈寿直接批评公孙度“残暴而不节”，公孙渊“仍业以载凶”。这些记载与评述，充满着感情，表明陈寿对董卓、袁术等人残民以逞的罪恶行径极为痛恨。

陈寿尖锐地抨击统治者大兴劳役与专横暴虐给民带来的痛苦。魏明帝景初年间，宫室盛兴，百姓劳役繁重。陈寿对此不以为然。在《高堂隆传》中，他记载说：明帝“愈增崇宫殿，雕饰观阁，凿太行之石英，采谷城之文石，起景阳山于芳林之园，建昭阳殿于太极之北，铸作黄龙凤皇奇伟之兽，饰金墉、陵云台、陵霄阙。百役繁兴，作者万数”。他进而以高堂隆之口，指责“民不堪命，皆有怨怒”，“今上下劳役，疾病凶荒，耕稼者寡，饥馑荐臻，无以卒岁”，“今天下雕弊，民无儋石之储”。陈寿又引述辛毗的上疏，指责明帝时“民不堪役”[1]。他又援引王肃的上疏说：“丁夫疲于力作，农者离其南亩，种谷者寡，食谷者众，旧谷既没，新谷莫继。斯则有国之大患，而非备豫之长策也。”[2] 陈寿直接批评孙皓“既得志，粗暴骄盈，多忌讳，好酒色，大小失望”[3]。在《陆凯传》中，他载其上疏，揭露孙皓在位以来，“君威伤于桀纣，君明暗于奸雄，君惠闭于群孽，无灾而民命尽，无为而国财空”。在《华覈传》中，陈寿又引其上疏，指责孙皓在位之时，“居无积年之储，出无应敌之畜，此乃有国者所宜深忧也。夫财谷所生，皆出于民，趋时务农，国之上急。而都下诸官，所掌别异，各自下调，不计民力，辄与近期”。如果说司马迁编撰《史记》善于采用时人之语来刻画人物，那么陈寿则善于通过大量选载有关人物的上疏或者言论以表达自己的思想。正因为如此，所以《晋书·陈寿传》称其“善叙事，有良史之才”。

陈寿极力强调民的主体地位，强调治理国家应当以民为本。在《王基传》中，陈寿引述其上疏宣称：“古人以水喻民，曰‘水所以载舟，亦所以覆舟’。故在民上者，不可以不戒惧。夫民逸则虑易，苦则思难，是

[1] 《三国志》卷二十五《辛毗传》。
[2] 《三国志》卷十三《王朗传》附《王肃传》。
[3] 《三国志》卷四十八《三嗣主传》。

以先王居之以约俭，俾不至于生患。”在《吴主传》中，陈寿载其诏书强调，“君非民不立，民非谷不生”。在《骆统传》中，陈寿引其上疏指出，“财须民生，强赖民力，威恃民势，福由民殖，德俟民茂，义以民行，六者既备，然后应天受祚，保族宜邦”。因此，“民以君安，君以民济，不易之道也”。在《陆逊传》中，陈寿载其语指出，“夫民殷国弱，民瘠国强者，未之有也。故为国者，得民则治，失之则乱”。在《陆凯传》中，陈寿引其上疏强调：“民者，国之根也，诚宜重其食，爱其命。民安则君安，民乐则君乐。”在《贺邵传》中，陈寿引其上疏强调，“国之兴也，视民如赤子；其亡也，以民为草芥”。诸如此类强调治国要以民为本的言论，在《三国志》中甚多，故《晋书》称其“辞多劝诫，明乎得失，有益风化”[1]。

陈寿认为，统治者应当顺从民意，注意舒缓民力。他以魏文帝曹丕之语强调，“自古至今，未有不亡之国”[2]。因此，君主应该认识到“国有常众，战无常胜；地有常险，守无常势”的道理，[3]居安思危，与时俯仰。时代条件不同，社会状况各异，统治者需要随机应变，根据具体情况来治理天下。在《袁涣传》中，陈寿引述袁涣之语强调：“明君善于救世，故世乱则齐之以义，时伪则镇之以朴；世异事变，治国不同，不可不察也。夫制度损益，此古今之不必同者也。若夫兼爱天下而反之于正，虽以武平乱而济之以德，诚百王不易之道也。”《何夔传》引何夔之语，要求统治者治理国家“上不背正法，下以顺百姓之心”。《鲍勋传》称其守正不阿，谏阻文帝游猎，劝谏文帝应该“宽惠百姓”。《蒋济传》载其上疏，主张“凡使民必须农隙，不夺其时”。《和洽传》载和洽语，指出“国以民为本，民以谷为命。故废一时之农，则失育命之本。是以先王务蠲烦费，以专耕农”。在《高堂隆传》中，陈寿通过高堂隆之口，强调“天之赏罚，随民言，顺民心也”，“是以临政务在安民为先”，“是以有国有家者，近取诸身，远取诸物，妪煦养育，故称‘恺悌君子，民之父母’”。

---

[1]《晋书》卷八十二《陈寿传》。

[2]《三国志》卷二《文帝纪》。

[3]《三国志》卷二十七《王昶传》。

陈寿站在民的角度审视历史。在《三国志》所记载的人物中，只要是爱民、恤民，对民有利的行为，陈寿总要加以肯定。这类事例甚多。《武帝纪》载曹操于建安十四年（209）秋七月的军令称：“家室怨旷，百姓流离”，“其令死者家无基业不能自存者，县官勿绝廪，长吏存恤抚循”。《文帝纪》载黄初六年（225）春二月，遣使者“问民所疾苦，贫者振贷之”。陈寿热情称赞那些爱民、惠民的官吏所建树的业绩。《夏侯惇传》载其“乃断太寿水作陂，身自负土，率将士劝种稻，民赖其利”。《钟繇传》称其在长安，“徙关中民，又招纳亡叛以充之，数年间民户稍实”。《刘馥传》称其为官，“开拓边守，屯据险要。又修广戾陵渠大堨，水溉灌蓟南北，三更种稻，边民利之”。《司马朗传》称其复为堂阳长，“其治务宽惠，不行鞭杖，而民不犯禁”。后充兖州刺史，“政化大行，百姓称之”。《张既传》引文帝语称其为凉州刺史，“能容民畜众，使群羌归土，可谓国之良臣”。《杜畿传》称其为吏，“崇宽惠，与民无为”，在其治理下，“百姓勤农，家家丰实”，其子杜恕“益得百姓欢心”。《杜袭传》称其为官，“自知恩结于民，乃遣老弱各分散就田业，留丁强备守，吏民欢悦”。《郑浑传》载其为官，率民“兴陂遏，开稻田”，“比年大收，顷亩岁增，租入倍常，民赖其利，刻石颂之，号曰郑陂”。《卢毓传》称其为官，“心在利民，躬自临视，择居美田，百姓赖之”。《徐邈传》称其为凉州刺史，“上修武威、酒泉盐池以收虏谷，又广开水田，募贫民佃之，家家丰足，仓库盈溢”。《王昶传》称其为洛阳典农，“勤劝百姓，垦田特多”。《蒋琬传》引诸葛亮语，称赞“其为政以安民为本”。从《三国志》所记载的这类言论中，我们可以看到，陈寿确实是站在民的立场，根据其行为是否对民有利来评价有关人物的是非功过。

第三节　以正统思想考察历史

陈寿有着强烈的正统思想。这首先表现在全书以曹魏为正统的编撰体例上。魏蜀吴三国鼎立，将三国的历史编入一书，首先必须解决以谁为正统的问题。陈寿生于公元 233 年，至公元 263 年蜀汉为曹魏所灭，在蜀汉政权统治下生活了 31 年；公元 263 年，陈寿到洛阳，在曹魏统治下生活了2年；公元265年，曹魏为西晋所取代，至297年去世，陈寿在西晋统治下又生活了33年。陈寿一生虽然经历了蜀汉、曹魏、西晋三朝，但在西晋生活的时间最长，而且死于西晋，所以应属于西晋人。他编撰《三国志》的时间，正是在西晋灭吴以后。陈寿作为西晋人来思考三国历史，而西晋又是由曹魏禅让而来。无论是其生活的客观环境，还是其作为西晋人的观念意识，都要求他必须以曹魏作为正统。如果否定曹魏的正统地位，就等于否定了西晋的正统地位。因此在《三国志》中，他为曹魏的君主立纪，而为蜀汉、孙吴的君主立传。这种安排体现出陈寿关于正统在魏的理念。

陈寿的正统思想其次表现在全书在以曹魏为正统这一大的前提下，又根据三国鼎立，正朔有三的情况，将三国历史分别记载，以体现三国互不统属的历史事实。蜀汉与孙吴的君主虽然都被立为传，但都各有自己的年号，都是按照编年体的形式记载其在位期间发生的重大事件，在《蜀书》与《吴书》中各自起到纪的作用。从整体上考察陈寿的正统思想，我们既应该注意他在全书中以曹魏为正统的编撰原则，又应该看到他将三国各为正统，各成一书，再由三书构成一个整体的编撰方法。因此，《三国志》既是一部纪传体断代史，又是一部纪传体国别史。陈寿的正统思想的独特性主要反映在他将曹魏作为整个三国时期历史的正统与三国各为正统很好地结合起来，恰到好处地体现在一书之中，既没有触犯西晋统治者的忌讳，符合晋人的主体意识，又尊重了三国时期正朔有三的历史事实。

陈寿的正统思想还表现在其站在君主专制的立场上，竭力维护封建等级与继承制度。《袁绍传》批评其爱少子尚，欲以为后，致使长子谭与少子尚不和；《刘表传》批评刘表及其妻爱少子刘琮，欲以为后，而出长子刘琦为江夏太守，致使兄弟不和。陈寿指责袁绍与刘表都是“废嫡立庶，舍礼崇爱”，结果导致“后嗣颠蹙，社稷倾覆”的下场。[1] 这些评述说明陈寿有着强烈的立子以长的正统思想。《崔琰传》记载魏国初建之时，未立太子，五官中郎将曹丕年长，临菑侯曹植聪明有才，曹操宠爱曹植，因而对立谁为太子的问题犹豫不定。曹植是崔琰之兄的女婿，然

[1] 参见《三国志》卷六，“评曰”。

崔琰却站在维护正统的立场上，回答曹操说："盖闻《春秋》之义，立子以长，加五官将仁孝聪明，宜承正统。"并表示要以死来维护立子以长的《春秋》之义。陈寿称"太祖贵其公亮，喟然叹息"，显然是极为赞许崔琰这种坚决维护立子以长的态度的。《毛玠传》称："魏国初建，为尚书仆射，复典选举。时太子未定，而临菑侯植有宠，玠密谏曰：'近者袁绍以嫡庶不分，覆宗灭国。废立大事，非所宜闻。'"陈寿引曹操"古所谓国之司直，我之周昌"，对毛玠维护立子以长的行为给予肯定。《邢颙传》载："初，太子未定，而临菑侯植有宠，丁仪等并赞翼其美。太祖问颙，颙对曰：'以庶代宗，先世之戒也，愿殿下深重察之！'"陈寿称"太祖识其意，后遂以为太子少傅，迁太傅"，显然是欣赏邢颙维护立子以长的行为的。从《崔琰传》《毛玠传》《邢颙传》的记载可以看出，在曹魏初建之时，曹操对究竟是立长子曹丕还是立少子曹植为太子的问题，曾经犹豫不决；而崔琰、毛玠、邢颙三人在不同的场合、不同的时间，分别向曹操表示了坚决维护立子以长的态度，而这种态度尽管最初不一定合乎曹操的心意，但最终还是为曹操所认可。陈寿对他们三人的态度是赞许的。

陈寿的正统思想还体现在其对曹魏皇权衰落这个问题的思考与审视上。《明帝纪》载其于太和三年（229）秋七月下诏称："礼，王后无嗣，择建支子以继大宗，则当纂正统而奉公义。"并指出西汉后期，"汉宣继昭帝后，加悼考以皇号；哀帝以外藩援立，而董宏等称引亡秦，惑误时朝。既尊恭皇，立庙京都，又宠藩妾，使比长信。叙昭穆于前殿，并四位于东宫。僭差无度，人神弗祐"。因此，"后嗣万一有由诸侯入奉大统，则当明为人后之义；敢为佞邪导谀时君，妄建非正之号以干正统，谓考为皇，称妣为后，则股肱大臣，诛之无赦"。陈寿认为，明帝自坏制度，其临终所立的齐王曹芳，"莫有知其所由来者"，这是导致曹魏君权衰落的原因所在。陈寿强调，君主传位，"若適嗣不继，则宜取旁亲明德，若汉之文、宣者，斯不易之常准也。明帝既不能然，情系私爱，抚养婴孩，传以大器，托付不专，必参枝族，终于曹爽诛夷，齐王替位"，其后高贵公"轻躁忿肆，自蹈大祸"，"陈留王恭己南面，宰辅统政，仰遵前式，揖让而禅"。[1] 陈寿将曹魏皇权的衰落归结为明帝托付不专，立嗣不当，

---

[1] 参见《三国志》卷四《三少帝纪》。

这一结论本身是否得当，是值得研究的。然而我们却可以从这一结论所包含的内容中，看到陈寿强烈的维护封建继承制度的正统思想。

第四节 人物评价的双重标准及其特色

陈寿评价人物的标准可分为外在标准与内在标准。其外在层次的标准是识量器局，而内在层次的标准则是儒家伦理。这是因为陈寿的史学思想具有两重性。一方面，他深受魏晋玄学的影响，具体表现为像魏晋玄学盛行时清谈家品评人物一样，通常以识量器局衡量人物，另一方面，他又有着强烈的儒家正统思想，以儒家伦理评价人物。

陈寿如同魏晋时期的名士一样，以所谓识量器局即风度、才性、才情、文采等为评价人物的标准。这主要体现在以下方面：首先，在《三国志》的人物传记中，陈寿非常喜欢称赞传主的外表容貌，而外表容貌往往是风度气质的外在表现。请看《三国志》对下列人物的描绘：袁绍姿貌威容；刘表少知名，号八俊，长八尺余，姿貌甚伟；公孙瓒有姿仪，大音声；程昱长八尺三寸，美须髯；臧洪体貌魁梧，有异于人；管宁长八尺，美须眉；崔琰声姿高畅，眉目疏朗，须长四尺，甚有威重；何夔长八尺三寸，容貌矜严；许褚长八尺余，腰大十围，容貌雄毅，勇力绝人；典韦形貌魁梧，膂力过人，有志节任侠；诸葛亮少有逸群之才，英霸之器，身长八尺，容貌甚伟；彭羕身长八尺，容貌甚伟，姿性骄傲，多所轻忽；孙策美姿颜，好笑语；孙权形貌奇伟，骨体不恒；周瑜长壮有姿貌；张昭容貌矜严，有威风；太史慈长七尺七寸，美须髯；黄盖姿貌严毅；吕范有容观姿貌；陆绩容貌雄壮；张温容貌奇伟；程普有容貌计略。[1] 陈寿喜欢以简洁的语言，对人物外表进行描绘，诸如此类，可谓举不胜举。这种现象，在此之前的正史中是未曾有过的。而这种现象在《三国志》中大量出现，一方面说明这一时期在玄学影响下，人们喜欢从外表容貌来评说人物；另一方面又说明陈寿本人如同这一时期其他学者一样，也深受这种社会风气的影响。第二，在有关人物的传记中，

[1] 参见《三国志》的袁绍、刘表、公孙瓒等传。

陈寿喜欢直接称述传主的风度、风貌、才性、才情等。如何晏少以才秀知名；袁涣清静，举动必以礼；张范性恬静乐道，忽于荣利；乐进容貌短小，以胆烈从太祖；钟会少敏慧夙成；胡质性沉实内察，不以其节检物，所在见思；刘备少语言，善下人，喜怒不形于色；许靖爱乐人物，诱纳后进，清谈不倦；马谡才器过人；刘琰有风流，善谈论；杜琼为人静默少言，阖门自守，不与世事；谯周身长八尺，体貌素朴，性推诚不饰，无造次辩论之才；马忠为人宽济有度量，但恢啁大笑，忿怒不形于色；士燮体器宽厚，谦虚下士；诸葛谨为人有容貌思度，于时服其弘雅；严畯性质直纯厚，其于人物，忠告善道，志存补益。[1] 这类事例，在《三国志》中极多。魏晋时期，由于玄学的影响，整个社会都喜欢称道人物的风度、风貌、才性、才情等，而门阀士族人物也往往通过显示其风度、风貌、才性、才情等，体现自己超凡脱俗，卓异不凡的特性。第三，在《三国志》的人物传记的后面，陈寿通过"评曰"的形式，为某些卓越的人物加上称号，如曹操为非常之人，超世之杰；刘备有高祖之风，英雄之器；孙权有句践之奇，英人之杰；诸葛亮是识治之良才，管、萧之亚匹；周瑜、鲁肃为奇才；吕蒙为国士；庞统为高俊；关羽、张飞为虎臣；杜微、周群、杜琼等皆一时之学士；陆逊为社稷之臣；钟繇、华歆、王朗为一时之俊伟；程昱、郭嘉、董昭、刘晔、蒋济为世之奇士；和洽、常林、杨俊、杜袭、赵俨、裴潜为美士；徐邈、胡质、王昶、王基为国之良臣，时之彦士；董和、刘巴、马良为令士；程普、黄盖等为江表之虎臣；王粲、秦宓等为才士。[2] 这些称号通常是对有关人物的才性、风度、品格等的最为简要的评价，表现出陈寿"对人物局量才识特别有兴趣"[3]。第四，在"评曰"中，陈寿通过对传主的才性、器识等直接加以评论，阐发自己的看法。如文帝曹丕天资文藻；荀彧清秀通雅；麋竺、孙乾、简雍、伊籍皆雍容风议，见礼于世；秦宓文藻壮美；黄权弘雅思量；张嶷识断明果；蒋琬方整有威重；费祎宽济而博爱；王蕃器

[1] 参见《三国志》的何晏、袁涣、张范等传。
[2] 参见《三国志》的曹操、刘备、孙权等纪传。
[3] 参见白寿彝：《中国史学史论集》，中华书局 1999 年版，第 161 页。

量绰异，弘博多通；楼玄清白节操，才理条畅；贺邵厉志高洁，机理清要。[1] 此类评价，不胜枚举。大量事例都极为清楚地表明，陈寿深受玄学思想的影响，以识量器局作为评价人物的标准。

陈寿一方面深受玄学思想的影响，另一方面又有着强烈的儒家正统思想。他以儒家伦理衡量历史人物。前已论及，陈寿认为，三国鼎立，正统在魏。曹魏君主被他视为是应承天命的正统天子，其代汉体现了天意。他从这种思想出发来审视魏、蜀、吴三国君主的历史地位，为曹魏的君主立纪，而对蜀、吴的君主则立传。在《三国志》中，陈寿以儒家伦理评述人物的品德、性格、生平、业绩、为官为人之道及其历史地位等。他推崇忠孝仁义，《王昶传》引述其言称："夫孝敬仁义，百行之首，行之而立，身之本也。孝敬则宗族安之，仁义则乡党重之，此行成于内，名著于外者也。"他引用时人之语，称颂邢颙"德行堂堂"[2]。他称道袁涣遵循礼制，"举动必以礼"，后为袁术所命，"术每有所咨访，涣常正议，术不能抗，然敬之不敢不礼也"。[3] 他赞扬国渊具有正直的品格，称其"每于公朝论议，常直言正色，退无私焉"[4]。他称赞司马芝谨守孝道，在其避乱荆州时，"于鲁阳山遇贼，同行者皆弃老弱走，芝独坐守老母。贼至，以刃临芝，芝叩头曰：'母老，唯在诸君！'贼曰：'此孝子也，杀之不义。'遂得免害，以鹿车推载母。居南方十余年，躬耕守节"[5]。他极为推崇臧洪的忠义，《臧洪传》载其言："义不背亲，忠不违君"，并载其守东郡抗袁绍事说："城中粮谷以尽，外无强救，洪自度必不免，呼吏士谓曰：'袁氏无道，所图不轨，且不救洪郡将。洪于大义，不得不死，念诸君无事空与此祸！可先城未败，将妻子出。'将吏士民皆垂泣曰：'明府与袁氏本无怨隙，今为本朝郡将之故，自致残困，吏民何忍当舍明府去也！'初尚掘鼠煮筋角，后无可复食者。主簿启内厨米三斗，请中分稍以为糜粥，洪叹曰：'独食此何为！'使作薄粥，众分歠

---

[1] 参见《三国志》的曹丕、荀彧、麋竺等纪传。

[2]《三国志》卷十二《邢颙传》。

[3]《三国志》卷十一《袁涣传》。

[4]《三国志》卷十一《国渊传》。

[5]《三国志》卷十二《司马芝传》。

之，杀其爱妾以食将士。将士咸流涕，无能仰视者。男女七八千人相枕而死，莫有离叛。”在陈寿的笔下，臧洪是一个坚守节义、忠贞不屈的英雄。该传还记载臧洪同邑少年陈容，因仰慕臧洪忠义，见其被袁绍所执，对袁绍说：“夫仁义岂有常，蹈之则君子，背之则小人。今日宁与臧洪同日而死，不与将军同日而生。”陈寿对臧洪忠贞不屈给以高度评价，称赞其“雄气壮节”。陈寿强调，“亲亲恩义，古今之常。宗子维城，诗人所称”[1]。他又引用《易》《诗》之言，强调谨守儒家伦理对于治理国家的意义，指出：“《易》称：‘正家而天下定。’《诗》云：‘刑于寡妻，至于兄弟，以御于家邦。’诚哉，是言也!”[2] 他极为赞许为政清廉的官吏。《田豫传》称道其为官，“清俭约素，赏赐皆散之将士。每胡、狄私遗，悉簿藏官，不入家；家常贫匮”。这些事例说明，儒家伦理是陈寿审视与评价历史人物的重要标准。

从上可见，识量器局与儒家伦理都是陈寿评价人物的标准。笔者认为，前者是外在标准，用以衡量人物的外表、风度、风貌、气质，以及通过外表所反映出来的才性、才情等；后者则是内在标准，用以评价人物的思想品德、生平业绩、为官为人之道及其历史地位等。陈寿的人物评价，以内在标准为主，以外在标准为辅，将内在标准与外在标准有机结合起来，构成一个完整的统一体。综观陈寿的史学思想，我们既应该看到，儒家正统思想是其史学思想的主体，又应该看到玄学思想对他的深刻影响。其人物评价既以儒家思想作为衡量的尺度，又有着鲜明的魏晋清谈家人物评价的特色。这种以儒为主、儒玄兼备的思想特色，是他所生活的那个时代的学者文人的共同特征，反映出其所代表的门阀士族一方面追求恣纵放任、超凡脱俗的生活方式，一方面却又要求坚持儒家的君臣大义与纲常伦理以加强思想控制的两重性格。

陈寿评价人物的特色是将具体考察与辩证分析相结合。他既能对不同类型的历史人物的个性特征进行具体分析，又能将这些人物置于不同的历史环境中进行考察；既能看到历史人物兴衰成败相互转化，又能看到历史人物各自的长短得失，并且往往能对历史人物进行整体分析。我

[1] 参见《三国志》卷五十一，“评曰”。
[2] 《三国志》卷五十，“评曰”。

们从陈寿的人物评价中可以领悟其历史认识富于辩证法的特征。

陈寿善于针对不同人物的个性特征进行评价。《三国志》所记载的历史人物，有帝王、贵族、官僚、文人、学者、政治家、军事家、文学家、思想家、经学家，乃至方术之士、妇女等。陈寿对这些人物的评价，涉及外表、容貌、性格、品德、才性、风貌、生平、业绩、学识、交友及为官为人之道等不同方面。他没有也不可能对这些人物的所有方面进行评价，但他确实紧紧把握住了不同人物的个性特征，通过概括每一人物的个性特征进行评价。在其笔下，这些人物一个个活灵活现，栩栩如生。即使是同一类型的人物，也往往是各有千秋，各具特色。如董卓狼戾贼忍，暴虐不仁；袁术奢淫放肆；袁绍外宽雅，有局度，忧喜不形于色，而内多忌害；刘表虽外貌儒雅，而心多疑忌；[1] 桓阶识睹成败，才周当世；陈群动仗名义，有清流雅望；陈泰弘济简至，允克堂构；[2] 钟繇开达理干；华歆清纯德素；王朗文博富赡；[3] 于禁最号毅重，然弗克其终；张郃以巧变为称；乐进以骁果显名；[4] 任城王曹彰武艺壮猛，有将领之气；陈思王曹植文才富艳；[5] 满宠立志刚毅，勇而有谋；田豫居身清白，规略明练；牵招秉义壮烈，威绩显著；郭淮方策精详；[6] 董和蹈羔羊之素；刘巴履清尚之节；马良贞实，称为令士；陈震忠恪，老而益笃；董允匡主，义形于色；[7] 霍峻孤城不倾；王连固节不移；向朗好学不倦；张裔肤敏应机；杨洪乃心忠公；费诗率意而言；[8] 是仪清恪贞素；徐祥数通使命；胡综文采才用。[9] 从这类评价中，我们可以看到不同人物的鲜明的个性特征。

陈寿善于将有关人物置于具体的历史环境中进行评价。如他从汉末分裂割据的天下大势来审视魏武帝曹操的历史地位。陈寿认为，汉末天

---

[1] 参见《三国志》卷六《董二袁刘传》。
[2]《三国志》卷二十二，“评曰”。
[3]《三国志》卷十三，“评曰”。
[4]《三国志》卷十七，“评曰”。
[5]《三国志》卷十九，“评曰”。
[6]《三国志》卷二十六，“评曰”。
[7]《三国志》卷三十九，“评曰”。
[8]《三国志》卷四十一，“评曰”。
[9]《三国志》卷六十二，“评曰”。

下大乱，群雄并起，这种混乱的社会环境为曹操的崛起提供了历史机遇，曹操利用有利时机，将汉献帝控制在自己手中，取得了巨大的政治优势，从而得以“乘汉相之资，挟天子而扫群桀”[1]，“明略最优”[2]。这些评述表明，在陈寿看来，曹操之所以能成就大业，就是因为汉末的社会环境为他提供了历史机遇，而曹操正好把握了这种机遇。又如他从环境对后主刘禅施政的影响来审视其历史地位，指出：“后主任贤相则为循理之君，惑阉竖则为昏暗之后，传曰‘素丝无常，唯所染之’，信矣哉！礼，国君继体，逾年改元，而章武之三年，则革称建兴，考之古义，体理为违。又国不置史，注记无官，是以行事多遗，灾异靡书。诸葛亮虽达于为政，凡此之类，犹有未周焉。然经载十二而年名不易，军旅屡兴而赦不妄下，不亦卓乎！自亮没后，兹制渐亏，优劣著矣。”[3] 在陈寿看来，后主刘禅平庸无能，如有贤相辅佐或可成为循理之君，而被阉竖操纵则必然成为昏暗之主。即使在刘备去世之后由诸葛亮辅政之时，尚且存在诸多缺失，那么，诸葛亮去世之后，蜀汉政治渐趋衰败也就成为必然之势。这些评价，符合后主刘禅的个性特征与其统治蜀汉的实际情况。又如他从山越与孙吴统治者的关系来考察孙吴的政策，指出“孙权不遑外御，卑词魏氏”，是由“山越好为叛乱，难安易动”所决定的。[4] 这些论断，符合事实。

陈寿考察历史人物，能够看到兴衰成败之间的相互转化。夏侯氏与曹氏，“世为婚姻”，构成曹魏政权的中坚与支柱。陈寿立《诸夏侯曹传》来记载这两大家族中的主要成员夏侯惇、夏侯渊、曹仁、曹洪、曹休、曹真、曹爽、夏侯尚、夏侯玄等人的兴衰成败。而考察这两个家族成员的兴衰成败，实际上成为考察曹魏政权兴衰成败的一面镜子。尽管这两大家族的成员“并以亲旧肺腑，贵重于时，左右勋业，咸有效劳”，然也避免不了盛极而衰的历史命运。陈寿述及清河王经始为郡守，“经母谓经曰：‘汝田家子，今仕至二千石，物太过不祥，可以止矣。’经不能从，

---

[1] 参见《三国志》卷五十四，“评曰”。

[2] 《三国志》卷一，“评曰”。

[3] 《三国志》卷三十三，“评曰”。

[4] 参见《三国志》卷六十，“评曰”。

历二州刺史，司隶校尉，终以致败”。这段叙述，借清河王母之口，说出极为深刻的兴衰成败相互转化的道理，并以清河王经致败的事例来印证这一道理。陈寿认为，曹爽“德薄位尊，沈溺盈溢，此固《大易》所著，道家所忌也”，而夏侯玄“以规格局度，世称其名，然与曹爽中外缱绻，荣位如斯，曾未闻匡弼其非，援致良才。举兹以论，焉能免之乎!”[1]在陈寿看来，无论是清河王经，还是曹爽、夏侯玄等人，他们由盛而衰，终致败亡，绝非简单的个人悲剧，其中寓含着极为深刻的历史必然性。

陈寿考察历史人物，能够对其是非功过与长短得失做出正确评价。如他既充分肯定诸葛亮治蜀的业绩，称赞其为识治之良才，然而又指出其连年动众，未能成功，应变将略，非其所长。[2]他既肯定关羽、张飞皆称万人之敌，并有国士之风，又能指出羽刚而自矜，飞暴而无恩，以短取败，理数之常也。[3]他既指出姜维粗有文武，志立功名，又批评其玩众黩旅，明断不周，终致陨毙。[4]他既称赞杨戏意在不群，又认为其智度有短，殆罹世难。[5]他既称道孙坚勇挚刚毅，有忠壮之烈，孙策英气杰济，猛锐冠世，又评论他们皆轻佻果躁，陨身致败。[6]他既赞扬孙权屈身忍辱，任才尚计，又指责其性多嫌忌，果于杀戮，暨臻末年，弥以滋甚。[7]他既称赞诸葛恪才气干略，邦人所称，又指责其骄且吝，矜己陵人。[8]陈寿评论历史人物，不仅能够看到其优点，而且能够指出其缺点。大量事例说明，其人物评价中，有着丰富的历史辩证法思想。

陈寿考察历史人物，无论是对一个人，还是对一类人，都能从整体上做出判断，进行全面分析，然后加以评价。如对吕布，陈寿认为其“有虓虎之勇，而无英奇之略，轻狡反覆，唯利是视。自古及今，未有若此不夷灭也”[9]。这一评价说明，陈寿看到了吕布有勇无谋，唯利是图

[1] 参见《三国志》卷九《诸夏侯曹传》。
[2]《三国志》卷三十五，“评曰”。
[3]《三国志》卷三十六，“评曰”。
[4]《三国志》卷四十四，“评曰”。
[5]《三国志》卷四十五，“评曰”。
[6]《三国志》卷四十六，“评曰”。
[7]《三国志》卷四十七，“评曰”。
[8]《三国志》卷六十四，“评曰”。
[9]《三国志》卷七，“评曰”。

的本质。在这种本质认识的基础上，他进而指出其覆灭具有必然性，这些见解反映出陈寿对吕布的整体认识，确实是深刻的。又如对曹魏一代后妃，陈寿从整体上进行考察以后指出："魏后妃之家，虽云富贵，未有若衰汉乘非其据，宰割朝政者也。鉴往易轨，于斯为美。"[1] 这说明陈寿看到了曹魏的后妃虽地位高贵，但并不干预朝政。这种认识是符合事实的。又如对曹魏宗室诸王，陈寿也能从整体上分析其特点，指出其"既徒有国土之名，而无社稷之实，又禁防壅隔，同于囹圄，位号靡定，大小岁易"[2]，致使骨肉之恩乖离，亲亲之义背弃。陈寿的这些看法，大体上也是符合当时实际情况的。

第五节 人物评价的两种形式及其方法

陈寿评价人物可以概括为直接评价与间接评价两种形式。所谓直接评价，就是在每一篇人物传记的末尾，以"评曰"为题，写上一段史论。"评曰"，顾名思义，就是对传主直接进行评价。所谓间接评价，则是在每一篇人物传记中，边叙边评，在叙述传主的生平事迹的过程中对其才能、性格、气质、思想、品德、业绩等某一方面进行评价。

直接评价是对传主生平行为、思想品德、个人业绩等方面情况的总结。无论何种类型的人物，陈寿都要以识量器局与儒家伦理为标准，对其做出评价。当然，陈寿不是也不可能对每一方面都评，而是抓住其主要特点进行评价。如《文帝纪》的"评曰"说："文帝天资文藻，下笔成章，博闻强识，才艺兼该；若加之旷大之度，励以公平之诚，迈志存道，克广德心，则古之贤主，何远之有哉!"在这里，陈寿抓住文帝的主要特点，既充分肯定其富于文采，才华横溢，又以委婉的语气批评其心胸不够宽广。这一评价是贴切的。如《明帝纪》的"评曰"说："明帝沉毅断识，任心而行，盖有君人之至概焉。于时百姓凋弊，四海分崩，不先聿修显祖，阐拓洪基，而遽追秦皇、汉武，宫馆是营，格之远猷，其殆疾

[1]《三国志》卷五，"评曰"。
[2]《三国志》卷二十，"评曰"。

乎！”在这里，陈寿抓住魏明帝刚愎自用、追求奢华的个性特征，直截了当地批评他走上了秦皇、汉武的老路。这一评价是正确的。如《张顾诸葛步传》的“评曰”说：“张昭受遗辅佐，功勋克举，忠謇方直，动不为己；而以严见惮，以高见外，既不处宰相，又不登师保，从容闾巷，养老而已，以此明权之不及策也。”在这里，陈寿高度评价了张昭效忠朝廷、一心为国的崇高品质，并由其在孙权手下不得重用，得出孙权治国不及孙策的结论，这一评价是比较平实的。

在前面的论述中，我们列举了陈寿在“评曰”中对传主直接进行评价的许多事例，从总体上来说，这类评价是比较客观的。毫无疑问，陈寿的《三国志》中的“评曰”是继承司马迁的《史记》中的“太史公曰”及班固的《汉书》中的“赞曰”而来，但从内容与语言风格来看，前者与后两者又有着很大的不同。其一，“评曰”主要是直接评论传主，极少涉及与传主无关的人和事；而“太史公曰”及“赞曰”往往在传中内容基础上多有发挥，甚至抒发作者的感慨。其二，“评曰”对历史人物的评论通常极为简单，语言精练；而“太史公曰”及“赞曰”因并不一定是直接评论传主，故一般内容较多，不如“评曰”那样语言精练而直截了当。

间接评价是在叙述传主生平事迹的过程中，对其某一方面做出的评价。如《董卓传》称其“法令苛酷，爱憎淫刑，更相被诬，冤死者千数。百姓嗷嗷，道路以目”，真实地反映了董卓的凶残本质。《袁术传》称术“奢淫肆欲，征敛无度，百姓苦之”，这里陈寿对袁术横征暴敛、穷奢极欲的评价，完全符合事实。《张范传》称其“性恬静乐道，忽于荣利，征命无所就”，这一评价真实地反映出张范淡泊名利的品格。《程昱传》称其“性刚戾，与人多迕”，这一评价真实地反映了程昱刚直的性格。《步骘传》称其“性宽弘得众，喜怒不形于声色，而外内肃然”，这一评价真实反映了步骘沉着稳重而大度的个性特征。在许多传记中，陈寿还经常引用时人之语来评价人物。如《臧洪传》引张超语，称臧洪为“海内奇士”。《曹仁传》载陈矫语，称曹仁为“真天人”。《荀彧传》载何颙语，称其为“王佐才”。《崔琰传》引曹操语，称赞崔琰“有伯夷之风，史鱼之直”。《邴原传》引崔琰语，称邴原“秉德纯懿，志行忠方，清静足以厉俗，贞固足以干事，所谓龙翰凤翼，国之重宝”。《先主传》引曹操语，称“今天下英雄，唯使君与操耳。本初之徒，不足数也”。《诸葛亮传》引其语，称董厥为“良士”。

《马谡传》引刘备临死时对诸葛亮所说之语："马谡言过其实，不可大用，君其察之!"《费祎传》引孙权语，称之为"天下淑德"。《黄权传》引司马懿书中语，称赞黄权为"快士"。这类事例，在《三国志》中还有不少。陈寿引用其他人的话作为对有关人物的评价，这是他评价人物的一种技巧，不仅增强了有关传记的艺术感染力，而且使他对有关人物所做出的评价具有更强的说服力。这一方面反映出陈寿有着很高的语言艺术，善于运用时人之语来刻画人物；另一方面则又说明他具有很强的驾驭史料的能力，善于收集与运用第一手史料来说明问题。

在《三国志》中，直接评价与间接评价两者浑然一体。如《崔林传》称其"为政推诚，简存大体"，"评曰"则称其"简朴知能"。《邓芝传》言其"赏罚明断，善恤卒伍。身之衣食资仰于官，不苟素俭，然终不治私产，妻子不免饥寒，死之日家无余财"，"评曰"则称其"坚贞简亮，临官忘家"。《张昭传》称其"每朝见，辞气壮厉，义形于色"，并引孙权语"孤与张公言，不敢妄也"，"评曰"则称其"忠謇方直，动不为己"。《孙峻传》称其"骄矜险害，多所刑杀，百姓嚣然"，"评曰"则称其"凶竖盈溢"。这些事例说明，在《三国志》中，间接评价是直接评价的基础与前提，而直接评价则是在间接评价的基础上的进一步概括与总结。如果说司马迁的《史记》在叙述人物生平事迹的过程中寄寓着作者的评价，而这种评价往往渗透在充满感情的语言之中，读者一般可以通过字里行间的笔调自然体察，那么陈寿的《三国志》则是边叙边评，结合对传主生平事迹的叙述而做出评价。如果说《史记》对人物的评价的特点是委婉、含蓄而又富有感情，那么《三国志》对人物的评价的特点则是明确、简洁而又直截了当。

陈寿评价人物的方法，主要是归纳的方法与比较的方法。他以识量器局与儒家伦理为标准评价人物，主要是通过对人物的生平事迹与兴衰成败进行分析，在此基础上得出结论。其人物评价极少空洞的伦理道德说教，而是建立在事实基础之上的道德判断。他一方面运用归纳的方法，通过概括同类人物的共性而做出评价；另一方面，则大量运用比较的方法，通过分析比较不同人物的个性而做出评价。

陈寿的人物评价大量使用归纳的方法。这主要体现在：其一，在《三国志》中，除极少数几篇独传或记两人的合传以外，大都是记载多人的合传。全书基本上是由记载多人的合传组成，通过合传分别记载各种不同类型的人物，这是《三国志》编撰结构的重要特点。如陈寿认为，董卓、袁绍、袁术、刘表属于一种类型的人物，故立《董二袁刘传》来加以记载；钟繇、华歆、王朗属于一种类型的人物，故将三人合于一传来加以记载；夏侯惇、夏侯渊、曹仁、曹洪等人构成曹魏政权的中坚与支柱，故立《诸夏侯曹传》来加以记载；董和、刘巴、马良、陈震、董允等蜀汉政权的良臣属于一类，故立《董刘马陈董吕传》来加以记载；程普、黄盖等十二位孙吴政权的武将，陈寿将其合为一传，并在该传末尾的"评曰"中说："凡此诸将，皆江表之虎臣，孙氏之所厚待也。"[1]从《三国志》全书的结构来说，将数百个不同类型的人物加以区分归类，分别用合传来进行记载，这本身就是在对各种不同类型人物特点深刻认识的基础之上进行归纳的结果。其二，在许多合传中，陈寿在叙述传主的生平事迹之后，通过"评曰"的形式，对同类人物的特点进行归纳。如《董二袁刘传》的"评曰"称："袁绍、刘表，咸有威容、器观，知名当世。表跨蹈汉南，绍鹰扬河朔，然皆外宽内忌，好谋无决，有才而不能用，闻善而不能纳，废嫡立庶，舍礼崇爱，至于后嗣颠蹙，社稷倾覆。"这里，陈寿归纳出袁绍、刘表二人的共性，概括起来有六点：1. 有威容器观；2. 名声显赫；3. 占据广阔的土地；4. 外宽内忌；5. 好谋无决；6. 废嫡立庶等。这些实质上就是对袁绍、刘表二人共同的评价。《二公孙陶四张传》的"评曰"称：公孙瓒、公孙度、公孙渊、陶谦、张杨五人"皆拥据州郡，曾匹夫之不若"。这里，陈寿指称此五人"不若"匹夫，无可称述，是分析其凶残暴虐的共性进而加以归纳的结果。在《袁张凉国田王邴管传》的"评曰"中，陈寿归纳袁涣、邴原、张范的共同特征是"躬履清蹈，进退以道"。《徐胡二王传》的"评曰"称：徐邈、胡质、王昶、王基，"皆掌统方任，垂称著绩"。陈寿通过归纳其忠于职守，政绩显赫的共性，对其做出了"国之良臣，时之彦士"的评价。《韩崔高孙王传》的"评曰"中说：韩暨"处以静居行化，出以任职流称"；崔林"简朴知能"；高柔"明于法理"；孙礼"刚断伉厉"；王观"清劲贞白"。在对他们五人的个性特征加以概括的基础上，陈寿归纳出他们的共

[1]《三国志》卷五十五，"评曰"。

性：“咸克致公辅。”《王毌丘诸葛邓钟传》的“评曰”称：王淩、毌丘俭、诸葛诞、钟会，或因风节，或因才识，或因严毅，或因精练等，“咸以显名，致兹荣任”。陈寿归纳出他们“心大志迂”的共性，指出这是导致他们“宗族涂地”的原因所在。《吴范刘惇赵达传》中，先叙述吴范“治历数，知风气”，刘惇“以明天官达占数显于南土”，赵达“治九宫一算之术，究其微旨”，然后在“评曰”中，陈寿归纳说：“三子各于其术精矣，其用思妙矣。”三人虽然各有所长，但都有用思巧妙，精于其术的特征。

陈寿善于使用比较方法评价人物。通过比较，可以使各种不同类型的人物的个性特征更加鲜明。陈寿运用比较方法，首先是与同时代的人相比。如《陶谦传》称其“背道任情”，“广陵太守琅邪赵昱，徐方名士也，以忠直见疏；曹宏等，谗慝小人也，谦亲任之”，这里将陶谦对待不同的人的两种不同的态度进行比较。《程郭董刘蒋刘传》的“评曰”中称程昱、郭嘉、董昭、刘晔、蒋济五人，“虽清治德业，殊于荀攸，而筹画所料，是其伦也”，这里将程昱等人与荀攸相比。《庞统法正传》的“评曰”中，将庞统与曹魏的荀彧相比，而将法正与程昱、郭嘉相比。《费祎传》载其出使孙吴，孙权让诸葛恪等与之论辩，“祎辞顺义笃，据理以答，终不能屈”，这里将费祎与诸葛恪相比。《陆逊传》的“评曰”中说：“刘备天下称雄，一世所惮，陆逊春秋方壮，威名未著，摧而克之。”这里将陆逊与刘备相比。《王楼贺韦华传》的“评曰”中，陈寿引胡冲之语，将王蕃、楼玄、贺邵、韦曜、华覈加以比较，称楼玄、贺邵、王蕃“一时清妙，略无优劣。必不得已，玄宜在先，邵当次之。华覈文赋之才，有过于曜，而典诰不及也”。其次是与前人相比。如《三少帝纪》的“评曰”中说：“陈留王恭己南面，宰辅统政，仰遵前式，揖让而禅，遂飨封大国，作宾于晋，比之山阳，班宠有加焉。”这里将曹魏的末代皇帝陈留王曹奂与东汉的末代皇帝，禅位以后被封为山阳公的刘协相比。《董二袁刘传》的“评曰”中说：“昔项羽背范增之谋，以丧其王业；绍之杀田丰，乃甚于羽远矣。”这里将专横的袁绍与刚愎自用的楚霸王项羽相比。《荀彧荀攸贾诩传》的“评曰”中说：“荀攸、贾诩，庶乎算无遗策，经达权变，其良、平之亚欤！”这里将曹操的重要谋士荀攸、贾诩与汉高祖刘邦的主要谋士张良、陈平相比。《毛玠传》载曹操言，将毛玠与刘邦手下刚正不阿的周昌相比。《徐奕传》载曹操言，将徐奕与楚国的子玉、西汉的汲黯相比。《二李臧文吕许典二庞阎传》载曹操言，称许褚为其樊哙，并在“评曰”中说：许褚、典韦，“折冲左右，抑亦汉之樊哙也”。这里将许、典二人与樊哙相比。《辛毗杨阜高堂隆传》的“评曰”归纳出辛毗、杨阜的共性：“刚亮公直，正谏匪躬”，并将他们与西汉的汲黯相比，称其“亚乎汲黯之高风焉”。《先主传》的“评曰”中，将先主刘备与汉高祖刘邦相比，称其“有高祖之风，英雄之器焉”。《诸葛亮传》的“评曰”中，将其与管仲、萧何相比，称之为“管、萧之亚匹”。《吴主传》的“评曰”中，将孙权与越王句践相比，称其“有句践之奇，英人之杰矣”。《虞陆张骆陆吾朱传》的“评曰”中，将陆绩比作“仲尼之左丘明，老聃之严周”。第三是同类人物比较。如关羽、张飞、马超、黄忠、赵云这五人都是为蜀汉政权建立了显赫战功的武将，故陈寿以一个合传加以记载。然他们既有共性，又有个性。如关羽与张飞，他们“皆称万人之敌”，“并有国士之风”，都是“以短取败”，陈寿在指出这些共性之后，又比较他们的个性：“羽刚而自矜，飞暴而无恩。”[1] 又如王蕃、楼玄、贺邵、韦曜、华覈这五人是江左著名文人，前已论及，陈寿引述胡冲之语，将他们相互比较。这一比较，比出了这五位江左文人的高下浅深。

我们探讨了陈寿的史学思想及其人物评价。陈寿的史学思想是极为丰富的。一方面，他相信天命，将历史发展演变的动因归结于天命；另一方面，他又看到历史的演变主要是人的作用，因而强调人事。他看到了民的历史作用，强调治理国家要以民为本，指责统治者的专横暴虐，赞扬爱民恤民的行为。他有着强烈的正统思想，一方面以曹魏为正统来构建其三国时期的历史体系，一方面又按照正朔有三的原则将三国的历史分别记载，强调维护封建等级制度与继承制度。陈寿评价人物，以识量器局与儒家伦理作为标准，前者是外在标准，后者是内在标准。在人物评价中，他将具体考察与辩证分析结合起来，将直接评价与间接评价结合起来，并且善于运用归纳的方法与比较的方法。而这两种方法都是近现代学者的学术研究中经常使用的方法。陈寿将这两种方法大量运用于人物评价之中，这些说明其人物评价在方法上是比较科学的。陈寿的史学思想中，有着许多有价值的思想成分，也有着不少应当抛弃的糟粕。

[1] 参见《三国志》卷三十六，“评曰”。

第七章　袁宏的史学思想

袁宏，字彦伯，陈郡阳夏（今河南太康）人，生于晋成帝咸和三年(328)，卒于晋孝武帝太元元年（376），终年49岁。袁宏是东晋时期著名文学家、史学家，著有诗、赋、诔、表等杂文300余篇，其著名者有《咏史诗》《东征赋》《北征赋》《三国名臣颂》等。袁宏的史学著作主要是《竹林名士传》及《后汉纪》。其中《竹林名士传》已失传，《后汉纪》是袁宏史学的代表作。全书共30卷，21万余字，仿荀悦的《汉纪》，以编年体的体例，系统记载了上起王莽末年的赤眉、绿林起义，下至刘备称帝，共计200多年的历史。袁宏史学思想的特色，概括地说是“援玄入史”，以玄学思想审视历史，论评历史。在这里，本章根据《后汉纪》的材料，在前人研究的基础上，对袁宏史学思想的特色做一点初步分析。

第一节　精通玄学，援玄入史

袁宏史学思想的特色是援玄入史。[1] 他既是东晋时期著名史学家，

[1] 吴怀祺先生在他的《中国史学思想史》中，深刻揭示了袁宏史学思想的“援玄入史”的特点。他明确指出袁宏是一个玄学家，并且是“以玄学家的眼光，看待学术的发展”，“以玄学家的眼光认识学术的变化”。参见吴怀祺《袁宏援“玄”入史，和他的〈后汉纪〉》，载《中国史学思想史》。

同时又是这一时期颇有名气的玄学家，可谓一身二任。正是由于袁宏精通玄学，因而将玄学思想引入其史学研究之中，以玄学思想为理论指导，来审视历史、思考历史、评论历史，这是袁宏史学思想最基本的特色。

袁宏出身于士家大族，其七世祖袁滂在汉灵帝时官至司徒，六世祖袁涣在曹魏时官至郎中令。据史书记载，袁滂“纯素寡欲”。在汉末天下将乱之际，袁涣曾言：“汉室陵迟，乱无日矣。苟天下扰攘，逃将安之？若天未丧道，民以义存，唯强而有礼，可以庇身乎！”其从弟袁徽曰：“古人有言‘知机其神乎！’见机而作，君子所以元吉也。天理盛衰，汉其亡矣！夫有大功必有大事，此又君子之所深识，退藏于密者也。且兵革既兴，外患必众，徽将远迹山海，以求免身。”[1] 这些记载反映出袁氏兄弟儒道兼通的文化素养。又据《袁氏世纪》记载，袁涣有四个儿子。长子袁侃“论议清当，柔而不犯，善与人交。在废兴之间，人之所趣务者，常谦退不为也。时人以是称之”。次子袁寓“精辩有机理，好道家之言”。三子袁奥“行足以厉俗，言约而理当”。四子袁准“忠信公正，不耻下问，唯恐人之不胜己，以世事多险，故常恬退而不敢求进，著书十余万言，论治世之务，为《易》《周官》《诗》传，及论五经滞义，圣人之微言，以传于世”。[2] 袁宏从弟袁山松“衿情秀远”[3]。从这些史料可以看到，袁氏家族是一个有着深厚传统文化积淀的精通儒道的世家大族。

袁宏所生活的时代，是玄学思想盛行，玄学思潮泛滥的时代。玄学家以《老子》《庄子》《周易》为三玄，根据“三玄”阐发玄学理论。玄学思潮涉及政治、伦理、哲学、文学等诸多方面的内容，其中哲学思想是玄学的核心。前已论及，玄学是一种代表门阀士族的利益与要求的社会意识，对魏晋时期人们的人生观与价值观，对整个社会风俗与人们的行为方式，都有着极为深刻的影响。袁宏出身于士族家庭，自然深受玄学影响。

袁宏虽然没有撰写专门的阐发玄学理论的著作，但对玄学曾做过深入研究。首先，他对玄学理论的理解极为深刻。《世说新语·轻诋》记

---

[1]《三国志》卷十一《袁涣传》注。

[2]《三国志》卷十一《袁涣传》注。

[3]《晋书》卷八十三《袁瓌传》附《袁山松传》。

载："桓公入洛，过淮、泗，践北境，与诸僚属登平乘楼，眺瞩中原，慨然曰：'遂使神州陆沉，百年丘墟，王夷甫诸人，不得不任其责！'袁虎率尔对曰：'运自有废兴，岂必诸人之过？'"袁虎即袁宏，他毫不犹豫地驳斥桓温关于西晋玄学家王夷甫等人"清谈误国"之论，足见他对玄学的性质、内容等有着深刻的认识与理解。[1] 其次，他对玄学兴起与发展的历史极为熟悉，做过专门研究。袁宏从整体上把握玄学的发展过程，并将其划分为"正始名士""竹林名士""中朝名士"三个阶段，"以夏侯太初、何平叔、王辅嗣为正始名士。阮嗣宗、嵇叔夜、山巨源、向子期、刘伯伦、阮仲容、王濬冲为竹林名士。裴叔则、乐彦辅、王夷甫、庾子嵩、王安期、阮千里、卫叔宝、谢幼舆为中朝名士"[2]。再次，他系统研究过玄学家的思想与理论，并从历史发展演变的角度来进行审视。其所撰《竹林名士传》实质是一部系统记载与评论竹林时期玄学代表人物的生平事迹与学术思想的玄学史专著。由此可见，袁宏是一个地地道道的玄学家。他对玄学的贡献主要在于系统研究玄学兴起与发展的历史，深入考察不同玄学家的玄学思想。

袁宏将玄学思想引入史学研究之中，援玄入史，这首先体现在其《后汉纪》的史论的广泛性上。这一特征可以从两个方面来考察：其一，史论的分量重。据有的学者统计，《后汉纪》全书21万余字，其中史论竟达55条（包括书中所引华峤论4条），最长的达1034字，最短的41字，一般都在300字上下，总计约17000字，占全书十二分之一的篇幅。[3] 一部史书中史论的分量如此之重，这在袁宏之前是尚未有过的。其二，史论所涉及的内容广泛。《后汉纪》的史论不像《史记》《汉书》那样置于每卷卷末，而是于叙事之中随感而发，往往夹叙夹议，有的一卷之中一条也没有，有的一卷之中却有数条。其所论及的问题，包括政治、历史、社会、思想、伦理等诸多方面。

袁宏将玄学思想引入史学研究之中，援玄入史，这其次体现在其

[1] 参见楼宇烈：《袁宏与东晋玄学》，《国学研究》第一卷，北京大学出版社1993年版。

[2] 《世说新语·文学》注。

[3] 参见周天游：《袁宏》，陈清泉等主编《中国史学家评传》，第141—158页。

《后汉纪》的史论的抽象性上。这一特征也可从两个方面来考察：一方面是其所论述的问题比较抽象。袁宏的史论与其他人的史论并不相同，他并不局限于就事论事，而往往是在叙述历史的过程中，就一人一事所引发出来的，通常又是与封建统治秩序直接相关的，一些最普遍而又最基本的问题，展开探讨与论述。另一方面是其史论的哲理化程度高。如卷二十二的史论中，袁宏论述了自春秋至东汉历代风俗的演变，进而又对自春秋以来各种不同风俗的利弊，做出了极为深刻的辩证分析，既指出其优点和可取之处，又揭露其弊端与严重危害，反映出其卓越的宏观思考能力与抽象思辨能力。通观《后汉纪》的史论可知，袁宏既能够从具体史事出发进行辩证分析，又能够脱离与超越具体史事从理论上进行抽象思辨。

袁宏将玄学思想引入史学研究之中，援玄入史，这主要体现在《后汉纪》的史论中所反映出来的玄学思想上。如果我们认真地考察袁宏的史论，就会发现其中包含大量玄学思想的成分。名教与自然的关系问题本来就是玄学家关注与思考的中心问题。袁宏以“通古今而笃名教”为著史目的，因此其所撰写的每一条史论，实质是通过历史来阐发名教与自然的关系，以宣扬与维护名教。正由于这样，《后汉纪》史论的玄学味很浓，几乎都是依据玄学理论立论，甚至可以说每条史论都寓含玄学意蕴。唐代史学评论家刘知幾早已直截了当地批评袁宏“务饰玄言”，“玉卮无当”[1]的问题。如上所述，袁宏的史论，往往并不是针对具体的历史人物或历史事件而发议论，而是喜欢评论自然界与人类社会一些普遍的宏观的问题，尤其是一些政治上、伦理上的重大问题，如论封禅、论曹魏代汉、论刑罚、论君王之道，因此显得有些大而空。袁宏在讨论这类问题时，都要先饰之以一般玄言，然后才进入正题。有的学者指出，袁宏的史论“用玄学理论一以贯之，以天理、自然之性代替传统的天命观，体现了魏晋文化的思辨特点，增强了史论的理性力量，更易为人所把握”[2]。

---

[1] 《史通》卷四《论赞》。

[2] 周国林：《〈后汉纪〉史论与魏晋玄学之关系》，刘乃和主编《中原文化与传统文化》，高等教育出版社 1996 年版，第 217—231 页。

从以上的分析中我们可以看到，袁宏精通玄学，援玄入史。他的史学思想包含有大量的玄学思想成分。

第二节 以道为本，以儒为用

袁宏主张以道为本，以儒为用，儒道结合，二者合一。他以道家思想为本体，以道家学说来解释儒家的理论，这是其史学思想的玄学特色的主要反映。

道本儒用，这是魏晋玄学的重要思想特征。我们在前面第三章中曾经提到，魏晋玄学本来就是以老庄为圭臬而兼综儒家的思辨系统。玄学家大都出身于经学世家或仕宦家庭，自幼深受儒学熏染，谙熟《诗》《书》等儒家典籍，与儒家经学有着极为密切的关系。如何晏精通儒道，除著《老子道德经论》《老子杂论》以外，又著《周易说》《孝经注》《论语集解》等；王弼好论儒道，曾撰《周易注》《周易略例》《论语释疑》等；阮籍著《通易论》；嵇康著《春秋左氏传音》；向秀曾注《周易》，著《易义》；郭象著有《论语隐》《论语体略》等。其他玄学名士如阮咸、裴楷、卫玠、钟会、荀粲、谢鲲等无一不是儒道兼通。调和儒道在魏晋南北朝时期可以说是一种普遍的学术风气。正如有的学者所指出的，“调和儒道”乃是魏晋时期清谈名士的“共识和理论追求”。[1] 袁宏作为精通玄学理论及其发展历史的玄学家，在主张调和儒道这一问题上与魏晋时期的玄学名士们具有共性。

袁宏在史论中，将儒家思想与道家思想相结合，以道释儒，以道证儒，提出“道明其本，儒言其用”，即所谓“道本儒用”。他说：“夫百司而可以总百司，非君道如何情动，动而非已也，虚无以应其变，变而非为也。夫以天下之事而为以一人，即精神内竭，祸乱外作。故明者为之视，聪者为之听，能者为之使，惟三者为之虑，不行而可以至，不为而可以治。精神平粹，万物自得。斯道家之大旨，而人君自处之术也。夫爱之者，非徒美其车服，厚其滋味，必将导之训典，辅其正性，纳之义

[1] 张海燕：《魏晋玄学与儒学》，载《河北学刊》1993年第3期，第21—28页。

方，闲其邪物。故仁而欲其通，爱而欲其济，仁爱之至，于是兼善也。然则百司弘宣，在于通物之方，则儒家之算，先王教化之道。居极则玄默之以司契，运通则仁爱之以教化。故道明其本，儒言其用，其可知也矣。”[1]

这段史论，集中体现了袁宏“道本儒用”的思想主张。

所谓“道本”，就是以道家思想为本体。袁宏所说的“道本”，包括两个方面：一是君主治理天下，应该遵循道家的思想，以虚无为本，“虚无以应其变”。这是因为天下之事，纷繁复杂。治理国家，必须建立许多机构，选拔并任用许多官吏，让这些官吏去管理，君主不应该也不可能事必躬亲。如果君主以一人之力去处理天下事物，即使殚精竭虑，也不可避免祸乱外作的结果。因此君主治理好天下，其关键在于用人。君主本人则可以不变应万变，君主不动即可以使天下大治，万物各得其所。这就是道家所谓“无为而治”的统治方法，君主治理天下应遵循这种方法。二是人生修养，要按照道家的思想，做到谦卑知足。袁宏援引华峤之论称：“盖功名者，士之所宜重，诚能不争，天下莫之与争，则怨祸不深矣。”[2] 冯异屡建奇功，从不自炫其能，三军之士，莫不感悦。袁宏称赞说：“谦尊而光，于是信矣。冯异能让，三军赖之”，“劳而不伐，施而不德；致恭以存其德，下人以隐其功；处不避污，官不辞卑；唯惧不任，唯患不能。故力有余而智不屈，身远咎悔而行成名立也”。[3] 袁宏又说：“布衣韦带，白首不仕者有矣；结发缨冠，老而不退者有矣”，“‘山林之士往而不能反；朝廷之士入而不能出。’往而不反则能执意，入而不出失之远矣”，“古之为士，将以兼政，可则进，不可则止，量分受官，分极则身退矣。故于仕与不仕之间有止足焉。不仕则枯槁矣，遂仕则负累矣，若仕能止者在于可否之间，不同心乎！”[4]

所谓“儒用”，就是以儒家思想作为统治手段。君主实行无为而治的同时，应该以儒家思想教育引导人民，“辅其正性，纳之义方，闲其邪

[1]《后汉纪》卷十二。

[2]《后汉纪》卷二十七。

[3]《后汉纪》卷六。

[4]《后汉纪》卷二十五。

物”。这样君明臣义，父慈子孝，上下和睦，天下太平。所谓“居极则秉玄默以司契，运通则本仁爱以教化”，其实质是认为，君主治理国家，道家思想应该作为根本原则，而儒家思想则可视为具体方法。在将儒家思想作为具体方法治理天下的过程中，这些具体方法的运用必须符合根本原则。

概括起来，袁宏所说的“道本儒用”可以从两个方面来理解：其一，“道本”主要是对于君主而言，要求其清静无为，依靠选拔的官吏治理国家，将天下大事放手交给臣下去做，“百姓不能自牧，故立君以治之，明君不能独治，则为臣以佐之”[1]；而“儒用”主要是对于大臣及各级官吏而言，在其治理国家的具体问题上，则应该遵循儒家思想。其二，“道本”主要是强调人生修养问题，也就是说，在个人的人生修养方面，要以道家思想为主体，遵循道家的思想与原则；而“儒用”则主要是强调社会政治问题，即治理国家要以儒家思想为手段，为方法。道家思想的主观修养论与儒家思想的社会政治论在袁宏这里被有机地结合起来。“道”与“儒”这两种思想，在袁宏的思想中可谓各得其所，合为一体。袁宏把儒道统一起来，以道为本，以儒为用。因此，“道本儒用”既准确地概括和反映了袁宏的学术思想和政治思想，也广泛地渗透在他的历史见解和政治见解之中。

袁宏把“儒”置于“用”的地位，这是相对于“道”这个“本”而言的。君主以道为“本”，大臣以儒为“用”；主观修养以道为“本”，治理国家以儒为“用”。“儒用”并不是说“儒”不重要，恰恰相反，袁宏极为重视儒家思想的作用：

其一，袁宏主张，君主应该做到“德”“仁”“义”三者兼备。他宣称：“夫君位，万物之所重，王道之至公，所重在德，则弘济于仁义，至公无私。”[2] 又言：“立君之道，有仁有义”，“立君之道，唯德与义”。[3] 他强调，大道之行，天下为公，只有君主自己“德”“仁”“义”兼备，才能选贤与能，重用贤才治理国家。在这里，我们不能把袁宏所说的

[1] 袁宏：《三国名臣颂》，《晋书》卷九十二《袁宏传》。
[2] 《后汉纪》卷三十。
[3] 《后汉纪》卷三。

“德”“仁”“义”仅仅理解为指君主的个人道德，实质上它们包含着更为广泛的意义，那就是君主必须按照“德”“仁”“义”这些儒家的基本思想来治理国家。

其二，袁宏把维护纲常伦理，为巩固封建统治服务，作为修史的根本目的。他把史学的作用归纳为“通古今”，“笃名教”。所谓名教，就是指关于君臣父子的尊卑等级制度。而“笃名教”，则是指加深对名教的认识与理解，以便更好地体现名教，向世人彰明名教，进而坚决地维护名教。为了能够阐释与宣传“名教”，《后汉纪》的史论并不囿于东汉一代，往往“通古今”，论及上古、中古、春秋、战国、秦、西汉、东汉。“笃名教”是整部《后汉纪》的灵魂，是袁宏整个史学思想的核心。在袁宏看来，名教绝对不能动摇、不可改变，也是须臾不可离开的东西。名教是维护封建统治秩序的法宝，君臣关系是名教中最重要的关系。袁宏宣称“尊卑长幼不得而移”[1]，这样就体现了名教。君臣关系既同天地高下一样，顺应自然而永远不可改变，又像父子一样血缘相继而永远不会混淆。谨守名教，统治秩序就能够得到稳定，天下就可以实现长治久安。宋代学者王铚在《两汉纪后序》中曾言：《后汉纪》“于朝廷纪纲，礼乐刑政，治乱成败，忠邪是非之际，指陈论著，每致意焉”。这一评价极为正确地揭示了袁宏编撰《后汉纪》以维护纲常伦理为目的。

其三，袁宏以儒家思想作为论评历史的主要依据。他有着强烈的正统思想，竭力维护刘汉王朝的正统地位。在《后汉纪》卷一中，袁宏从维护刘汉王朝的地位出发，引用刘縯、刘秀兄弟与诸豪杰谋划计议之语称：“王莽暴虐，百姓分离。”曹操挟天子以令诸侯，削平群雄，控制北方，一步一步地朝取代刘汉政权的方向前进，到曹丕时终于篡汉。袁宏对此深恶痛绝。《后汉纪》以“明年，刘备自立为天子”终篇，认为刘备是继承刘汉王朝的正统，而曹魏政权则是篡逆，并非合法政权。他满怀激愤地写道：“时献帝幼冲，少遭凶乱，流离播越，罪不由己。故老后生，未有过也。其上者悲而思之，人怀匡复之志，故助汉者协从，背刘者众乖。此盖民未忘义，异乎秦、汉之势。魏之讨乱，实因斯资。旌旗所指，则以伐罪为名；爵赏所加，则以辅顺为首。然则刘氏之德未泯，

[1]《后汉纪》卷十三。

忠义之徒未尽，何言其亡也？汉苟未亡，则魏不可取。今以不可取之，实而冒揖让之名，因辅弼之功，而当代德之号，欲比德尧、舜，岂不诬哉！”[1]

其四，袁宏以儒家伦理作为评论人物的主要标准。他宣扬孝道，赞赏孝义人物，对孝义之士大加表彰。他提倡谦让不伐，极为推崇冯异与皇甫嵩的道德，说：“《虞书》数德，以克让为首；仲尼称颜回之仁，以不伐为先。郄至矜善，兵在其颈；处父上人，终丧其族。然则克让不伐者，圣贤之上美；矜善上人者，小人之恶行也。《司马法》曰：‘苟不伐则无求，无求则不争，不争则不相掩。’由此言之，民之所以和，下之所以顺，功之所以成，名之所以立者，皆好乎能让而不自贤矣。”[2] 袁宏认为，只要人人都能做到仁义礼让，就会形成良好的统治秩序，是非之心就不会产生，谋逆之事就不会出现。

第三节　维护名教，合乎自然

袁宏主张维护名教，顺应自然，或者以另一句话来说，是以自然为本，名教为用。这一主张从另一个角度反映出袁宏史学思想的玄学特色。

魏晋玄学的思想主旨是综合儒道。调和自然与名教，用道家的因循自然，清静无为，修补儒家的纲常名教，这是玄学名士们普遍的思想倾向。玄学家“以解决名教与自然的关系问题为其哲学目的”[3]。名教实质上就是指儒家的纲常伦理。具体地说，名教是在巩固汉代社会中央集权的专制统治的过程中，随着儒学独尊地位的确立而建立起来的、以纲常伦理为主要内容的社会准则与道德规范，其核心就是三纲五常。所谓自然，包括三层含义：一指宇宙万物的本体或万物非人为的本然状态，自然而然；二是指无目的、无意识的自然情感；三是指必然、命运。名教与自然的关系，如果从另一角度考察即为儒家思想与道家思想的关系。

[1] 《后汉纪》卷三十。
[2] 《后汉纪》卷六。
[3] 任继愈、张岱年编：《中国哲学史通览》，东方出版中心 2005 年版，第 163 页。

魏晋玄学家们主张将两者统一起来，协调起来，他们不是不要名教，更不是反对名教，而是既要名教，也要自然。何晏、王弼强调自然与名教的联系。向秀、郭象论证任自然之性能实现名教，强调自然与名教的同一。即使如阮籍、嵇康等主张“越名教而任自然”的竹林名士，他们表面上是将名教与自然对立起来，即将人的社会规范与纲常伦理同人的自然本性对立起来，认为只有超越名教，摆脱名教，才能够做到听任自然，发展自然，而实际上在竹林名士那里，任自然指的是任个人的自然之性与自然之心。他们将名教与自然对立的目的是借自然来打倒司马氏虚伪的名教，以实现自然与名教的统一。其所需要的是与自然协调一致的名教。

魏晋玄学家围绕名教与自然的关系，着重探讨“有无本末”问题。所谓“有无本末”，指的是形而上学本体论，即无名无形的超时空的本体和有名有形的具体的天地万物的关系问题。玄学内部存在不同的流派，各派玄学家尽管对于“有无本末”的具体主张不同，但在理论上有一共同点，即主张以自然为本（体），名教为末（用），强调以本统末，以用显本，本不离末，用不异本。西晋灭亡，晋室南迁，东晋思想家们进一步发挥魏晋以来自然与名教合一的理论。袁宏的思想深受王弼、郭象影响，他与这一时代的其他思想家具有共性，同样力图协调名教与自然的关系，把维护名教与听任自然看成是并行不悖的。其史论中一方面坚决主张维护名教，另一方面却又主张对名教的维护应合乎自然。

前已指出，袁宏把维护名教看成研究历史的根本目的。他宣称：“夫史传之兴，所以通古今而笃名教也。丘明之作，广大悉备。史迁剖判六家，建立十书，非徒记事而已，信足扶明义教，网罗治体；然未尽之。班固源流周赡，近乎通人之作，然因籍史迁无所甄明。荀悦才智经纶，足为嘉史，所述当世，大得治功已矣；然名教之本，帝王高义，韫而未叙。”[1] 他以名教来论评历史。如东汉中后期的党锢之祸，大批党人因反对宦官而遭杀戮，袁宏对党人因维护名教而牺牲予以全面肯定。他说：“夫称至治者，非贵其无乱，贵万物得所而不失其情也。言善教者，非贵其无害，贵性理不伤，性命咸遂也。故治之兴所以道通，群心在乎万物

[1] 袁宏：《后汉纪序》。

之生也。古之圣人知其如此，故作为名教，平章天下。天下既宁，万物之生全也。保生遂性，久而安之，故名教之益，万物之情大也。当其治隆，则资教以全生；及其不足，则立身以重教。然则教也者，存亡之所由也。夫道衰则教亏，幸免同乎苟生；教重则道存，灭身不为徒死，所以固名教也。”[1] 由此可见，袁宏将名教的重要性提到“存亡之所由”的高度，宣称固名教以灭身，是存道重教不可避免的结果，以此来赞扬党人的业绩。这说明袁宏站在维护名教的立场来审视党锢之祸这一历史事件。袁宏研究后汉历史，编撰《后汉纪》，就是为了阐扬名教，使人们充分认识名教的作用，从而共同维护并更好地遵循名教。袁宏将史学的作用归结为“笃名教”，把维护名教当作是自己矢志不渝的职责。《后汉纪》的每一条史论，几乎都贯穿着维护名教这一主题，有关名教的论述可谓随处可见。从这个角度来说，《后汉纪》完全是一部地地道道的伦理教科书。

袁宏强调维护名教，但他又主张将名教与自然结合起来，使对名教的维护顺应自然，合乎自然。他赞叹：“邈哉太初，宇量高雅。器范自然，标准无假”，“君亲自然，匪由名教。爱敬既同，情礼兼到”。[2] 他认为：“夫崇长推仁，自然之理也，好治恶乱，万物之心也。推仁则道足者宜君，恶乱则兼济者必王。故上古之世，民心纯朴，唯贤是授，揖让而治，此盖本乎天理，君以德建者也。”又说：“夫爱敬忠信，出乎情性者也，故因其爱敬，则亲疏尊卑之义彰焉；因其忠信，而存本怀旧之节著焉。有尊有亲，则名器崇矣；有本有旧，则风教固矣。是以中古之世，继体相承，服膺名教，而仁心不二。此又因于物性，君以义立者也。”[3] 他又说：“仁义者，人心之所有也。”[4] 他又进一步强调说：“夫君臣父子，名教之本也。然则名教之作，何为者也？盖准天地之性，求之自然之理，拟议以制其名，因循以弘其教，辩物成器，以通天下之务者也。是以高下莫尚于天地，故贵贱拟斯以辨物；尊卑莫大于父子，故君臣象

[1] 《后汉纪》卷二十三。
[2] 袁宏：《三国名臣颂》，《晋书》卷九十二《袁宏传》。
[3] 《后汉纪》卷三。
[4] 《后汉纪》卷二十五。

兹以成器。天地无穷之道，父子不易之体。夫以无穷之天地，不易之父子，故尊卑永固而不逾，名教大定而不乱，置之六合，充塞宇宙，自古及今，其名不去者也。未有违夫天地之性而可以序定人伦，失乎自然之理而可以彰明治体者也。"[1] 从这些论述中可见，袁宏从自然之理、万物之情出发将礼义仁爱看成顺应自然的产物。他所说的名教，是将自然与名教统一起来，将自然融入其中的名教。

袁宏将君臣父子关系看成是名教的根本，而君臣关系又是重中之重。然而，他又以天地高下的自然现象与父子相继的血缘关系加以比附，把君臣关系视为准"天地之性"，合"自然之理"，从而将名教与自然整合起来。在袁宏那里，自然有高下之分，社会有尊卑之别。社会的尊卑与自然的高下是一致的，名教与自然也是一致的。"笃名教"就是"顺自然"，反过来也就是说，通过"顺自然"即可以实现"笃名教"。袁宏将自然与名教统一起来，一方面，破坏人伦、危害社会的自然是不能存在的；另一方面，毁灭人伦、违背自然的名教也是不足取的。他宣称："夫礼者，治心轨物，用之人道者也。其本所由，在于爱敬，自然发于心诚而扬于事业者。圣人因其自然而辅其性情，为之节文，而宣以礼物，于是有尊卑亲疏之序焉。"[2] 他又宣称："夫礼备者德成，礼顺者情泰。德苟成，故能仪刑家室，化流天下；礼苟顺，故能影响无遗，翼宣风化"，"斯乃君臣尊卑之基，而德和洽之本也。是以大道之行，上下顺序，君唱臣和，其至德风教系乎一人，政化行于四海，无犯礼而王迹彰矣"。[3] 礼是名教的体现，又是维护名教的工具。袁宏将其视为圣人根据"爱敬自然"的原则，并按照"因其自然"的方法而制定的。

袁宏认为，制定有形有象的纲常名教来治理天下统治人民，必须合乎天理顺应自然。只有符合自然，名教的作用才能真正显示并发挥出来；只有谨守名教，才能更好地顺应自然并有效巩固统治秩序。袁宏从自然出发，论证名教的必然性、永久性，从哲学的高度说明了封建社会秩序的合理性、绝对性。因此，袁宏的名教已不是两汉经学统治时代纯粹封

[1] 《后汉纪》卷二十六。
[2] 《后汉纪》卷十三。
[3] 《后汉纪》卷二十一。

建礼法的名教，而是掺入了道家顺应天理因循自然思想的名教，是崇尚自然的名教。

第四节　本于天理，顺乎人情

袁宏兼综儒道，会通天人，有着鲜明的天人合一思想。他强调君主治理国家，要实现天理与人情的统一，做到本于天理，顺乎人情，这一主张也反映出袁宏史学思想的玄学特色。近代学者刘节曾言，袁宏的历史哲学是“结合道家哲学，与《易传》思想来谈的，并且想把儒家的名教，结合自然主义来发挥。以为人性中的‘理’，是原于‘自然之性’。就是说：‘理’是贯于‘天人’的”，“‘人伦之叙’，是不与‘天地之性’‘自然之理’相矛盾的”。[1]

道家与儒家都以天人合一思想来思考社会与历史。天人合一思想既是中国古代的一种极为重要的哲学思想，同时又是一种重要的史学思想。天人合一思想可以归纳为三个层次：一是将天视为自然之天，天人之间和谐相处；二是将天视为义理之天，人的善良品德来自天赋，人的行为与伦理道德必须遵循天道，天理是人类社会的最高原则；三是将天视为人类社会的最高主宰者，人的行为必须符合天意。人的行为违背天意，天降灾异予以谴告；人的行为符合天意，天降祥瑞并授以天命，天人之间相互感应。在天人合一思想的三个层次中，第三层次是最高层次。正因为天人合一思想存在不同层次，所以赞成第三层次的人必定赞成第一、第二层次的天人合一思想，而反对第三层次的人却可以赞成第一、第二层次的天人合一思想。天人合一思想可以说是诸子百家的共同思想，无论是先秦的孔子、老子、庄子、孟子，还是以后的《吕氏春秋》《淮南子》，以及陆贾、贾谊、司马迁等，都是根据天人合一思想来考察社会与历史的。自从西汉董仲舒把阴阳灾异思想引入儒学，天人感应成为人们审视社会，观察历史的一种固定的思维模式。[2] 董仲舒以阴阳为中介，

[1] 刘节：《中国史学史稿》，第 116 页。
[2] 参见庞天佑：《秦汉历史哲学思想研究》。

把天与人即天地自然同社会人事结合起来，按照天人合一的思维模式来考察社会演进，审视历史更替。

袁宏主张治理天下要本于天理，顺乎人情。他宣称："夫物有方，事有类。阳者从阳，阴者从阴，本乎天者亲上，本乎地者亲下，则天地人物各以理应矣。故于其一物是亏其气，所犯弥众，所以寒暑不调，四时失序，盖由斯也。古之哲王，知治化本于天理，陶和在于物类。故道之德礼，威以刑戮，使赏必当功，罚必有罪，然后天地群生穆然交泰。故斩一木，伤一生，有不得其理，以为治道未尽也，而况百姓之命乎？夫致之也有物，则病之也必深；化之也有由，则禳之也有术。是以炎夏余虐以成水旱之灾也。尧、汤暂抚足免黎民之患。由斯观之，自三代以下，刑罚失中，枉死无辜，几将半，而欲阴阳和调，水旱以时，其可得乎？若能宽以临民，简以役物，罚惧其滥，虽不能万物调畅，同符在昔，免乎甚泰之灾固远矣。"[1] 在这里，袁宏并没有直接提天人合一，但将自然现象与社会现象结合起来。他认为，人的行为如果违背天道，如斩一木，伤一生等，就会造成如炎夏余虐以及水旱等自然灾害；如果"宽以临民，简以役物"，即使不能"万物调畅"，却也可以避免重大的灾难。在袁宏看来，天灾与暴政直接相关，君主对民"宽"，欲望"简"，就不会有天灾。我们认为，将天灾与人事混为一谈，这固然不能正确说明发生天灾的原因，但天灾与暴政之间确实存在某种联系，暴政往往会加剧天灾。袁宏看到了这种联系，的确是十分深刻的。

审视社会与历史的时候，把自然与社会联系起来，把天与人结合起来，天人合一而又天人感应，这种思维方式并不是袁宏的创造，汉代的董仲舒、刘向等人就是以这样的思维方式来考察社会与历史的。袁宏继承和沿用这种思维方式，他称："夫天地者万物之宫府；山川者云雨之丘墟。万物之生遂，则宫府之功大；云雨施其润，则丘墟之德厚。故化洽天下则功配于天地；泽流一国则德合于山川。是以王者经略必以天地为本，诸侯述职必以山川为主。体而象之，取其陶育；礼而告之，归其宗本。"[2] 袁宏将仁义礼智与山川自然加以比附，结合历史与社会阐发统

---

[1] 《后汉纪》卷十一。

[2] 《后汉纪》卷八。

治者的治国方略，这些反映出他的天人合一思想。

袁宏认为，大建名教的目的就是“以统群生”，要达到这一目的则应该“本诸天人而深其关键”。[1] 治理国家要顺乎民心，不能滥用刑罚，必须大兴礼教。他说，礼教“明其善恶，所以潜劝其情，消之于未杀也。示以耻辱，所以内愧其心，治之于未伤也。故过微而不至于著，罪薄而不及于刑也。终入辜辟者，非教化之所得也。故虽残一物之生，刑一人之体，是除天下之害，夫何伤哉！率斯道也，风化可以渐淳，刑罚可以渐少，其理然也。苟不能化其心，而专任刑罚，民失义方，动陷刑网，求世休和，焉可得哉！”[2] 由此可见，袁宏将礼教看成治理国家最好的方法，用仁义礼智内化其心，可以收到最好的效果。如果君主专任刑罚，民摇手触禁，只能使社会陷于极大的动乱之中，统治秩序就会遭到破坏。

袁宏通过美化古代君主，将其称为顺乎民心的圣王，以阐发自己主张治理国家要本于天理而顺乎民心的理念。他说：“自古在昔有治之始，圣人顺人心以济乱，因去乱以立法。故济乱所以为安，而兆众仰其德；立法所以成治，而民氓悦其理。是以有法有理，以通乎乐治之心，而顺人物之情者。岂法逆人心而可使众兆仰德，治与法违而可使民氓悦服哉！由是言之，资大顺以临民，上古之道也；通分理以统物，不易之数也。”[3] 袁宏赞扬古代圣王善于顺应人心的目的，是批评后代的帝王背离人心，破坏了良好的社会风俗，他说：“古之帝王所以笃化美俗，率民为善者也，因其自然而不夺其情，民犹有不及，而况毁礼止哀，灭其天性乎！”[4]

第五节　崇尚简易，倡导无为

袁宏提出道本儒用的主张。崇尚自然，清静无为，是道家思想的核

[1]《后汉纪》卷三十。
[2]《后汉纪》卷三十。
[3]《后汉纪》卷六。
[4]《后汉纪》卷十七。

心内容。因此，袁宏主张君主治理天下，应简易自然，无为而治。这些主张同样是袁宏史学思想的玄学特色的反映。

在袁宏看来，君主行为简易，就可以无为而治。他宣称："夫神道贞一，其用不烦；天地易简，其礼尚质。故藉用白茅，贵其诚素；器用陶匏，取其易从。然则封禅之礼，简易可也。若夫石函玉牒，非天地之性也。"[1] 袁宏认为，君主崇尚简易，就不会去讲求奢侈豪华，天地之性易简，人间之礼尚质，如果封禅礼节耗费过大，那是违背天地之性的。袁宏又通过赞扬嵇康对于音乐的评论，表达自己主张无为，崇尚简易的思想，说："善乎！嵇生之言音声曰：'古之王者承天理，必崇简易之教，仰无为之理，君静于上，臣顺于下，大化潜通，天下交泰……'"[2]

袁宏认为，君主是为天下而立，"夫天生蒸民而树之君，所以司牧群黎而为谋主。故权其所重而明之，则帝王之略也；因其所弘而申之，则风化之本也。夫以天下之大，群生之众，举一贤而加于民上，岂以资其私宠，养其厚大？将开物成务，正其性命，经纶会通，济其所欲"[3]。又言："夫百人聚，不乱则散，以一人为主，则斯治矣。有主则治，无主则乱，故分而主之，则诸侯之势成矣；总而君之，则王者之权定矣。然分而主之，必经纶而后宁；总而君之，必统体而后安。"[4] 因此，为君之道，在于天下为公。要实现无为而治，君主应该清心寡欲，清虚自守。他说："夫人生合天地之道，感于事动，性之用也。故动用万方，参差百品，莫不顺乎道，本乎情性者也。是以为道者清净无为，少思少欲，冲其心而守之，虽爵以万乘，养以天下，不荣也。"[5] 又说："古之有天下者，非欲制御之也，贵在安静之，故修已无求于物，治内不务于外，自小至大，自近及远，树之有本，枝之有叶。"[6] 在袁宏看来，君主治理天下，要像古代圣王那样，修身养性，顺乎道，本乎情，这样就可以实现无为而治。

---

[1] 《后汉纪》卷八。
[2] 《后汉纪》卷九。
[3] 《后汉纪》卷三。
[4] 《后汉纪》卷七。
[5] 《后汉纪》卷二十二。
[6] 《后汉纪》卷十四。

袁宏认为，君主要做到无为而治，非常重要的一点是接纳贤才。他强调："夫帝王之道，莫大于举贤。"[1] 又说："人君者，必量材任以授官，参善恶以毁誉，课功过以赏罚者也"[2]，"然则经纶之方，在乎设官分职，因万物之所能；统体之道，在乎至公无私，与天下均其欲。故帝王之作，必建万国而树亲贤，置百司而班群才。所以不私诸己，共飨天下，分其力任，以济民事"[3]。袁宏声称，"夫世之所患，患时之无才也；虽有其才，患主之不知也；主既知之，患任之不尽也"[4]。在袁宏看来，君主识才、任才，发挥贤者的作用，就可以实现无为而治。他指出："故有道之君，知所处之地，万物之所不敢干也，故柔情虚己，布其腹心，引而尽之，常恐不至，而况抑而刻之，使其自绝哉！自三代已前，君臣穆然，唱和无间，故可以观矣。五霸、秦、汉其道参差，君臣之际，使人瞿然，有志之士，所以苦心斟酌，量时君之所能，迎其悦情，不干其心者，将以集事成功，大庇生民也。虽可以济一时之务，去夫高尚之道，岂不远哉！"[5]

袁宏通过称赞古代的圣王，表达自己主张无为而治的思想。他指出，"古之君臣，必观其所易，而闲其所难，故上下恬然，莫不雍睦"，"古之王者辨方正位，各有其事，在朝者必谏，在野者不言，所以明职分，别亲疏也"。[6] 又言："古之明君，必降己虚求以近辅佐之臣，所以寄通群方，和睦天人。古之贤臣，必择木栖集以佐高世之主。主务宣明，不以道胜而不招；臣务对扬，不以时艰而不进。及其相遇，若合符契，功高而尊礼其人，师丧而不咎其败，此三代君臣所以上下休嘉，比德天地。"[7] 他热情地称赞上古帝王的质朴寡欲，尖锐地抨击后代统治者的奢侈豪华。他认为，在古代圣王统治下，君臣和睦，百姓平安，各守其位，尊卑有序。袁宏对古代圣王的称道与赞颂，实际上是对现实社会的

[1]《后汉纪》卷三。
[2]《后汉纪》卷六。
[3]《后汉纪》卷七。
[4]《后汉纪》卷六。
[5]《后汉纪》卷四。
[6]《后汉纪》卷二十一。
[7]《后汉纪》卷七。

批判，表达出他本人无为而治的理念。

袁宏主张无为而治，认为这就是顺乎民心。他认为，“古先哲王必节顺群风而导物为流之途，而各使自尽其业，故能班叙万物之才，以成务经纶王略直道而行者也”[1]，“在溢则激，处平则恬，水之性也。急之则扰，缓之则静，民之情也。故善治水者引之使平，故无冲激之患；善治人者虽不为盗，终归刻薄矣。以民心为治者，下虽不时整，终归敦厚矣。老子曰：‘古之为道者不以明民，将以愚之。’故以智治国，国之贼也”[2]。由此可见，袁宏主张统治者无为，顺应自然，不要扰民，使民返璞归真，恬淡自然地生活。

第六节　丰富的辩证思考

袁宏的历史认识包含着丰富的辩证法思想，这一特色也与其精通玄学密切相关。魏晋玄学家以《周易》《老子》《庄子》为三玄，三玄是玄学的经典。在“三玄”中，包含着极为丰富的辩证法思想。袁宏对“三玄”有着深入研究，在《后汉纪》中，他大量援引《周易》等“三玄”之语论评史事，阐发自己的历史见解。“三玄”的辩证法思想必然渗透于袁宏的历史认识之中。

袁宏有着丰富的历史辩证法思想，首先体现在《后汉纪》对历史的评论并不囿于东汉一代，而是从阐述历史问题本身的需要出发，对某些历史问题追本溯源，系统地进行考察。他在论述从春秋时期至东汉中后期社会风气的发展演变时说：“春秋之时，礼乐征伐，霸者迭兴，以义相持，故道德仁义之风往往不绝，虽文辞音制渐相祖习，然宪章轨仪先王之余也。战国纵横，强弱相陵，臣主侧席，忧在危亡，不旷日持久以延名业之士，而折节吐诚以招救溺之宾，故有开一说而飨执珪，起徒步而登卿相，而游说之风盛矣。高祖之兴，草创大伦，解赭衣而为将相，舍介胄而居庙堂，皆风云豪杰，屈起壮夫，非有师友渊深可得而观，徒以

[1]《后汉纪》卷二十二。
[2]《后汉纪》卷二十五。

气勇武功彰于天下，而任侠之风盛矣。逮乎元、成、明、章之间，尊师稽古，宾礼儒术，故人重其学，各自是其业，徒守一家之业，以争异同之辩，而守文之风盛矣。自兹以降，主失其权，阉竖当朝，佞邪在位，忠义之士发愤忘难，以明邪正之道，而肆直之风盛矣。"[1] 这里，袁宏从春秋时期、战国时期、西汉前期、西汉后期至东汉前期、东汉中后期这些不同的历史阶段分别考察，不仅分析了历代社会风气的演变，而且一一结合不同时期的社会情况考察发展演变的原因，从而得出令人信服的结论。

袁宏有着丰富的历史辩证法思想，其次体现在《后汉纪》的史论对于历史问题的分析通常能够把握不同的方面。例如对各个不同时期的社会风气，袁宏既能看到其"利"，也能指出其"弊"。他指出，"夫排忧患，释疑虑，论形势，测虚实，则游说之风有益于时矣；然犹尚谲诈，明去就，间君臣，疏骨肉，使天下之人专俟利害，弊亦大矣。轻货财，重信义，忧人之急，济人之险，则任侠之风有益于时矣；然竖私惠，要名誉，感意气，雠睚眦，使天下之人轻犯叙之权，弊亦大矣。执诚说，修规矩，责名实，殊等分，则守文之风有益于时矣；然立同异，结朋党，信偏学，诬道理，使天下之人奔走争竞，弊亦大矣。崇君亲，党忠贤，洁名行，厉风俗，则肆直之风有益于时矣；然定臧否，穷是非，触万乘，陵卿相，使天下之人自置于必死之地，弊亦大矣"[2]。这里，袁宏分别考察游说之风、任侠之风、守文之风、肆直之风的利弊得失，分析了这些不同的风气对当时社会所产生的正面影响与消极影响。这反映出他善于从不同的角度来思考历史问题。

袁宏有着丰富的历史辩证法思想，这再次体现在他往往以发展变化的观点来思考历史问题。他指出，"故变通极于代谢。是以古之圣人，知治乱盛衰，有时而然也"[3]。他分析历代典制的发展变化说："尧、舜之传贤，夏禹、殷汤授其子，此趣之不同者也。夏后氏赏而不罚，殷人罚而不赏，周人兼而用之，此德刑之不同也。殷人亲尽则婚，周人百世不

[1]《后汉纪》卷二十二。
[2]《后汉纪》卷二十二。
[3]《后汉纪》卷三十。

通，此婚姻之不同也。立子以长，三代之典也。文王废伯邑考而立武王，废立之不同者也。君亲无将，将而必诛，周之制也。《春秋》杀君之贼一会诸侯，遂得列于天下，此褒贬之不同也。彼数圣者，受之哲王也。然而会通异议，质文不同，其故何邪，所遇之时异。夫弈者之思尽于一局者也，圣人之明周于天下者也，苟一局之势未尝尽同，则天下之事岂必相袭哉！"[1] 在袁宏看来，社会是不断发展的，历史是不断变化的，圣人治理天下就在于能顺应时势变化而变化。

袁宏有着丰富的辩证法思想，还体现在他对于儒家经典的辩证分析上。袁宏认为，"故记载废兴，谓之《典》《谟》；集叙歌谣，谓之《诗》《颂》；拟议吉凶，谓之《易》《象》，撰录制度，谓之《礼》《仪》；编述名迹，谓之《春秋》。然则经籍者，写载先圣之轨迹者也。圣人之迹不同，如彼后之学者，欲齐之如此，焉可得哉！故曰《诗》之失愚，《书》之失诬，《易》之失贼，《礼》之失烦，《春秋》之失乱，不可不察。圣人所以存先代之礼，兼六籍之文，将以广物惯心，通于古今之道。今去圣人之世几将千年矣，风俗民情治化之术将数变矣。而汉初诸儒多案《春秋》之中复有同异，其后殷书礼传往往间出，是非之伦不可胜言"[2]。袁宏摘下了儒家经典的神圣的光环，具体分析其内容与由来，指出其不过是记载圣人事业轨迹的典籍，并且这些典籍还存在诸多问题，这是"不可不察"的。汉儒不能辨察这些问题，各执一说，结果导致"是非之伦不可胜言"。这些见解，即使在今天看来也是正确的。

综上所述，袁宏既通史学，又精玄学。他援玄入史，以玄学思想来思考历史；他提出以道为本，以儒为用；他力图调和名教与自然的关系，要求维护名教，合乎自然；他认为君主治理天下，要本于天理，顺乎人情；他主张崇尚简易，无为而治。这些说明袁宏的史学思想有着鲜明的玄学特色。袁宏的历史认识中，包含着丰富的辩证法思想。

---

[1]《后汉纪》卷十二。

[2]《后汉纪》卷十二。

第八章 《抱朴子》与葛洪的史学思想

葛洪（283—362），字稚川，丹阳句容（今属江苏）人，东晋前期著名学者。他既是道教思想家、外丹学与道教神学的奠基人，又是颇有文采的文学家，还是卓有成就的史学家，撰有《抱朴子》内篇 20 卷、外篇 50 卷，《金匮药方》100 卷，《肘后要急方》4 卷，碑诔诗赋百卷，移檄章表 30 卷，《神仙传》《良吏传》《隐逸传》《集异传》各 10 卷。[1] 我国学术界对葛洪在道教史、哲学史、自然科学史等方面的重要贡献与历史地位比较重视，研究颇多，对他的道教理论著作《抱朴子》反映出来的史学思想，缺乏应有的探讨。本章根据《抱朴子》的有关材料，分析探讨葛洪的史学思想。

第一节 “道者儒之本”，“儒者道之末”

“道者儒之本也，儒者道之末也”[2]，这是葛洪提出的关于儒道关系的一个总的观点，人们通常将这一观点归纳为“道本儒末”。它概括性地

[1] 《晋书》卷七十二《葛洪传》。
[2] 《抱朴子》内篇卷十《明本》。

反映出葛洪的政治思想与学术思想，是其阐发有关政治问题与历史问题见解的带有指导性的理论观点。葛洪所说的道，既指道家，又指道教。其所生活的时代，是道家与道教思想广泛流行，并与儒家思想相互吸纳融合的时代。葛洪自幼受到儒家思想的深刻影响，史称其“少好学，家贫，躬自伐薪以贸纸笔，夜辄写书诵习，遂以儒学知名”，又受到道家与道教思想的广泛影响，“尤好神仙导养之法”。[1] 他与晋代其他思想家一样，极力融和儒道，协调两者关系。葛洪宣称，“养性者，道之余也；经世者，儒之末也。所以贵儒者，以其移风而易俗，不唯揖让与盘旋也。所以尊道者，以其不言而化行，匪独养生之一事也。若儒道果有先后，则仲尼未可专信，而老氏未可孤用”[2]。在葛洪看来，道家与道教重养生，而儒家重礼乐，两者虽主张不同，但对于社会与人生都发挥着极为重要的作用。

葛洪作为道教思想家与理论家，主张以道为本。他将道视为万物根本所在：“道者涵乾括坤，其本无名。论其无，则影响犹为有焉；论其有，则万物尚为无焉。”[3] 道可谓“为声之声，为响之响，为形之形，为影之影。方者得之而静，圆者得之而动，降者得之而俯，升者得之以仰”[4]。道起于一，“天得一以清，地得一以宁，人得一以生，神得一以灵”[5]。在葛洪看来，无论是自然界还是人类社会，都是从道产生的，“上自二仪，下逮万物，莫不由之”。遵循道家思想，人既能由此形成良好的思想，各种祸患就不会出现，社会就可以稳定，天下就能够太平。“夫道者，其为也，善自修以成务；其居也，善取人所不争；其治也，善绝祸于未起；其施也，善济物而不德；其动也，善观民以用心；其静也，善居慎而无闷。此所以为百家之君长，仁义之祖宗也。”[6] 因此，人生修养要坚持以道家思想为本，治理天下同样要坚持以道家思想为本。葛洪强调说：“道也者，所以陶冶百氏，范铸二仪，胞胎万类，酝酿彝伦者

[1] 《晋书》卷七十二《葛洪传》。
[2] 《抱朴子》内篇卷七《塞难》。
[3] 《抱朴子》内篇卷九《道意》。
[4] 《抱朴子》内篇卷九《道意》。
[5] 《抱朴子》内篇卷十八《地真》。
[6] 《抱朴子》内篇卷十《明本》。

也。”他又强调说：“夫道者内以治身，外以为国，能令七政遵度，二气告和，四时不失寒燠之节，风雨不为暴物之灾。”“故道之兴也，则三王垂拱而有余焉；道之衰也，则叔代驰骛而不足焉。”他指责有的人“苟知推崇儒术，而不知成之者由道”。[1] 葛洪认为，道既可以治生，又可以治国。“遇治而赞之，则谓之乐道；遭乱而救之，则谓之忧道；乱不可救而避之，则谓之守道。”虞舜堪称“乐道者”，孔子则可称为“忧道者”，而微子则应称为“守道者”。[2] 葛洪指出，按照道的要求，“治身而身长修，治国而国太平”，故“古人多得道而匡世”。[3]

葛洪主张以道为本，强调道家思想的本体作用，又主张以儒为末，强调将儒家思想作为治理国家的手段与工具。所谓“黄老执其本，儒墨治其末耳”[4]，就是这个意思。葛洪虽然认为道家思想既可治生又能治国，但他更主要的是将儒家思想视为治国兴邦的手段，因而特别强调：“经世济俗之略，儒者之所务也”，“儒者周孔也，其籍则六经也。盖治世存正之所由也，立身举动之准绳也。其用远而业贵，其事大而辞美。有国有家，不易之制也”。[5] 在葛洪那里，以道为本和以儒为末，这是一个事情的两个方面。对内遵循道家思想，将其作为个体修养的准则；对外贯彻儒家思想，将其作为治理国家的原则。他将道家思想与儒家思想的关系，看成是本与末的关系，是主内与对外的关系。两者不可偏废，各有各的用处，可以很好地协调起来。我们认为，葛洪提出“以儒为末”，这只是相对于其“以道为本”的主张而言，并非贬低儒家思想。恰恰相反，葛洪极为重视儒家思想在社会生活中的作用。他将儒家经典看成是“道义之渊海”[6]，指出圣人“除残去贼，夷险平暴，制礼作乐，著法垂教”，故其能够“移不正之风，易流遁之俗，匡将危之主，扶亡微之国”。[7] 葛洪认为，历史上的圣人可分为治身修养的圣人与治理天下

---

[1] 《抱朴子》内篇卷十《明本》。
[2] 《抱朴子》外篇卷四十六《正郭》。
[3] 《抱朴子》内篇卷八《释滞》。
[4] 《抱朴子》内篇卷十《明本》。
[5] 《抱朴子》内篇卷十《明本》。
[6] 《抱朴子》外篇卷四十四《百家言》。
[7] 《抱朴子》内篇卷十二《辩问》。

的圣人，即“得道之圣人”与“治世之圣人”两种类型，“得道之圣人，则黄老是也。治世之圣人，则周孔是也”，其中“黄帝先治世而后登仙，此是偶有能兼之才者也”。[1]

葛洪主张以儒家思想作为治理国家的手段，要求恪守君臣之道。他将君臣等级制度看成是自然产生的，“清玄剖而上浮，浊黄判而下沈，尊卑等威，于是乎著。往圣取诸两仪，而君臣之道立；设官分职，而雍熙之化隆”，君人本人“必修诸已以先四海，去偏党以平王道，遣私情以标至公，拟宇宙以笼万殊。真伪既明于物外矣，而兼之以自见矣，听受既聪于接来矣，而加之以自闻”。[2] 葛洪将君臣之道视为天经地义。他宣称，“夫君，天也”[3]，又言：“天生烝民，而树之君”，“天尊地卑，以著人伦之体。近取诸身，则元首股肱，以表君臣之序”，[4] 故“君臣之大，次于天地”[5]。他强调说：“方策所载，莫不尊君卑臣，强干弱枝。”[6] 在《抱朴子》中，葛洪写了《崇教》《君道》《臣节》《良规》等专篇阐发君臣之道。他指出，君主本人应把握君臣之道，“盖闻帝之元储，必入太学，承师问道。齿于国子者，以知为臣，然后可以为君，知为子，然后可以为父也”[7]。如果“君有违谬”，大臣则应“据理正陈，战战兢兢，不忘恭敬，使社稷永安于上，已身无患于下”。[8] 葛洪要求人们恪守儒家传统的价值观，“盖士之所贵，立德立言。若夫孝友仁义，操业清高，可谓立德矣。穷览坟索，著述粲然，可谓立言矣”[9]。

怎样看待葛洪提出的“道本儒末”的主张呢？我认为，应当将其置于东晋这一特定的社会历史背景下加以考察。首先，调和儒道是晋代普遍的思想倾向与学术风气。从晋代社会广泛流行的玄学来说，其内部各派的学术主张与治学宗旨虽存在差异，但都以兼综儒道为思想特色。玄

[1]《抱朴子》内篇卷十二《辩问》。
[2]《抱朴子》外篇卷五《君道》。
[3]《抱朴子》外篇卷七《良规》。
[4]《抱朴子》外篇卷四十八《诘鲍》。
[5]《抱朴子》外篇卷四十二《应嘲》。
[6]《抱朴子》外篇卷七《良规》。
[7]《抱朴子》外篇卷四《崇教》。
[8]《抱朴子》外篇卷七《良规》。
[9]《抱朴子》外篇卷二《逸民》。

学家大都出自经学世家，既深受儒家经学的熏染，又谙熟《老》《庄》等道家典籍，故其治学往往调和儒道。与葛洪大约同时的玄学家袁宏，曾明确提出“道明其本，儒言其用”[1] 的主张。从晋代社会中有着广泛影响的道教来说，作为一种本土宗教，它是东汉中后期在道家思想、谶纬迷信思想及神仙方术思想的基础上，在佛教流行的刺激下逐步形成的。各派道教的思想内容与修炼方式虽有差别，但都是以道家思想为主体，同时又广泛吸纳儒家思想的某些成分。玄学与道教，一为哲学，一为宗教，两者虽然有着巨大差异，但都是晋代有着广泛影响的社会意识形态，在兼综儒道这个特点上是相同的。两者都是由道家思想发展演变而来。正如有的学者所说的，“大体到东汉时，黄老道家一方面朝着神仙方术和宗教迷信的方向发展，后来就形成为与佛教相抗衡的中国本土宗教——道教；另一方面则是将道家老庄的本原论着重从本体上加以理论深化，形成为风行一时的魏晋玄学”[2]。葛洪的“道本儒末”与袁宏的“道本儒用”，两者可谓有异曲同工之妙。这绝非偶然巧合，也非他们个人的理论创造，其实质是当时社会中普遍存在的调和儒道的思想倾向与学术风气的真实反映。其次，“道本儒末”的主张反映晋代门阀士族的思想要求与政治愿望。无论是玄学，还是道教，都是晋代社会居于统治地位的门阀士族的意识形态。门阀士族一方面追求超凡脱俗、放任恣纵的生活方式；一方面则要求以君臣大义、纲常伦理来治理国家。“道本”强调个体修养遵循道家的思想与原则，“儒末”则要求治理国家以儒家思想为手段与工具。修道不能脱离人世，“内宝养生之道，外则和光于世”[3]。道家的主观修养论与儒家的社会政治论被有机结合起来。有的学者认为葛洪的《抱朴子》反映中国道教的两重性格：“一方面追求个人的解脱超俗，即避世修道，长生成仙，这是他的治身的原则；另一方面又追求佐时济俗的社会功效，即治国安邦，为稳定封建社会秩序服务，这是他的治世的原则。”[4] 其实《抱朴子》所反映的中国道教的这种两重性格，本质

[1] 《后汉纪》卷十二。

[2] 李锦全：《老子政治哲学的矛盾两重性与道家思想的历史作用》，载《学术月刊》1986 年第 11 期，第 29—36 页。

[3] 《抱朴子》内篇卷八《释滞》。

[4] 任继愈主编：《中国哲学发展史》（魏晋南北朝），第 408 页。

上就是晋代门阀士族的两重性格。

第二节 "前事不忘，今之良鉴"

"前事不忘，今之良鉴"，此语出自《抱朴子》外篇的《崇教》，它说明葛洪有着强烈的历史借鉴思想。他继承自先秦即已形成的治理国家要以史为鉴的思想，把历史看成是现实的一面镜子。不仅如此，葛洪还以历史作为阐发其政治思想与哲学思想，构建其道教理论体系的主要依据。在论述社会政治问题时，葛洪广泛征引各类历史事例作为依据。这些历史事例起自上古，下终两晋，涉及的时间跨度长达数千年，涉及的内容关系到历代治国的兴衰成败，包括许多极为重要的正反两个方面的经验教训。故《抱朴子》既是一部道教理论著作，同时又是一部历史评论著作。例如葛洪指出："汤、武染乎伊、吕，其兴勃然；辛、癸染乎推崇，其亡忽焉。"君主治国，"必收寒素德行之士，以清苦自立，以不群见惮者。其经术如仲舒、桓荣者，强直若龚遂、王吉者，能朝夕讲论忠孝之至道，正色证存亡之轨迹，以洗濯垢涅，闲邪矫枉，宜必抑情遵宪法，入德训者矣"[1]。又如葛洪强调，恪守礼制是实现天下太平的前提与条件，指责"世故继有，礼教渐颓，敬让莫崇，傲慢成俗"，宣称"桀倾纣覆，周灭陈亡，咸由无礼"。[2] 因此，君主应以礼治国。

葛洪所生活的东晋是一个君道衰微、权臣乱政的历史时期。故其总结历史经验，特别注意针对现实而谴责历史上那些"昏惑之君"，指出这类君主为政，"或仁而不断，朱紫混慢，正者不赏，邪者不罚。或苛猛惨酷，或纯威无恩。刑过乎重，不恕不逮"，在他们统治下，刑罚严酷，政治黑暗，"于是无罪无辜，淫刑是逞，民不见德，唯戮是闻"。特别是奸臣当道，结党营私，"官人则以顺志者为贤，擢才则以近习者为前。上宰鼎列，委之母后之族；专断顾问，决之阿谄之徒。所扬引则远九族外亲，而不简其器干；所信仗则在于琐才曲媚，而憎乎方直；所抑退则从雷同，

[1]《抱朴子》外篇卷四《崇教》。
[2]《抱朴子》外篇卷二十五《疾谬》。

而不察之以情；所宠进则任美谈，而不考其绩用”。这样整个社会吏治败坏，贿赂公行，“掌要治民之官，御戎专征之将，或贪污以坏所在矣，或营私以乱朝廷矣，或懦弱以败庶事矣，或恇怯以失军利矣。终于不觉，不忍黜斥，犹加亲委，冀其晚效。器小任大，遂及于祸”。[1] 葛洪所论，表面上是在探讨历史问题，实质上则是对东晋社会黑暗腐败现实的揭露与批判。

葛洪历史反思的重点是自汉代、孙吴直到两晋的演变过程。这不仅因为这一演变过程是其最熟悉的近现代史，而且更重要的还在于这几个时期经历过剧烈的社会动荡。反思这几个时期的历史，可从中总结许多极其深刻的经验教训。他为此写了《汉过》《吴失》《百里》《刺骄》等专篇，对汉代至东晋的历史进行总结，提出了不少有价值的见解。葛洪认为，汉之末世，吴之晚年，君主昏淫，奸臣乱政，“望冠盖以选用，任朋党之华誉，有师友之名，无拾遗之实。匪唯无益，乃反为损。故其所讲说，非道德也；其所贡进，非忠益也”[2]，“举士也必附己者为前，取人也必多党者为决”[3]。这些历史教训是极为深刻的。

葛洪深刻反思汉朝的历史，看到“道微俗弊，莫剧汉末也”[4]。汉朝为什么衰亡？他思考其原因。首先是礼教遭到破坏，“诸无行自相品藻次第，群骄慢傲，不入道检者，为都魁雄伯，四通八达，皆背叛礼教，而从肆邪僻。谗毁真正，中伤非党，口习丑言，身行弊事”[5]。在葛洪看来，汉末礼教的破坏直接导致社会道德的沦丧。其次是察举失实。葛洪指出，汉末社会风气极为恶劣，在位之人，不务名节，“在公之义替，纷竞之俗成”，“尊卑礼坏，大伦遂乱”，[6] 从而引起察举失实。“台阁失选用于上，州郡轻贡举于下。夫选用失于上，则牧守非其人矣；贡举轻于下，则秀、孝不得贤矣。故时人语曰：‘举秀才，不知书，察孝行，父

[1] 这里所列均见《抱朴子》外篇卷五《君道》。
[2] 《抱朴子》外篇卷四《崇教》。
[3] 《抱朴子》外篇卷五十《穷达》。
[4] 《抱朴子》外篇卷三十三《汉过》。
[5] 《抱朴子》外篇卷二十七《刺骄》。
[6] 《抱朴子》外篇卷十六《交际》。

别居，寒清素白浊如泥，高第良将怯如鸡。’”[1] 察举失实使得吏治更加败坏，加速社会腐败。再次是君主昏淫，奸臣当道，朝政日益黑暗。桓灵之世，“柄去帝室，政在奸臣，纲漏防溃，风颓教沮，抑清德而扬谄媚，退履道而进多财，力竞成俗，苟得无耻”[2]；甚至君主自己也卖官鬻爵，“东园积卖官之钱，崔烈有铜臭之嗤。上为下效，君行臣甚”[3]。这样，东汉逐步走上衰亡的道路。

葛洪反复思考孙吴的历史，对其亡国有着痛彻心扉的感受。《吴失》愤怒地指责孙吴末年，君主昏暗，吏治腐败，导致国势日渐衰落。葛洪指出：“吴之晚世，尤剧之病：贤者不用，滓秽充序，纪纲弛紊，吞舟多漏。贡举以厚货者在前，官人以党强者为右。匪富匪势，穷年无冀。德清行高者，怀英逸而抑沦；有才有力者，蹑云物以官跻。主昏于上，臣欺于下。不党不得，不竞不进。背公之俗弥剧，正直之道遂坏。”《吴失》深刻地剖析孙吴吏治的败坏，指出“秉维之佐，牧民之吏，非母后之亲，则阿谄之人也。进无补过拾遗之忠，退无听讼之干”，“或有不开律、令之篇卷，而窃大理之位；不识几案之所置，而处机要之职；不知五经之名目，而享儒官之禄；不闲尺纸之寒暑，而坐著作之地”，“不知三才之军势，而轩昂节、盖之下；屡为奔北之辱将，而不失前锋之显号”。在葛洪看来，孙吴灭亡是其政治黑暗导致的必然结果，“四凶不去，元凯不举。用者不贤，贤者不用”，“有吴失国，匪降自天”。[4]

葛洪认真总结晋代的历史，对西晋灭亡有着深刻认识。他考察西晋灭亡原因，指出：“世人闻戴叔鸾、阮嗣宗傲俗自放，见谓大度。而不量其材力，非傲生之匹，而慕学之：或乱项科头，或裸袒蹲夷，或濯脚于稠众，或溲便于人前，或停客而独食，或行酒而止所亲，此盖左衽之所为，非诸夏之快事也。”[5] 葛洪以儒家正统思想批评玄学家的放荡，以传统的夷夏之防解释西晋灭亡的原因，这些在我们今天看来并不完全正

[1]《抱朴子》外篇卷十五《审举》。
[2]《抱朴子》外篇卷十五《审举》。
[3]《抱朴子》外篇卷十五《审举》。
[4] 这里所列均见《抱朴子》外篇卷三十四《吴失》。
[5]《抱朴子》外篇卷二十七《刺骄》。

确，但是在当时的历史条件下却有其合理性。他思考晋代深刻的社会矛盾，指出："在所司官，知其有足赖主人"，"不敢犯触，而恣其贪残矣"。这样，"黎庶亦安得不困毒而离叛？离叛者众，则不得不屯聚而为群盗矣"。世家豪族与地方官僚，横行乡里，鱼肉百姓，贪赃枉法，结党营私。"秉斤两者，或舍铨衡而任情；掌柯斧者，或曲绳墨于附己。选之者，既不为官择人；而求之者，又不自谓不任"，整个社会普遍存在"莅政而政荒，牧民而民散"的现象。吏治败坏使得社会矛盾不断激化，"或有秽浊骄奢，而困百姓者矣；或有苛虐酷烈，而多怨叛者矣；或有暗塞退愦，而庶事乱者矣；或有潦倒疏缓，而致弛坏者矣；或有好兴不急，而疲人力者矣；或有藏养逋逃，而行凌暴者矣；或有不晓法令，而受欺弄者矣；或有以音声酒色，而致荒湎者矣；或有围棋樗蒲，而废政务者矣；或有田猎游饮，而忘庶事者矣；或有不省辞讼，而刑狱乱者矣"。这样"百姓不堪，起为寇贼"。[1] 葛洪认为官吏贪赃枉法与吏治败坏导致晋代社会矛盾激化，他固然没有也不可能认识到，引起官吏贪赃枉法与吏治败坏的根本原因，恰恰就是封建官僚制度本身。时代与阶级的局限决定了葛洪对晋代社会矛盾激化原因认识的局限。尽管葛洪对晋代社会矛盾的思考并没有深入到本质而仅仅停留在表面，但其对于当时腐朽现实的深刻揭露本身就有着促进人们觉醒的积极意义。

第三节　举贤任能，刑仁并举，以民为本

葛洪通过历史反思认识到，重用贤才是治国兴邦的关键。在《抱朴子》中，葛洪写了《贵贤》《任能》《钦士》《审举》《擢才》等专篇，阐发举贤任能对于治理国家的意义。在葛洪看来，君主能否在历史上有不朽业绩，有无贤才辅佐极为重要，"良友结则辅仁之道弘矣"[2]。葛洪声称："华、霍所以能崇极天之峻者，由乎其下之厚也。唐、虞所以能臻巍巍之功者，实赖股肱之良也。虽有孙阳之手，而无骐骥之足，则不得致

[1] 这里所列均见《抱朴子》外篇卷二十八《百里》。

[2] 《抱朴子》外篇卷十六《交际》。

千里矣。虽有稽古之才，而无宣力之佐，则莫缘凝庶绩矣。”[1] 他又指出：“夫有唐所以巍巍，重华所以恭己，西伯所以三分，姬发所以革命，桓、文所以一匡，汉高所以应天，未有不致群贤为六翮，托豪杰为舟楫者也。”[2] 这些君主在历史上之所以能够应天顺人，建立自己的辉煌业绩，关键是在他们周围集聚着大批贤才，而君主本人则能够放手任用这些贤才。故众多的贤才是圣明的君主成就自己业绩的舟楫与桥梁。葛洪认为，秦的兴起完全是人才的作用，由于“官人得才”，“卫鞅、由余之徒，式法于内；白起、王翦之伦，攻取于外”，[3] 逐步奠定了帝业的基础。葛洪看到，汉朝的建立同样是因为发挥了人才的作用。如果论“决策于玄帏”，“定胜乎千里”，则刘邦不如张良、陈平；如果论“治兵多而益善”，“所向无敌”，则刘邦不如韩信、英布，然而刘邦因为能够“兼而用之”，故能“帝业克成”。[4] 葛洪斥责“贤者不用，用者不贤”[5] 的现象，强调君主应该“以致贤为首务，得士为重宝，举之者受上赏，蔽之者为窃位”[6]。又称“招贤用才”乃“人主之要务”，往昔“傅说、吕尚不汲汲于闻达者，道德备则轻王公也。而殷高、周文乃梦想乎得贤者，建洪勋必须良佐也”。[7] 葛洪主张，君主应“官贤任能，唯忠是与”[8]，充分发挥贤才的作用，做到“进善”，“黜恶”，“昭德塞违，庸亲昵贤，使规尽其圆，矩竭其方，绳肆其直，斤效其斫，器无量表之任，才无失授之用”，[9] 人尽其才。

葛洪通过历史反思认识到，要重用贤才必须善于识别贤才。他看到“英逸之才，非浅短所识”，故深入探讨怎样克服识才过程中存在的各种障碍：首先是观察角度的差异可能导致认识的差异，“夫瞻视不能接物，

[1] 《抱朴子》外篇卷十五《审举》。
[2] 《抱朴子》外篇卷一《嘉遁》。
[3] 《抱朴子》外篇卷十四《用刑》。
[4] 《抱朴子》外篇卷十二《任能》。
[5] 《抱朴子》外篇卷四十八《诘鲍》。
[6] 《抱朴子》外篇卷十三《钦士》。
[7] 《抱朴子》外篇卷十一《贵贤》。
[8] 《抱朴子》外篇卷七《良规》。
[9] 《抱朴子》外篇卷五《君道》。

则衮龙与素褐同价矣；聪鉴不足相涉，则俊民与庸夫一概矣”。其次是认识标准的不同引起看法的不同，“夫爱憎好恶，古今不均。时移俗易，物同价异”，“故昔以隐居求志为高士，今以山林之儒为不肖。故圣世之良干，乃暗俗之罪人也；往者之介洁，乃末叶之羸劣也”。[1] 再次是对待贤才不能求全责备。葛洪认识到人都有缺点，都有局限，“能调和阴阳者，未必能兼百行，修简书也”，“汉高，神武之杰也，而不能治产业，端检括；淮阴，良将之擘也，而不能修农商，免饥寒；周勃，社稷之骾也，而不能答钱谷，责狱辞”。君主选拔人才，重用人才，主要在于用人之长，发挥其特点与长处，“若以所短弃所长，则逸侪拔萃之才不用矣；责具体而论细礼，则匠世济民之勋不著矣。天不能平其西北，地不能隆其东南，日月不能摛光于曲穴，冲风不能扬波于井底”。[2] 第四，识别人才不能为表面现象所迷惑，要深入考察其本质。“貌望丰伟者”并不一定贤明，“形器尫瘁者”并不一定愚蠢，“咆哮者”并不一定勇敢，“淳淡者”并不一定怯懦。[3] 最后还要善于明辨是非。因为普遍存在“佞人相汲引而柴正路，俊哲处下位而不见知”[4] 的现象，忠良之士往往遭到奸诈小人的谗害。历史上不少有才之士满怀报国之志，但终因被人谗害而壮志难酬，只得遗恨终生。如“孙膑思骋其秘略，而司马刖之；韩非愿建治绩，而李斯杀之；贾谊慷慨，怀经国之术，而武夫排之；子政忠良，有匡危之具，而恭、显陷之。和氏所以抱璞而泣血，禽息所以发愤而碎首也”，“谗人画蛇足于无形，奸臣畏忠贞之害己，体曲者忌绳墨之容，夜裸者憎明烛之来。是以高誉美行，抑而不扬，虚构之谤，先形生影”。[5] 葛洪的这些论述，有理有据，分析了识才过程中的各方面的问题，寓含着深刻的历史辩证法思想。

葛洪通过历史反思认识到，治理国家必须刑仁并举。他一方面将“仁”与天下得失联系在一起，宣称“三代得天下以仁，失天下以不

---

[1] 这里所列均见《抱朴子》外篇卷十八《擢才》。

[2] 《抱朴子》外篇卷十七《备阙》。

[3] 《抱朴子》外篇卷二十一《清鉴》。

[4] 《抱朴子》外篇卷二十《名实》。

[5] 《抱朴子》外篇卷十八《擢才》。

仁”[1]；另一方面则又强调“明主不能舍刑德以致治”[2]。治理国家应该刑仁并举，以刑辅仁。葛洪指出：“莫不贵仁，而无能纯仁以致治也；莫不贱刑，而无能废刑以整民也。”他将刑与仁都看成治理国家的手段与工具，各有各的用处，统治者应该从具体情况出发，需要使用哪种手段就使用哪种手段。葛洪宣称：“夫德教者，黼黻之祭服也；刑罚者，捍刃之甲胄也。若德教治狡暴，犹以黼黻御剡锋也；以刑罚施平世，是以甲胄升庙堂也。故仁者养物之器，刑者惩非之具，我欲利之，而彼欲害之，加仁无悛，非刑不止。刑为仁佐，于是可知也。”他强调说：“盖天地之道，不能纯仁”，“故明赏以存正，必罚以闲邪”，“劝民设教，济以宽猛”，“故仁者为政之脂粉，刑者御世之辔策；脂粉非体中之至急，而辔策须臾不可无也”。葛洪批评俗儒不懂得这些道理，“徒闻周以仁兴，秦以严亡，而未觉周所以得之不纯仁，而秦所以失之不独严也”。他认为，晋代社会可谓“道衰”“俗薄”，如果只讲仁义而舍弃刑罚，那就如同“委辔策而乘奔马于险涂，舍柁橹而泛虚舟以凌波，盘旋以逐走盗，揖让以救灾火”，不仅无益，而且十分有害。在这种情况下，“世人薄申、韩之实事，嘉老、庄之诞谈。然而为政莫能错刑”，那些“道家之言，高则高矣，用之则弊”，“可得而论，难得而行也”。[3]

葛洪通过历史反思认识到，治理国家应该以民为本。他将秦的灭亡归结为其行暴政，愤然指出，秦的末世“骄于得意，穷奢极泰。加之以威虐，筑城万里，离宫千余，钟鼓女乐，不徙而具。骊山之役，太半之赋，闾左之戍，坑儒之酷，北击猃狁，南征百越，暴兵百万，动数十年。天下有生离之哀，家户怀怨旷之叹。白骨成山，虚祭布野”，从而导致“天下欲反，十室九空”。[4]将秦的灭亡视为其与民为敌，残民以逞的必然结果，这是汉代思想家们的普遍认识。葛洪继承汉人的这一认识。他从历史反思中看到，只有以民为本，使民安居乐业，天下才能太平。如果“民财匮夫，而求不已；下力竭矣，而役不休；欲怨难之不生，规其

[1]《抱朴子》外篇卷三十七《仁明》。
[2]《抱朴子》外篇卷三十九《广譬》。
[3] 这里所引均出自《抱朴子》外篇卷十四《用刑》。
[4]《抱朴子》外篇卷十四《用刑》。

宁之惟永，犹断根以续枝，割背以裨股，刻目以广明，剜耳以开聪也”[1]。葛洪将人君治国与治身养神联系起来，声称君主经世济俗如同治身养神一样，“神犹君也，血犹臣也，气犹民也。故知治身，则能治国也。夫爱其民所以安其国，养其气所以全其身。民散则国亡，气竭即身死，死者不可生也，亡者不可存也”，“民难养而易危也，气难清而易浊也，故审威德所以保社稷，割嗜欲所以固血气”。[2] 在葛洪看来，君主治理国家，应该爱民养民，才能上下通达，实现长治久安。

第四节 “时移世改，理自然也”

“时移世改，理自然也”[3]，这是葛洪分析社会发展与历史变化的一个重要观点。这个观点把社会的进步看成是自然的和理所当然的过程。既然社会的进步是自然而然的并且是理所当然的过程，那么今必然要胜于古，后代总是要超越前代。

葛洪把物质文明与精神文明的进步看成是社会发展的产物。他虽然调和儒道，主张“道本儒末”，但在社会历史观方面却与传统儒家、道家美化古代迥然不同。葛洪一方面把远古视为民智未开的蒙昧时代，宣称：“远古质朴，盖其未变。民尚童蒙，机心不动。譬夫婴孩，智慧未萌，非为知而不为，欲而忍之也。”[4] 另一方面则又把远古看成物质生活简单的落后时代，说：“古者生无栋宇，死无殡葬，川无舟楫之器，陆无车马之用，吞啖毒烈，以至殒毙；疾无医术，枉死无限。后世圣人，改而垂之。民到于今，赖其后惠。机巧之利，未易败矣。”[5] 在葛洪看来，远古时代并非盛世，恰恰相反，其物质生活极为简单，精神生活非常贫乏。因此人们没有必要肯定它，更没必要赞美它。他愤然指出，如果谁拉历

[1] 《抱朴子》外篇卷三十八《博喻》。
[2] 《抱朴子》内篇卷十八《地真》。
[3] 《抱朴子》外篇卷三十《钧世》。
[4] 《抱朴子》外篇卷四十八《诘鲍》。
[5] 《抱朴子》外篇卷四十八《诘鲍》。

史的倒车，使人“居则反巢穴之陋，死则捐之中野，限水则泳之游之，山行则徒步负戴。弃鼎铉而为生臊之食，废针石而任自然之病，裸以为饰，不用衣裳，逢女为偶，不假行媒，吾子亦将曰不可也，况于无君乎！”[1] 葛洪认为，社会不断发展进步，治理国家应该因时立制，不能拘泥于古制。他指出，“夫三王不相沿乐，五帝不相袭礼，而其移风易俗安上治民一也，或革或因”[2]。这就是说，治理国家就是移风易俗，安上治民。而要达到这个目的，必须随着时代的变化而变化。对前代制度或因或革，这本来是很正常的事情。抱残守缺，拘泥古制，实质是固守落后，拒斥进步。这种做法如同“棺椁不当代薪埋，衣裳不宜改裸袒”[3] 一样，不仅是非常可笑的，而且是不可理喻的。

葛洪反对神化儒家经典，敢于对孔子与儒家思想提出责难。首先，葛洪将儒家经典看成古代遗留下来的文献，认为其不值得迷信。他指出：“古书之多隐，未必昔人故欲难晓。或世异语变，或方言不同；经荒历乱，埋藏积久，简编朽绝，亡失者多，或杂续残缺，或脱去章句。是以难知，似若至深耳。且夫《尚书》者，政事之集也，然未若近代之优文、诏、策、军书、奏、议之清富赡丽也。《毛诗》者，华彩之辞也，然不及《上林》《羽猎》《二京》《三都》之汪涉博富也。”[4]《尚书》《诗经》是儒家的两部主要经典，在他看来甚至还不如近代的文章！葛洪剥去了笼罩在儒家经典之上的神圣的光环，并将其视为历经时移世变而流传下来的古代文献，这是符合历史事实的。其次，葛洪指出孔子以及儒家经典存在诸多缺陷，没有必要将其神化，更不值得盲目崇拜，“夫五经所不载者无限矣，周孔所不言者不少矣”[5]。在葛洪看来，像孔子这样的圣人并非生而知之，更不是什么事物都能预见，例如“厩焚，又不知伤人马否。颜渊后，便谓之已死。又周游七十余国，而不能逆知人之必不用之也”，“诸若此类，不可具举”。[6] 再次，葛洪对儒家经典的某些传统观

[1]《抱朴子》外篇卷四十八《诘鲍》。
[2]《抱朴子》外篇卷三十一《省烦》。
[3]《抱朴子》外篇卷三十一《省烦》。
[4]《抱朴子》外篇卷三十《钧世》。
[5]《抱朴子》内篇卷八《释滞》。
[6]《抱朴子》内篇卷十二《辨问》。

点大胆提出质疑。他指出："能言莫不褒尧，而尧政不必皆得也；举世莫不贬桀，而桀事不必尽失也。"[1] 褒尧贬桀是充斥于儒家经典之中的一个传统观点，葛洪提出质疑，这对于廓清是古非今的思想迷雾有着重要的积极意义。

葛洪尖锐批评是古非今、贵古贱今的社会风气。首先，他揭露这种风气"有自来矣"[2]，实质是一种历史遗留下来的传统积习。世俗之人通常"神贵古昔而黩贱同时"，"虽有追风之骏，犹谓之不及造父之所御也；虽有连城之珍，犹谓之不及楚人之所泣也；虽有疑断之剑，犹谓之不及欧冶之所铸也；虽有起死之药，犹谓之不及和鹊之所合也；虽有超群之人，犹谓之不及竹帛之所载也；虽有益世之书，犹谓之不及前代之遗文也"。[3] 其次，他指责那些不懂得社会发展变化的"俗士"，"多云今山不及古山之高，今海不及古海之广，今日不及古日之热，今月不及古月之朗。何肯许今之才士，不减古之枯骨?"因此，"重所闻，轻所见，非一世之所患矣"。[4] 再次，他指出贵远贱近、贵古贱今的思想，逐渐成为一种思维定式，"贵远而贱近者，常人之用情也；信耳而疑目者，古今之所患也"[5]，甚至"书不出周公之门，事不经仲尼之手，世人终于不信"[6]。这种思维定式限制人们的思想，阻碍人们对事物形成正确认识，例如有的人认为，"今世所为，多不及古。文章著述，又亦如之"[7]。人们在分析事物时，应该突破这种传统思维定式的束缚，不应根据事物远近古今做出判断，而应透过事物的表面现象，紧紧把握其内在本质，得出正确的结论。"故新剑以诈刻加价，弊方以伪题见宝也。是以古书虽质朴，而俗儒谓之堕于天也；今文虽金玉，而常人同之于瓦砾也"，"然古书者虽多，未必尽美，要当以为学者之山渊，使属笔者得采

[1] 《抱朴子》外篇卷三十八《博喻》。
[2] 《抱朴子》外篇卷三十《钧世》。
[3] 《抱朴子》外篇卷三十二《尚博》。
[4] 《抱朴子》外篇卷三十二《尚博》。
[5] 《抱朴子》外篇卷三十九《广譬》。
[6] 《抱朴子》内篇卷二《论仙》。
[7] 《抱朴子》外篇卷三十二《尚博》。

伐渔猎其中”。[1]

综观《抱朴子》这部道教理论著作的内容可知，其内篇主要论述神仙方药、鬼怪变化、养生延年、禳灾却祸之事，而外篇则着重探讨关于人间得失与世事臧否方面的问题。葛洪提出“道本儒末”，极力协调儒道关系，其基本思想是以成仙养生为内，儒术应世为外，认为道教徒在追求成仙养生的同时，必须谨守儒家伦理原则，从而将道教的神仙信仰与儒家的纲常名教结合起来。他要求认真总结历史经验，主张治理国家要以史为鉴。他认为君主治国兴邦应该举贤任能，做到刑仁并举。他提出历史是自然的发展过程，后代必然超越前代。葛洪的史学思想既包含着许多有价值的成分，又存在不少糟粕，值得认真加以总结，而探讨葛洪的史学思想对于我们认识道教与中国古代史学思想发展的关系具有重要意义。

[1]《抱朴子》外篇卷三十《钧世》。

第九章　范晔的史学思想

范晔（398—445），字蔚宗，顺阳（今河南淅川）人，南朝刘宋时期著名史学家，撰有《汉书缵》18卷，集15卷，录1卷，《百官阶次》1卷，[1]《后汉书》90卷。这些著作除《后汉书》以外均已亡佚。《后汉书》是范晔史学的代表作，在中国史学史上具有重要地位。在这里，我根据《后汉书》中的有关材料，对范晔的史学思想及其历史认识论做一点简要的分析。

第一节　以系统思想审视历史

整合的系统思维方式是中国传统文化观念的重要特点，[2]而“系统思维乃是中国传统思维方式的主干”。[3]整体思想是中国古代哲人思考历史的一种重要的史学思想。范晔以系统的、整体的思想审视历史，其基本精神是探讨东汉一代的兴亡教训。这首先体现在他既把东汉王朝的

[1] 参见《隋书·经籍志》及《新唐书·艺文志》。

[2] 参见田盛颐：《中国系统思维序》，刘长林《中国系统思维》，中国社会科学出版社1990年版。

[3] 刘长林：《中国系统思维自序》，《中国系统思维》。

历史放到历史长河中来加以考察，又将东汉一代的历史作为一个整体来加以认识。其所编撰的《后汉书》系统记载了自王莽之末群雄并起，人心思汉，光武荡平天下，实现中兴，直到黄巾起义之后，天下大乱，军阀混战，东汉王朝土崩瓦解，最后形成魏、蜀、吴三国鼎立局面的整个过程。其目的就是要“正一代得失”[1]。然而，历史发展有其自身的连续性，一种社会现象的出现往往有着深刻的历史根源，东汉历史上存在的许多现象，其渊源往往可以追溯到西汉乃至先秦，故范晔在将东汉历史作为一个整体考察时，又将其置于历史长河中来加以考察。因此《后汉书》虽然是一部纪传体断代史，但其对许多问题的论述却追本溯源，考其源流，辨其始末。如《皇后纪序》论述了自夏殷至东汉历代后妃之制的发展演变，揭示了后妃、后族对历朝政治的重要作用；《独行列传序》论述了自三代之后至东汉时期的独立卓行之士的崇高品德；《党锢列传序》论述了自春秋战国历西汉至东汉社会风气的发展演变；东夷、南蛮、西南夷、西羌、西域、南匈奴、乌桓鲜卑等列传的序论，论及四夷的历史与汉夷关系的变化；《西羌列传论》实质上是一篇系统论述西羌问题的学术论文，作者先论羌患的起源，逐次论及羌患原因、范围、危害、东汉王朝征伐西羌的结局、平息羌患的意义，最后总论汉代对羌政策的得失。这种系统考察的方法表明，范晔是将东汉的历史置于整个历史长河中，从整体上、宏观上去加以认识与把握的。

范晔以系统的、整体的思想审视历史，这其次体现在他善于从整体上把握一代风貌。范晔看到东汉自安、顺以后，各种矛盾激化，国势衰落，“永元之际，天子幼弱，太后临朝，窦氏凭盛戚之权，将有吕、霍之变。幸汉德未衰，大臣方忠，袁（安）、任（隗）二公正色立朝，乐（恢）、何（敞）之徒抗议柱下，故能挟幼主之断，剿奸回之逼，不然，国家危矣”[2]。他对外戚专权与宦官乱政这两个反映东汉时代特征的重大问题的考察，最能体现其历史认识的整体性。范晔认为，“汉世外戚，自东、西京十有余族，非徒豪横盈极，自取灾故，必于贻衅后主，以至

[1] 范晔：《狱中与诸甥侄书》，《宋书》卷六十九《范晔传》。

[2] 《后汉书》卷四十三，“论曰”。

颠败者”，这有四个方面的原因：“恩非己结，而权已先之；情疏礼重，而枉性图之；来宠方授，地既害之；隙开势谢，谗亦胜之。”[1] 这些概括，极为深刻，是系统考察两汉外戚，特别是东汉的外戚专权之后所做出的正确结论。范晔认识到，外戚与宦官之间，既相互依存，又激烈冲突。女后临朝与外戚专权、宦官乱政这些现象，反映出他们之间彼此势力消长。他指出，“和帝即祚幼弱，而窦宪兄弟专总权威，内外臣僚，莫由亲接，所与居者，唯阉宦而已”，于是宦官的势力逐渐发展起来。自明帝以后，宦官“委用渐大，而其员稍增”，邓后以女主临政，“万机殷远，朝臣国议，无由参断帷幄，称制下令，不出房闱之间，不得不委用刑人，寄之国命”。[2] 天子幼弱，女后临朝，正好为宦官势力的兴起提供了契机。此后宦官把持朝政，权势越来越大。《宦者列传序》先从寺人之制开始谈起，历叙两汉宦官的事迹及其导致东汉王朝覆灭的原因，最后指出宦官之祸由来已久，绝非一朝一夕所致。这些论述，反映出范晔从整体上认识历史、把握历史的见识与能力。

范晔以系统的、整体的思想审视历史，这还体现在他善于从不同的人物身上考察某些具有普遍意义的问题。如东汉中后期，朝政日趋黑暗，然东汉政权却延续达 200 年之久。范晔认为，这是思想舆论对政治发展产生重要作用的结果。《左周黄列传论》说东汉“所以倾而未颠、决而未溃”，是因为“硕德继兴”，“宏儒远智，高心洁行”的士流所致。《陈寔传论》称，陈寔等人“据于德故物不犯，安于仁故不离群，行成乎身而道训天下。故凶邪不能以权夺，王公不能以贵骄；所以声教废于上，而风俗清乎下也”。《陈蕃传论》说“其信义足以携持民心，汉世乱而不亡，百余年间，数公之力也”。《孔融传论》称其“高志直情，其足以动义概而忤雄心，故使移鼎之迹，事隔于人存；代终之规，启机于身后”。《儒林列传论》称桓灵以来，“君道秕僻，朝纲日陵”，“而权强之臣，息其窥盗之谋，豪俊之夫，屈于鄙生之议者，人诵先王言也，下畏逆顺势也”。我们通过这些议论，可以看到一个共同的观点，即“范晔把后汉清流士

[1] 《后汉书》卷十六，“论曰”。
[2] 《后汉书》卷七十八《宦者列传》。

人以及以他们为代表的舆论，看成声教废于上而风俗清于下，国家乱而政权不倒的原因。这是通过思辨分析而得出的看法，是很有识见的解释”[1]。

范晔以系统的、整体的思想审视历史，这还体现在他善于从不同方面考察历史人物，一方面能看到其贡献与功绩，另一方面又能指出其过失与问题，论述既全面又深刻。如对和帝皇后邓绥，范晔既指责她“称制终身，号令自出，术谢前政之良，身阙明辟之义”，又指出“自太后临朝，水旱十载，四夷外侵，盗贼内起。每闻人饥，或达旦不寐，而躬自减彻，以救灾厄，故天下复平，岁还丰穰”，肯定她“持权引谤，所幸者非己，焦心恤患，自强者唯国”。[2] 如梁商以外戚居大位，范晔既肯定其“每存谦柔，虚己进贤”，“每有饥馑，辄载租谷于城门，赈与贫馁，不宣己惠。检御门族，未曾以权盛干法”，又指出其“性慎弱无威断，颇溺于内竖。以小黄门曹节等用事于中，遂遣子冀、不疑与为交友”，[3] 最后落得个破家伤国的下场。即使对宦官，范晔既看到“阉尹倾国”，又认为“亦有忠厚平端，怀术纠邪”之人，“非直苟恣凶德，止于暴横而已”。[4] 范晔对于同一个人，能够从不同角度考察。他认为，“鲍永守义于故主，斯可以事新主矣。耻以其众受宠，斯可以受大宠矣”[5]。范晔从鲍永“守义于故主”与“耻以其众受宠”，推断其“可以事新主”与“可以受大宠”，这既符合逻辑，又极为深刻。范晔还往往将东汉的历史人物与前代的历史人物进行比较。如《顺帝纪论》说：“古之人君，离幽放而反国祚者有矣，莫不矫鉴前违，审识情伪，无忘在外之忧，故能中兴其业。观夫顺朝之政，殆不然乎？何其效僻之多与？”这是将顺帝与春秋时期的晋文公相比较，并指出顺帝在位期间，群贤总集，但“匪砥匪革，终沦嬖习”[6]，不能自励，改革前非，溺于私嬖近习，致使宦官势

[1] 周一良：《略论南朝北朝史学之异同》，载《北京大学学报》1990年第3期，第105—109页。

[2] 《后汉书》卷十上《皇后纪》。

[3] 参见《后汉书》卷三十四《梁统列传》附《梁商传》。

[4] 参见《后汉书》卷七十八，“论曰”。

[5] 《后汉书》卷二十九，“论曰”。

[6] 《后汉书》卷六，“赞曰”。

力有了新的发展。由此看来，顺帝远远不如晋文公。如《灵帝纪论》说："《秦本纪》说赵高谲二世，指鹿为马，而赵忠、张让亦绐灵帝不得登高临观，故知亡敝者同其致矣。"这里范晔将赵忠、张让与赵高相比，将灵帝与秦二世相比，这种比较使人们认识到，赵忠、张让之奸与赵高之奸如出一辙，而灵帝之昏庸也与秦二世无异。如《铫期王霸祭遵列传论》评述祭彤之功说："祭彤武节刚方，动用安重，虽条侯、穰苴之伦，不能过也。"这里范晔将祭彤与周亚夫、穰苴相提并论，以此来肯定祭彤的地位与贡献。这种比较方法有利于人们对相关历史人物形成更加全面的认识。

第二节　以变易思想考察历史变动

历史变易思想是中国古代一种重要的史学思想。范晔以这种思想为指导来思考历史，认识到历史是不断发展变化的。正是由于历史是不断发展变化的，人类社会是不断进步的，所以编撰史书就是为了"正一代之得失"，以为后代治理国家提供借鉴。

范晔认识到，礼乐等典章制度必然要随着时代的进步与社会的变迁而损益。他指出："夫三王不相袭礼，五帝不相沿乐，所以《咸》《茎》异调，中都殊绝。况物运迁回，情数万化，制则不能随其流变，品度未足定其滋章，斯固世主所当损益者也。"[1] 他看到了汉代职官制度的发展变化，指出："汉初诏举贤良、方正，州郡察孝廉、秀才，斯亦贡士之方也。中兴以后，复增敦朴、有道、贤能、直言、独行、高节、质直、清白、敦厚之属。"东汉时期，察举为地方豪强把持，这样名目的增加直接导致了察举自身的冗滥，而察举的冗滥则又导致了对察举制度的破坏，"自是窃名伪服，浸以流竞。权门贵仕，请谒繁兴"[2]。

范晔看到，社会风气是不断发展变化的。西汉之初，"任侠"之风盛；武帝时，独尊儒术，于是"守文之徒，盛于时矣"；东汉之初，"保

[1]《后汉书》卷三十五，"论曰"。
[2]《后汉书》卷六十一，"论曰"。

身怀方，弥相慕袭，去就之节，重于时矣”；东汉后期的桓灵之间，“主荒政缪，国命委于阉寺，士子羞与为伍，故匹夫抗愤，处士横议，遂乃激扬名声，互相题拂，品核公卿，裁量执政，婞直之风，于斯行矣”。[1]这些论述，在袁宏论述汉代社会风气的发展演变的基础上，进一步说明了两汉时期社会风气发展变化的轨迹。

范晔认识到，历史演变总有其自身渐进的过程，这种渐进过程其实就是各种矛盾逐渐积累，不断发展，最后引起质变的过程。他以历代失国来说明这一点，指出：“自古丧大业绝宗禋者，其所渐有由矣。三代以嬖色取祸，嬴氏以奢虐致灾，西京自外戚失祚，东都缘阉尹倾国。”[2]又如《献帝纪论》言：“天厌汉德久矣。”这些论述表明，范晔看到每一朝代的灭亡绝非偶然，往往要经历一个各种矛盾不断积累并日益加深的过程，当量变的积累达到一定程度的时候，必然出现质变。这种质变的结果就是旧的朝代灭亡并为新的朝代所取代。范晔审视历史变化，看到事物往往向其相反的方向转化。他指出，“夫威强以自御，力损则身危；饰诈以图己，诈穷则道屈”[3]。范晔的这一论断反映出其历史辩证法思想，是很深刻的。

范晔认为，历史演变有其自身的趋势，而这种趋势往往非人力所能阻挡，亦非人力所能挽回，“物之兴衰，情之起伏，理有固然矣”[4]。他举例说：“窦武、何进藉元舅之资，据辅政之权，内倚太后临朝之威，外迎群英乘风之势，卒而事败阉竖，身死功颓，为世所悲，岂智不足而权有余乎？《传》曰：‘天之废商久矣，君将兴之。’斯宋襄公所以败于泓也。”[5]在范晔看来，宦官乱政，东汉王朝无可奈何地走向衰落，这是一种任何力量也挽救不了的历史趋势。即使像窦武、何进那样辅政的外戚，他们在朝中能够仰仗太后临朝的威权，在朝外又有各地士人的广泛支持，结果不仅未能消灭宦官，反而为宦官所灭，这绝不是偶然的。当大势已去之时，无论谁有多大的能力与权势，也无法阻挡。《延笃传》

---

[1]《后汉书》卷六十七《党锢列传》。

[2]《后汉书》卷七十八，“论曰”。

[3]《后汉书》卷二十七，“论曰”。

[4]《后汉书》卷十上，“论曰”。

[5]《后汉书》卷六十九，“论曰”。

载，前越嶲太守李文德欲引进延笃，笃为书止李文德说：“夫道之将废，所谓命也。”这句话既说明延笃看到当时的东汉政权的衰落是无可挽回的历史趋势，有如命中注定一样，而范晔引述延笃之语，这又说明他理解与赞成延笃的观点，认识到历史更替是不以任何人的意志为转移的发展趋势。

范晔以天命来说明兴衰成败。前已论及，范晔又将天命视为人心向背的体现。因此，范晔所说的天命归根结底就是指历史趋势。他针对袁术假符僭称而终于败亡，论曰：“天命符验，可得而见，未可得而言也。然大致受大福者，归于信顺乎！夫事不以顺，虽强力广谋，不能得也。谋不可得之事，日失忠信，变诈妄生矣。况复苟肆行之，其以欺天乎！虽假符僭称，归将安所容哉！”[1] 范晔认为，袁术假符僭称之所以失败，就是因为其“事不以顺”，“日失忠信”，违背天命，是为“欺天”。范晔所说的“欺天”，即违背历史发展的趋势，故“虽强力广谋，不能得也”，其失败具有必然性。这里还应该指出的是，范晔不仅认识到历史发展存在着不以人的意志为转移的必然性，而且在一定程度上“看到了某些历史现象向矛盾的对立面发展”[2]。如《党锢列传序》在论及自战国至东汉社会风气的发展演变时说：“夫上好则下必甚，矫枉故直必过，其理然矣。”这里所说就是矛盾转化的道理。

第三节　对历史解喻的正统观

前已论及，正统思想是中国古代的一种重要的政治思想，也是一种重要的史学思想。这种思想的精髓，“在于阐释如何始可以承统，又如何方可谓之‘正’之真理”[3]。范晔有着强烈的正统思想。他以“天”“命”来看待东汉王朝的历史地位，认为东汉王朝是因应天命的正统政权。在《光武帝纪论》中，范晔煞有介事地记载了一系列所谓祥瑞，以

[1] 《后汉书》卷七十五，“论曰”。
[2] 参见白寿彝：《中国史学史论集》，第 143 页。
[3] 参见饶宗颐：《中国史学上之正统论》，上海远东出版社 1996 年版，第 76 页。

便向人们说明光武帝刘秀是顺天应命的真命天子。光武出生时，“有赤光照室中”，而卜者王长称“此兆吉不可言”；“是岁县界有嘉禾生，一茎九穗”；后来望气者苏伯阿为王莽出使南阳，遥望见舂陵郡，叹曰，“气佳哉！郁郁葱葱然”；光武“始起兵还舂陵，远望舍南，火光赫然属天，有顷不见”；“道士西门君惠、李守等亦云刘秀当为天子”。范晔不厌其烦地列举这些事例，其目的就是要向人们说明：光武中兴，建立东汉，这是天命，“其王者受命，信有符乎？不然，何以能乘时龙而御天哉”！《光武帝纪赞》说：“炎正中微，大盗移国”，“光武诞命，灵贶自甄”，“于赫有命，系隆我汉”。这就是说，正当刘汉王朝国运衰微之时，大盗王莽趁机篡夺政权，而光武膺承伟大的天命，佳气神光照耀他，美好的天命使大汉王朝得以中兴。

范晔在神化东汉王朝的同时，极力贬低东汉建立之前的王莽、刘玄、刘盆子、隗嚣、公孙述等人的政权，而对东汉后期曹操挟天子以令诸侯也加以贬斥。在范晔看来，王莽为窃位的大盗，这自不待言。而刘玄、刘盆子虽曾一度占据天子之位，但都不过是盗持“皇器”，当然不能占据正统地位。《刘玄刘盆子列传》说更始初入长安，“羞怍，俯首刮席不敢视。诸将后至者，更始问虏掠得几何，左右侍官皆宫省久吏，各惊相视”。他论述说：“汉起，驱轻黠乌合之众，不当天下万分之一，而旌旃之所㧑及，书文之所通被，莫不折戈顿颡，争受职命。非唯汉人余思，固亦几运之会也。夫为权首，鲜或不及。陈、项且犹未兴，况庸庸者乎！”他称刘盆子为赤眉所立时，“被发徒跣，敝衣赭汗，见众拜，恐畏欲啼”。而在该传最后的“赞”中，范晔写道：“圣公靡闻，假我风云。始顺归历，终然崩分，赤眉阻乱，盆子探符。虽盗皇器，乃食均输。”至于在两汉之际的乱世中割据一方的隗嚣、公孙述等人的政权最终破灭的根本原因，范晔认为也在于其违背天命，“若嚣命会符运，敌非天力，虽坐论西伯，岂多嗤乎？”公孙述“及其谢臣属，审废兴之命，与夫泥首衔玉者异日谈也”。[1] 在《隗嚣公孙述列传赞》中，他进一步说：“公孙习吏，隗王得士，汉命已还，二隅方峙。天数有违，江山难恃。”在范晔看来，汉室受命，不可违抗。而隗嚣、公孙述等人违背天数，最后还是要

[1]《后汉书》卷十三，“论曰”。

由东汉这个正统政权来统一。汉末军阀割据，东汉政权崩溃瓦解。《献帝纪》载，建安元年（196）八月辛亥，“镇东将军曹操自领司隶校尉，录尚书事”；建安十八年夏五月丙申，“曹操自立为魏公，加九锡”；建安十九年十一月丁卯，“曹操杀皇后伏氏，灭其族及二皇子”；建安二十一年夏四月甲午，“曹操自进号魏王”；建安二十五年春正月庚子，“魏王曹操薨，子丕袭位”；“冬十月乙卯，皇帝逊位，魏王丕称天子”。这些记载表明，范晔是以一种极为鄙夷的眼光与心态来审视曹操父子终移汉祚这一历史演变过程的。但他又认为，献帝被废为山阳公，这也是天命所致。他引述《左传》之语：“鼎之为器，虽小而重，故神之所宝，不可夺移。”并进而指出：“至令负而趋者，此亦穷运之归乎！天厌汉德久矣，山阳其何诛焉！”[1]

范晔从维护刘汉王朝正统地位的立场出发，既谴责外戚专权，又反对宦官乱政。在东汉历史上，外戚专权与宦官乱政二者交替，而二者都与朝政黑暗、皇权衰落有着直接关系。范晔揭露了女后干政与外戚专权的密切关系，指出：“自古虽主幼时艰，王家多衅，必委成冢宰，简求忠贤，未有专任妇人，断割重器。”由于东汉皇统屡绝，继立者通常是由外籍入居大位，故往往导致母后临朝，外戚干政，致使“身犯雾露于云台之上，家婴缧绁于圄犴之下，湮灭连踵，倾辀继路。而赴蹈不息，燋烂为期，终于陵夷大运，沦亡神宝”[2]。在《宦者列传》的序和论中，范晔一方面分析了宦官与外戚相互勾结的原因，一方面又揭露了宦官得势的种种不同情况，指出宦官得势所造成的“纲纪大乱”“败国蠹政”“忠贤所以屈智，社稷故其为墟”的严重危害。他对宦官乱政所带来的这些严重危害极为痛恨，斥之：“手握王爵，口含天宪，非复掖廷永巷之职，闺牖房闼之任也”，“或称伊、霍之勋，无谢于往载；或谓良、平之画，复兴于当今。虽时有忠公，而竟见排斥。举动回山海，呼吸变霜露。阿旨曲求，则光宠三族；直情忤意，则参夷五宗。汉之纲纪大乱矣”。他指出，宦官乱政，使得“海内嗟毒，志士穷栖，寇剧缘闲，摇乱区夏。虽忠良怀愤，时或奋发，而言出祸从，旋见孥戮”，“自曹腾说梁冀，竟立

[1] 《后汉书》卷九，“论曰”。

[2] 《后汉书》卷十上《皇后纪》。

昏弱。魏武因之，遂迁龟鼎”。[1] 在范晔看来，东汉王朝的灭亡与外戚专权及宦官乱政直接相关。范晔的历史见解是深刻的，他看到了外戚与宦官的胡作非为同东汉灭亡的因果联系，进而揭示了东汉王朝衰落灭亡的直接原因。诚然，范晔没有也不可能认识到外戚、宦官专权乱政的根本原因，恰恰就在于君主专制制度本身。这是其时代与阶级的局限所决定的。

第四节 民为邦本：对东汉历史的总结

前已论及，民本思想既是中国古代一种极为重要的政治思想，同时又是史家用以思考与审视历史的一种重要的史学思想。这种思想强调民对于治理国家，巩固政权的极端重要性，认为民为邦本，本固邦宁。民本思想是儒家政治思想的重要内容，“儒家政治关怀的中心是‘轻徭薄赋，使民以时’，充分反映了仁政的农业文明特征”[2]。范晔以民本思想论评东汉史事。他大量采用民间的歌谣、俚语，赞扬清官良吏。如西汉时南阳太守召信臣开沟渎，起水门，广灌溉，为民兴利。《杜诗传》称杜诗为南阳太守时，“性节俭而政治清平，以诛暴立威，善于计略，省爱民役。造作水排，铸为农器，用力少，见功多，百姓便之。又修治陂池，广拓土田，郡内比室殷足”，百姓将其比作召信臣，并编作歌谣称赞说：“前有召父，后有杜母。”《张堪传》载其为渔阳太守，开稻田，“劝民耕种，以致殷富。百姓歌曰：‘桑无附枝，麦穗两岐。张君为政，乐不可支’”。《廉范传》载，建初中，廉范为蜀郡太守，“成都民物丰盛，邑宇逼侧，旧制禁民夜作，以防火灾。而更相隐蔽，烧者日属。范乃毁削先令，但严使储水而已。百姓为便，乃歌之曰：‘廉叔度（范），来何暮？不禁火，民安作！平生无襦今五绔’”。《贾琮传》载，交阯屯兵反，贾琮为交阯刺史以后，移书告示百姓，“各使安其资业，招抚荒散，蠲复傜役，诛斩渠帅为大害者，简选良吏试守诸县，岁间荡定，百姓以安。巷

---

[1] 《后汉书》卷七十八《宦者列传》。

[2] 陈明：《儒学的历史文化功能——士族：特殊形态的知识分子研究》，第 341 页。

路为之歌曰：‘贾父来晚，使我先反；今见清平，吏不敢饭’”。《延笃传》称：笃为京兆尹，“其政用宽仁，忧恤民黎，擢用长者，与参政事，郡中欢爱，三辅咨嗟焉。先是陈留边凤为京兆尹，亦有能名，郡人为之语曰：‘前有赵（广汉）张（敞）三王（遵、章、骏），后有边（凤）延（笃）二君’”。《刘陶传》称其举孝廉，除顺阳长，政绩卓著，“吏民思而歌之曰：‘邑然不乐，思我刘君（刘陶）。何时复来，安此下民’”。这些记载不仅说明为政应以民为本，而且直接表达了下层民众的呼声。

范晔把得民心视为为政之本。他认为，刘秀之所以能够建立东汉，这是天命，而这种天命却往往通过人心向背来体现。他通过引述《左传》的“盛德必百世祀”，以及孔子的“宽则得众”二语，来说明西汉高祖、孝文的宽仁对于建立东汉的作用，指出：“夫能得众心，则百世不忘矣。观更始之际，刘氏之遗恩余烈，英雄岂能抗之哉！然则知高祖、孝文之宽仁，结于人心深矣”，“刘氏之再受命，盖以此乎?”[1] 他关注民生，赞扬光武帝“务用安静，解王莽之繁密，还汉世之轻法”[2]；推崇章帝“事从宽厚”，“除惨狱之科”，“深元元之爱”，“著胎养之令”，“平徭简赋”，称赞其统治时期“气调时豫，宪平人富”；[3] 赞扬和帝在位，“齐民岁增，辟土世广”[4]。他热情称道那些施政有方，关心百姓，并为百姓拥戴的官吏的业绩。如王景为庐江太守，“驱率吏民，修起芜废，教用犁耕，由是垦辟倍多，境内丰给”[5]。第五伦为乡啬夫，“平徭赋，理怨结，得人欢心”，后历任朝廷内外各种要职，“奉公尽节”，“在位以贞白称，时人方之前朝贡禹”。[6] 钟离意为官，“以爱利为化，人多殷富”[7]。庞参为汉阳太守，“抑强助弱，以惠政得民”[8]。宋均为官，为民所爱，其生病时，“百姓耆老为祷请，旦夕问起居”[9]。何敞为汝南太守，“修

[1] 《后汉书》卷十二，“论曰”。
[2] 《后汉书》卷七十六《循吏列传》。
[3] 参见《后汉书》卷三，“论曰”“赞曰”。
[4] 《后汉书》卷四，“论曰”。
[5] 《后汉书》卷七十六《循吏列传》。
[6] 《后汉书》卷四十一《第五伦传》。
[7] 《后汉书》卷四十一《钟离意传》。
[8] 《后汉书》卷五十一《庞参传》。
[9] 《后汉书》卷四十一《宋均传》。

理鲖阳旧渠，百姓赖其利，垦田增三万余顷”[1]。张纲为广陵太守，慰安百姓，在郡一年，去世时，“百姓老幼相携，诣府赴哀者不可胜数”，其“自被疾，吏人咸为祠祀祈福，皆言‘千秋万岁，何时复见此君’”。[2] 种暠任益州、凉州刺史，治理有方，甚得百姓欢心。其去世后，“并、凉边人咸为发哀”，“匈奴闻暠卒，举国伤惜。单于每入朝贺，望见坟墓，辄哭泣祭祀”。[3] 吴祐任胶东侯相，“政唯仁简，以身率物。民有争诉者，辄闭阁自责，然后断其讼，以道譬之。或身到闾里，重相和解。自是之后，争隙省息，吏人怀而不欺”[4]。从这些事例可见，范晔将民视为政本，并以此评价东汉时期有关人物的行为及其历史地位。

范晔从民本思想出发，肯定那些慎用刑罚的官吏。如王畅为南阳太守，“更崇宽政，慎刑简罚，教化遂行”[5]。寒朗廷争冤狱，使千余人得以开脱，堪称“仁者之情”[6]。袁安处理楚王刘英谋反之狱，为无辜牵连之人开释，使四百余个受冤屈之家得以解脱，“其仁心足以覃乎后昆”[7]。郭躬“家世掌法，务在宽平，及典理官，决狱断刑，多依矜恕”，“小大之狱必察”，“原其平刑审断”。[8] 陈宠、陈忠父子用刑谨慎。陈宠为廷尉，“性仁矜。及为理官，数议疑狱，常亲自为奏，每附经典，务从宽恕”，陈忠“自以世典刑法，用心务在宽详”。[9] 张皓“留心刑断，数与尚书辩正疑狱，多以详当见从”[10]。范晔主张仁政，对伏湛“急于乡射之礼”，侯霸“先奏宽大之令”，宋弘“止繁声，戒淫色”等大加赞扬。[11] 而对残暴的董卓给以严厉斥责，指责其“蹈藉彝伦，毁裂畿服”，自其以后，“及残寇乘之，倒山倾海，昆冈之火，自兹而焚，《版》

[1]《后汉书》卷四十三《何敞传》。
[2]《后汉书》卷五十六《张皓传》附《张纲传》。
[3]《后汉书》卷五十六《种暠传》。
[4]《后汉书》卷六十四《吴祐传》。
[5]《后汉书》卷五十六《王龚传》附《王畅传》。
[6]《后汉书》卷四十一《第五钟离宋寒列传论》。
[7]《后汉书》卷四十五《袁安传论》。
[8]《后汉书》卷四十六《郭躬传》。
[9] 参见《后汉书》卷四十六《陈宠传》附《陈忠传》。
[10]《后汉书》卷五十六《张皓传》。
[11]《后汉书》卷二十六，“论曰”。

《荡》之篇，于焉而极”，“天地之不仁甚矣！”[1]

第五节　评价历史人物的特点

范晔的《后汉书》记载东汉的历史，不仅广泛地反映了东汉社会中儒家经学统治这一时代特征，而且在其史论中大量援引《易》《诗》《书》《左传》《公羊传》《论语》《孟子》等儒家经典之语论评历史人物。《安帝纪论》引《尚书》的“惟家之索”一语批评其在位时邓后专权。《寇恂传论》引述《左传》的“喜怒以类者鲜矣”一语来称赞寇恂“喜而不比，怒而思难”的君子品质，并引用《论语》所载孔子称赞“伯夷、叔齐，不念旧恶，怨是用希”，称寇恂具备这种品质。《周章传论》引《论语》《公羊传》《诗经》《尚书》《孟子》等书之语，批评周章密谋废安帝，诛邓骘兄弟及郑众等宦官，废邓太后，另立平原王刘胜，指出应为“方来之人戒之”。《桓荣传论》引《论语》所载孔子言“古之学者为己，今之学者为人”，指出桓荣以经术累世见宗，“岂其为己乎！”《刘赵淳于江刘周赵刘列传序》引孔子言：“夫孝莫大于严父，严父莫大于配天，则周公其人也。”《周黄徐姜申屠列传序》引《易》语：“君子之道，或出或处，或默或语。”以及孔子言：“蘧伯玉邦有道则仕，邦无道则可卷而怀也。”《独行列传序》引孔子言：“与其不得中庸，必也狂狷乎！”《逸民列传序》先引《易》语：“《遁》之时义大矣哉。”接着又引《易》语：“不事王侯，高尚其事。”这类引述在《后汉书》中极多。

范晔以儒家伦理作为评判人物的标准。这主要体现在以下几个方面：

其一，称道仁义。范晔引述荀悦的《申鉴》之言，强调：“夫道之本，仁义而已矣”，“故古之圣王，其于仁义也，申重而已”；又称陈寔“进退之节，必可度也”。[2] 吴祐在外戚梁冀面前为李固争辩，“冀怒而起入室，祐亦径去”，范晔认为，其“仁以矜物，义以退身，君子哉！”[3] 他指出，卓

---

[1] 《后汉书》卷七十二，“论曰”。

[2] 《后汉书》卷六十二《荀韩钟陈列传》。

[3] 《后汉书》卷六十四，“论曰”。

茂“性宽仁恭爱”，鲁恭“专以德化为理”，魏霸“以简朴宽恕为政”，刘宽“典历三郡，温仁多恕”，并评论说：“卓、鲁款款，情悫德满。仁感昆虫，爱及胎卵。宽、霸临政，亦称优缓。”[1] 宋弘不忘糟糠之妻，被范晔称之为“仁不忘本”[2]。他赞扬张皓、王龚“好通汲善，明发升荐，仁人之情也”[3]。正如清代史学家王鸣盛所说，范晔评价人物，“贵德义，抑势利，进处士，黜奸雄”[4]。

其二，崇尚忠信。范晔指出：“忠信笃敬，蛮貊行焉者，诚以德之感物厚矣。”[5] 他肯定箕子治朝，广施忠信，“若箕子之省简文条而用信义，其得圣贤作法之原矣!”[6] 他认为来歙可谓“天下信士”，“专使乎二国之间，岂厌诈谋哉？而能独以信称者，良其诚心在乎使两义俱安，而己不私其功也”。[7] 他称铫期“重于信义”[8]，又盛赞西汉苏武与东汉耿恭满腔忠义，说：“初读《苏武传》，感其茹毛穷海，不为大汉羞。后览耿恭疏勒之事，喟然不觉涕之无从。嗟哉，义重于生，以至是乎!”[9]《独行列传》堪称忠义人物的专篇，所记的 24 个人物中，有 9 人不仕于王莽和公孙度，有 6 人以忠于长官而闻名。范晔对汉末人物的记载，更体现出他以忠义作为标准来评判人物：荀彧忠于汉室，故立传大加表彰；荀攸为曹操效力，虽死于汉末，却不加记载。

其三，赞美孝道。在《刘赵淳于江刘周赵列传》中，范晔记载了一系列孝义人物的事迹。如毛义“少节，家贫，以孝行称”；汝南薛包孟尝，“好学笃行，丧母，以至孝闻”；彭城刘平、沛国赵孝、汝南王琳、琅琊魏谭皆临寇让生；淳于恭“举动周旋，必由礼度”；江革“自在辕中輓车”，服侍老母，被乡里称为“江巨孝”；周磐居贫养母，“及母殁，哀至几于毁灭”；周磐同郡蔡顺，以至孝称，其母寿终，“未及得葬，里中

[1]《后汉书》卷二十五，“赞曰”。
[2]《后汉书》卷二十六，“赞曰”。
[3]《后汉书》卷五十六，“论曰”。
[4] 王鸣盛：《十七史商榷》卷六十一，《范蔚宗以谋反诛》条。
[5]《后汉书》卷二十七，“论曰”。
[6]《后汉书》卷八十五，“论曰”。
[7]《后汉书》卷十五，“论曰”。
[8]《后汉书》卷二十《铫期传》。
[9]《后汉书》卷十九，“论曰”。

灾，火将逼其舍，顺抱伏棺柩，号哭叫天”。[1] 在其他传记中，同样充满对孝义行为的赞颂。《冯绲传》称其弟冯允“清白有孝行”；《姜肱传》称姜肱及其二弟仲海、季江，“俱以孝行著闻”；《申屠蟠传》称其“九岁丧父，哀毁过礼。服除，不进酒肉十余年。每忌日，辄三日不食”；《蔡邕传》称其“性笃孝，母常滞病三年，邕自非寒暑节变，未尝解襟带，不寝寐者七旬。母卒，庐于冢侧，动静以礼”，“与叔父从弟同居，三世不分财，乡党高其义”。

其四，颂扬气节。《杨震列传论》称赞其大义凛然，视死如归的崇高气节，“抗直方以临权枉，先公道而后身名，可谓怀王臣之节，识所任之体矣”。《李杜列传论》赞扬李固说：“顺桓之间，国统三绝。太后称制，贼臣虎视，李固据位持重，以争大义，确乎而不可夺。岂不知守节之触祸，耻夫覆折之伤任也。”《范滂传》刻画其面对朝廷逮捕党人的诏令，与县令及其母亲悲壮诀别的场景，令人肃然起敬。《范滂传论》称赞李膺“振拔污险之中，蕴义生风，以鼓动流俗，激素行以耻威权，立廉尚以振贵势，使天下之士奋迅感慨，波荡而从之，幽深牢破室族而不顾，至于子伏其死而母欢其义，壮矣哉！”《陈蕃传论》说：“桓灵之世，若陈蕃之徒，咸能树立风声，抗论惛俗。而驱驰嶮阨之中，与刑人腐夫同朝争衡，终取灭亡之祸者，彼非不能絜情志，违埃雾也。愍夫世士以离俗为高，而人伦莫相恤也。以遁世为非义，故屡退而不去；以仁心为己任，虽道远而弥厉。”正如清代学者王鸣盛所言，《后汉书》的《党锢》《独行》《逸民》等传，“正所以表死节，褒正直，而叙杀身成仁之为美也”，而诸列传中，“亦往往见重仁义贵守节之意”。[2] 范晔对于节义的赞颂，可谓举不胜举。

其五，推崇正直。范晔称滕抚性方直，不交权势，宦官怀忿；何敞性公直；张酺为人质直；李法性刚而有节；爰延性质悫；杜根性方实，好绞直；栾巴性质直；谢弼中直方正；周举上书言当世得失，辞甚切正；苏章数陈得失，其言甚直；虞诩刚正之性，终老不屈。[3] 左雄任事，勇于负责，范晔对此给以高度评价。《左雄传》载其为尚书令以后，几次上

[1] 以上均据《后汉书》卷三十九《刘赵淳于江刘周赵列传》。
[2] 参见王鸣盛：《十七史商榷》卷三十六，《范矫班失》条。
[3] 参见《后汉书》滕抚、何敞、张碑等传。

疏顺帝，主张改革选举制度，收到了良好的效果。范晔称赞说：“自是牧守畏慄，莫敢轻举。迄于永憙，察选清平，多得其人。”左雄又“奏征海内名儒为博士，使公卿子弟为诸生。有志操者，加其俸禄”。范晔特别称道左雄敢于切谏、忠心为国的精神。初，顺帝为济阴王，乳母宋娥与黄门孙呈等共议立为顺帝。事后，顺帝封宋娥为山阳君，邑五千户。左雄为此事多次上书切谏，指出：“裂土封侯，王制所重。高皇帝约，非刘氏不王，非有功不侯”，“诚不宜追录小恩，亏失大典”。[1] 范晔详细记载左雄的事迹，对他正直的品格给以充分肯定。

其六，表彰那些克尽职守，忠心为国者，批评那些庸庸碌碌，趋炎附势者。黄琼忠贞尽职，多次上书指责朝廷缺失。桓帝欲褒崇大将军梁冀，大会公卿论议对梁冀的礼遇，公卿都颂扬梁冀的功德，声言对他的礼遇应比照周公，唯独黄琼对此提出异议。黄琼说：“昔周公辅相成王，制礼作乐，化致太平，是以大启土宇，开地七百。今诸侯以户邑为制，不以里数为限。萧何识高祖于泗水，霍光定倾危以兴国，皆益户增封，以显其功。冀可比邓禹，合食四县，赏赐之差，同于霍光，使天下知赏必当功，爵不越德。”[2] 梁冀被诛时，黄琼为太尉，举奏州郡素行贪污至死徙者十余人，临死前还上书桓帝，指出其“即位以来，未有胜政。诸梁秉权，竖宦充朝，重封累职，倾动朝廷，卿校牧守之选，皆出其门；羽毛齿革，明珠南金之宝，殷满其室，富拟王府，势回天地”，“又黄门协邪，群辈相党”，陛下“不加清澄，审别真伪，复与忠臣并时显封，使朱紫共色，粉墨杂蹂”。黄琼对桓帝的上言，指出了桓帝开始倚靠外戚梁冀，自乱朝纲，梁冀被诛以后，又忠奸不分，将国家命运寄托于宦官。范晔记载这些忠诚激愤的语言，称颂其高贵品质，赞扬说：“琼名夙知，累章国疵。”[3] 李固一身正气，违忤外戚梁冀意旨，主张立清河王刘蒜为嗣，不肯立桓帝刘志，而其子李燮上书朝廷反对复安平王刘续之位。范晔引用京师谚语“父不肯立帝，子不肯立王”，表彰他们父子的正

[1] 《后汉书》卷六十一《左雄传》。

[2] 《后汉书》卷六十一《黄琼传》。

[3] 参见《后汉书》卷六十一，“赞曰”。

直。[1] 邓彪虽位至太傅，然“修身而已，不能有所匡正”。胡广“自在公台三十余年，历事六帝”，“凡一履司空，再作司徒，三登太尉，又为太傅”。范晔认为，这两人身居高位，但庸庸碌碌，不能尽职尽责，是十足的庸官。他援引当时京师谚语批评说，“万事不理问伯始（胡广，字伯始），天下中庸有胡公”，并评论说，邓彪作傅，“无咎无誉”，“胡公庸庸，饰情恭貌，朝章虽理，据正或桡”。[2]

范晔称道仁义，崇尚忠信，赞美孝道，颂扬气节，推崇正直，表彰忠于职守者，批评庸庸碌碌者，这些都是以儒家伦理对东汉时期重要历史人物进行道德评判。从这个意义上，我们完全可以说《后汉书》是一部地地道道的伦理教科书。

第六节　“以意为主，以文传意”

“以意为主，以文传意”是范晔提出的关于历史认识论方面的一个重要的主张。我们要理解范晔的这一主张所包含的含义，首先必须了解其提出这个主张的时代背景。魏晋时期，由于玄学思潮的影响，学者文人热衷于讨论所谓“言意之辨”。所谓“言意之辨”，其争论的焦点是人的语言能否正确地、圆满地表达人的思想的问题，实质上就是指语言与内容的关系问题，即表达形式与思想内容的关系问题。荀粲提出“言不尽意”论，宣称：“盖理之微者，非物象之所举也。今称‘立象以尽意’，此非通于意外者也。”[3] 欧阳健著《言尽意论》，认为语言能够正确圆满地表达人的思想。王弼进一步发展荀粲的“言不尽意”的思想，提出“得意忘言”，认为言象乃用以尽意，“尽意莫若象”，“尽象莫若言”，言象是工具，只是用以得意的工具，而非“意”本身，故不能以工具为目的，若滞于言象则将反失本意。因此，王弼提出，“忘象者，乃得意者也；忘言者，乃得象者也。得意在忘象，得象在忘言。故立象以尽意，

[1] 参见《后汉书》卷六十三《李固传》。

[2] 参见《后汉书》卷四十四《邓张徐张胡列传》。

[3] 参见《三国志》卷十《荀彧荀攸贾诩传》注。

而象可忘也”[1]。在王弼看来，圣人之所以成为圣人，就是因为“以无为为君，不言为教，绵绵若存，而物得其真。与道同体，故曰同于道”[2]。由此可见，王弼把“意”即内容看成是主要的，而把“言”即表现形式看成是次要的。王弼针对汉儒支离烦琐的解释方法，强调论证问题要把握义理，反对执着于言象。这一观点在魏晋南北朝时期的学术界有着广泛影响。汤用彤曾极为深刻地指出这一点：“王弼取庄子意，谓‘言所以尽意，得象忘言’。‘言’为‘意’之代表，最要者为‘得意’；故讲《易》不应拘于象数，而应得圣人之意。至是象数之学乃被丢开，可说此为玄学之开始。盖真正的学问不在讲宇宙之构成与现象，而在讲宇宙之本体，讲形上学。此‘得意忘言’便成为魏晋时代之新方法，时人用之解经典，用之证玄理，用之调和孔老，用之为生活准则，故亦用之于文学艺术也。”[3]

范晔生活的南朝时期，玄学思潮虽不及魏晋兴盛，但仍然有着广泛的社会影响。玄学家的“言意之辨”必然直接影响到史家对历史认识论的思考。我们知道，历史认识论所涉及的层面很广，关于历史著作中文辞与内容的关系，就是历史认识论所探讨的一个重要课题。这个问题的实质，就是在历史著作中，文辞能不能正确圆满地表达史家对历史的认识与理解，究竟是文辞重要还是内容重要。魏晋南北朝时期，史家们极为重视这个问题。前已论及，由于玄学的影响，这一时期不少史家撰史只注意文辞华美，忽视具体内容，导致很多史书空洞无物。范晔对这种现象不以为然。他宣称：“文患其事尽于形，情急于藻，义牵其旨，韵移其意。虽时有能者，大较多不免此累，政可类工巧图缋，竟无得也。常谓情志所托，故当以意为主，以文传意。以意为主，则其旨必见；以文传意，则其词不流。然后抽其芬芳，振其金石耳。此中情性旨趣，千条百品，屈曲有成理。自谓颇识其数，尝为人言，多不能赏，意或异故也。”[4]范晔在这里所论包含三层意思：其一是批评当时社会上的一些

[1] 王弼：《周易略例·明象》。
[2] 王弼：《老子道德经注》第二十三章。
[3] 汤用彤：《理学·佛学·玄学》，第319—320页。
[4] 范晔：《狱中与诸甥侄书》，《宋书》卷六十九《范晔传》。

人为文“事尽于形，情急于藻”，以致“义牵其旨，韵移其意”，这样许多文章著作虽然富于文采，但内容空洞，思想贫乏。其二是正面提出自己的为文主张，这就是“以意为主，以文传意”。范晔是站在历史家的角度论文，他所论之文不是一般之文，而是历史著作的文辞表达问题；而所论之“意”也不是一般之意，而是历史家对历史的认识与理解的问题。范晔所探讨的文与意的关系，不是一般的写文章怎样使用语言来表达思想、抒发感情的问题，而是在历史著作中历史家的语言表达与其对历史的认识、理解及思考的关系问题。范晔所说的“以意为主”，指的是史家撰写历史著作，以对历史的深刻认识与深入研究为主，是第一位的；其所言“以文传意”，指的是在对历史进行精深研究的基础上，用恰到好处的文辞以表达史家的认识。只有“以意为主”，史家对历史的精辟见解才能在历史著作中体现出来；只有“以文传意”，历史著作的文辞表达才能避免落入俗套流于形式，才不会空洞无物。其三是指出史家按照“以意为主，以文传意”而撰写的史著，才能“抽其芬芳，振其金石”，自成一家，传之久远。

我们认真考察范晔提出的撰写历史著作要“以意为主，以文传意”的主张，可以看到，范晔继承并发展了王弼的“得意忘象”之说。王弼提出“得意忘象”之说，强调“意”是主要的，第一位的；而“言”则是次要的，第二位的。言只是意的表现形式，最重要的是“得意”。王弼的见解是深刻的。范晔主张“以意为主，以文传意”，同样强调“意”是第一位的，是主要的；而“文”则是次要的，是第二位的。如果我们将王弼与范晔两者的主张加以比较，就会看到后者与前者在思想上是一脉相承的。然而范晔不仅继承王弼，而且又超越了王弼。这首先是范晔在王弼的基础上，将其对言意关系的见解运用于历史认识论之中，以此来探讨在历史著作中历史内容与文辞表达的关系问题。其次，范晔虽然认为与“意”相比，“文”是次要的，但又强调“文”也不是可有可无的，“文”是“意”的表达形式。范晔在理论上的贡献，就是针对魏晋南北朝时期历史著作编撰中普遍存在的追求文辞而忽视内容的问题，强调撰写历史著作，要把“意”置于第一位，文服从于“意”并且是“意”的表现形式。

我们认真思考范晔关于撰写史著要“以意为主，以文传意”的主张，还可以看到，这一主张是对他自己撰写《后汉书》的史学实践的深刻反思与理论总结。他声称："既造《后汉》，转得统绪，详观古今著述及评论，殆少可意者。班氏最有高名，既任情无例，不可甲乙辨。后赞于理近无所得，唯志可推耳。博赡不可及之，整理未必愧也。吾杂传论，皆有精意深旨，既有裁味，故约其词句。至于《循吏》以下及《六夷》诸序论，笔势纵放，实天下之奇作。其中合者，往往不减《过秦》篇。尝共比方班氏所作，非但不愧之而已"，"虽事不必多，且使见文得尽。又欲因事就卷内发论，以正一代得失，意复未果。赞自是吾文之杰思，殆无一字空设，奇变不穷，同合异体，乃自不知所以称之"。[1] 在这些论述中，范晔一方面批评"古今著述及评论，殆少可意者"，即使是负有高名的班固的《汉书》，也是"任情无例"，没有包含多少作者对历史的深刻认识与见解；另一方面强调其所编撰的《后汉书》体现精深义旨之所在，指出"吾杂传论，皆有精意深旨"，而"《循吏》以下及《六夷》诸序论"，均为体现精意的"天下之奇作"，特别是书中的"赞"，"自是吾文之杰思，殆无一字空设"。

范晔不仅提出"以意为主，以文传意"的主张，而且在自己的史学工作中认真地实践这一主张。从"以意为主"来说，范晔不仅重视"意"即对历史进行深刻思考，而且善于将自己在深刻思考之后得到的历史认识加以抽象。《后汉书》处处体现出范晔对历史认识的深意。除他自己特别强调的论、赞为精意之所在以外，从《后汉书》的篇目设置与文辞表达，几乎可以随处体察到范晔的这种深意。例如，范晔在《后汉书》中立《皇后纪》及《党锢》《宦者》等7个新的类传，这种篇目的安排反映出范晔对东汉历史的深刻见解。如《皇后纪》的设立，虽为援引华峤、王隐的成例，但并非照搬，而是范晔根据自己对东汉历史的认识而定。他指出："东京皇统屡绝，权归女主，外立者四帝，临朝者六后，莫不定策帷帟，委事父兄，贪孩童以久其政，抑明贤以专其威。"[2] 由此可见，范晔立《皇后纪》是包含着自己的见解的，正如有的学者所说，"'权归

---

[1] 范晔：《狱中与诸甥侄书》，《宋书》卷六十九《范晔传》。

[2] 《后汉书》卷十上《皇后纪序》。

女主’就是范晔将后妃列为本纪的主旨所在”[1]。从“以文传意”来说，范晔主要是采用两种形式：一是在叙述历史人物与历史事件的过程中，极为重视用优美而准确的文辞来表达自己的见解与认识，《后汉书》文笔优美，述事生动，富于感情，处处渗透着作者的思想；二是根据需要，设立序、论、赞，通过史论集中阐发自己的见解与认识，这就是所谓“就卷内因事发论”。两者互相呼应，相得益彰。后者是其“以文传意”的专门形式。正如有的学者所指出的，“范晔论史，衔文采为次，袭旧文不多，主要还是发表历史见解，有值得重视的史识与史观”[2]。

从历史认识论的角度来考察，范晔的“以意为主，以文传意”的主张具有重要的理论价值。首先，这一主张批评了魏晋南北朝时期史学领域中片面讲求文辞华美，片面强调表达形式，忽视史著内容，忽视对于历史进行深入认识，不做深入思考的不良倾向。其次，这一主张从正面提出了撰写历史著作的原则，即首先是对历史进行深刻思考，深入认识，而文辞表达相对于历史认识来说，是次要的。因此，撰写史著时，在广泛搜集各种史料的前提下，史家要根据史料，系统全面地把握历史过程，认识其内在联系，只有这样才能在历史著作中提出自己有价值的见解，发前人之所未发。这样的历史著作才能起到垂训鉴诫的作用，给人以思想的开导与智慧的启迪，从而传之久远。

综上所述，范晔以系统的、整体的思想审视东汉历史，既将东汉王朝的历史置于历史发展的长河中加以考察，又将东汉王朝的历史作为一个整体加以认识。范晔又以发展变易的观点看待历史，既看到历史发展变化的趋势，又能看到事物往往向其相反的方向转化。他以正统思想看待东汉的历史地位，以民本思想论评东汉史事，以儒家伦理评判东汉的历史人物。范晔在继承前人的基础上，通过对自己的史学工作进行总结与反思，提出“以意为主，以文传意”的主张，这一主张在历史认识论方面有着重要价值。

---

[1] 崔曙庭：《范晔在历史编纂学方面的成就》，刘乃和主编《中原文化与传统文化》，第196—206页。

[2] 施丁：《谈谈范晔的史论》，载《学术月刊》1988年第8期，第67—71页。

第十章　沈约的史学思想

沈约（441—513），字休文，吴兴武康（今浙江德清县西）人，历宋、齐、梁三朝，南朝时期著名史学家，撰有《晋书》《宋书》《齐纪》《高祖纪》等十余种，凡400余万字的著作。这些著作绝大部分都已亡佚，今保存完整者只有《宋书》100卷。因此，《宋书》是研究沈约的史学思想的主要材料。在此，以《宋书》的有关材料为根据，对沈约的史学思想做一点初步的探讨。

第一节　历史发展的变易观念

发展变易思想是中国古代一种极为重要的史学思想。这种思想把历史看成是不断发展变化的过程，认为在历史发展变化的过程中，各种矛盾对立的事物往往向其相反的方向转化。发展变易思想是沈约用以思考历史的一种重要的史学思想。

沈约把历史看成是前后相继的发展过程，有如一条不断向前的江河，后代继承前代。因此，他对历史的思考并不囿于刘宋一代，而是追源溯流，把握其内在联系。他指出："帝王受命，自非以功静乱，以德济民，则其道莫由也。自三代以来，醇风稍薄，成功济务，尊出权道，虽复负扆南面，比号轩、牺，莫不自谢王风，率由霸德。高祖崛起布衣，非藉民誉，义无曹公英杰之响，又阙晋氏辅魏之基，一旦驱乌合，不崇朝而制国命，功虽有余，而德未足也。是故王谧以内惧流奔，王绥以外侮成衅，若非树奇功于难立，震大威于四海，则不能承配天之业，一异同之心。”[1] 在沈约看来，历代帝王的兴起可以归纳为“以功静乱”与“以德济民”两种途径。宋武帝刘裕“崛起布衣”，“功虽有余，而德未足也”，如果不是“树奇功于难立，震大威于四海”，是不可能建立自己的帝业的。沈约反思自汉代以来的历史，对自汉、晋至刘宋历代兴衰变化进行纵向考察，认为，“魏武直以兵威服众，故能坐移天历，鼎运虽改，而民未忘汉”，所以曹操慑于舆论，未敢及身篡夺政权。“及魏室衰孤，怨非结下。晋藉宰辅之柄，因皇族之微，世擅重权，用基王业。至于宋祖受命，义越前模。晋自社庙南迁，禄去王室，朝权国命，递归台辅。君道虽存，主威久谢。桓温雄才盖世，勋高一时，移鼎之业已成，天人之望将改。自斯以后，晋道弥昏，道子开其祸端，元显成其末衅，桓玄藉运乘时，加以先父之业，因基革命，人无异心。高祖地非桓、文，众无一旅，曾不浃旬，夷凶翦暴，祀晋配天，不失旧物，诛内清外，功格区宇。至于钟石变声，柴天改物，民已去晋，异于延康之初，功实静乱，又殊咸熙之末。所以恭皇高逊，殆均释负。若夫乐推所归，讴歌所集，魏、晋采其名，高祖收其实矣。”[2] 在这里，沈约分析了自汉代以来历魏、晋直至刘宋数百年间政治的演变。透过这些论述，我们可以看到，沈约认为，在魏晋逐渐走向衰落的历史过程中，固然有着许多偶然因素在起作用，但也存在着某种必然性，必然的与偶然的因素结合在一起交替作用，导致了政权的更替。

沈约把历史看成是一个渐进的发展过程。他认为，晋朝的衰亡经历了一个过程，君主不能整顿朝纲，致使朝廷纲纪废弛，而“晋纲弛紊，其渐有由，孝武守文于上，化不下及，道子昏德居宗，宪章坠矣。重之以国宝启乱，加之以元显嗣虐，而祖宗之遗典，群公之旧章，莫不叶散冰离，扫地尽矣。主威不树，臣道专行，国典人殊，朝纲家异，编户之

[1] 《宋书》卷四十五，“史臣曰”。

[2] 《宋书》卷三，“史臣曰”。

命，竭于豪门，王府之蓄，变为私藏。由是祸基东妖，难结天下。荡荡然王道不绝者若綖”[1]。这些论述说明，在沈约看来，晋朝纲纪的破坏是逐渐发展，不断加深的过程，而这一过程同时也是晋朝自身不断衰落的过程。这种状况为宋武帝刘裕的兴起提供了历史机遇：“高祖一朝创义，事属横流，改乱章，布平道，尊主卑臣之义，定于马棰之间。威令一施，内外从禁，以建武、永平之风，变太元、隆安之俗，此盖文宣公之为也。为一代宗臣，配飨清庙，岂徒然哉!”[2] 沈约不仅认为晋朝的衰落经历了一个历史发展过程，而且看到刘宋的兴起至衰落同样经历了一个逐渐发展变化的过程。他分析刘宋一代纲纪废弛，自太祖开始，“网以疏行，法为恩息，妨德害美，抑此之由。降及大明，倾诐愈甚，自非讦窃深私，陵犯密讳，则左降之科，不行于权戚。若有身触盛旨，衅非国刑，免书裁至，吊客固望其门矣。由是律无恒条，上多弛行，纲维不举，而网目随之。所以吉人防著在微，慎大由小，盖为此云”[3]。他深刻地指出，“太祖负扆南面，实有君人之懿焉”。然而，太祖“经国之义虽弘，而隆家之道不足”。这样一来，导致“开端树隙，垂之后人。虽天伦之重，义殊凡戚，而中人以下，情由恩变”。至太宗时，“因易隙之情，据已行之典，剪落洪枝，愿不待虑。既而本根无庇，幼主孤立，神器以势弱倾移，灵命随乐推回改。斯盖履霜有渐，坚冰自至，所从来远也”。[4] 这里，沈约指出了太祖不善处理皇室内部的关系，导致矛盾激化，对刘宋一代的衰落产生了深刻影响，进而指出太宗“剪落洪枝”与刘宋皇权衰落的关系，揭示这种历史演变是长期发展的结果。

沈约善于揭示典章制度的发展变化。如礼仪制度是纲纪伦常的重要体现，对于统治者治理国家来说极为重要。然历代礼仪制度都是在前代的基础上不断损益并逐步发展而来。沈约称：“历代损益，每有不同，非务相改，随时之宜故也。汉文以人情季薄，国丧革三年之纪；光武以中兴崇俭，七庙有共堂之制；魏祖以侈惑宜矫，终斂去袭称之数；晋武以

[1] 《宋书》卷四十二，“史臣曰”。
[2] 《宋书》卷四十二，“史臣曰”。
[3] 《宋书》卷四十四，“史臣曰”。
[4] 《宋书》卷八，“史臣曰”。

丘郊不异，二至并南北之祀。互相即袭，以讫于今，岂三代之典不存哉，取其应时之变而已。”在沈约看来，礼仪制度应该是因时制宜，随时变易，“且闵子讥古礼，退而致事；叔孙创汉制，化流后昆。由此言之，任己而不师古，秦氏以之致亡，师古而不适用，王莽所以身灭”[1]。沈约既反对任己而不师古，也不赞成师古而不适用，而是主张根据时代变化而加以损益。沈约考察了后妃制度与国家盛衰的关系，指出：“宋氏藉晋世令典，娉纳有章，伣天作俪，必四岳之后。虽正位天闺，礼亢尊极，而衰厌易兆，恩宴难留，一谢属车之尘，永隔青蒲之地。是故元后愤终，良有以也。自元嘉以降，内职稍繁，椒庭绮观，千门万户，而淫妆怪饰，变炫无穷。自汉氏昭阳之轮奂，魏室九华之照曜，曾不能概其万一”，“及太祖之倾惑潘妪，谋及妇人；大明之沦溺殷姬，并后匹嫡，至使多难起于肌肤，并命行于同产，又况进于此者乎。以斯言之，三代、二汉之亡于淫嬖，非不幸也”。[2] 沈约的这些认识包含着合理的历史辩证法思想。

沈约看到了历史上许多事物往往具有相对性的特点。如文士可以成为将帅，“将帅者，御众之名；士卒者，一夫之用。坐谈兵机，制胜千里，安在乎蒙楯前驱，履肠涉血而已哉”，如“杜预文士儒生，射不能穿札，身未尝跨马，一朝统大众二十余万，为平吴都督”。[3] 他指出事物可以向着其相反的方向转化，如“侮因事狎，敬由近疏，疏必相思，狎必相厌”[4]，如“旧本非旧，因新以成旧者也；狎非先狎，因疏以成狎者也”[5]。他认为，“世乱”为“竖人匹夫”提供了“济其身业”的机遇，而“以乱世之情，用于治日，其得不亡，亦为幸矣”。[6] 他又说：“拿戮所施，事行重衅，左黜或用，义止轻愆。轻愆，物之所轻；重衅，人之所重，故斧钺希行于世，黴简日用于朝，虽贵臣细故，不以任隆弛

[1] 《宋书》卷十四《礼志》。
[2] 《宋书》卷四十一，“史臣曰”。
[3] 《宋书》卷五十九，“史臣曰”。
[4] 《宋书》卷七十八，“史臣曰”。
[5] 《宋书》卷九十四，“史臣曰”。
[6] 《宋书》卷八十三，“史臣曰”。

法，至乎下肃上尊，用此道也。”[1] 沈约的这些论述的确是极为深刻的。他看到统治者的施政行为举措往往影响着社会风气的变化，甚至影响着一代盛衰。他以颜师伯权倾朝廷为例，指出：其“势震朝野，倾意厮台，情以货结，自选部至于局曹，莫不从风而靡。曲徇私请，因停诏敕，天震雷怒，仆者相望”，但最后向其相反的方向转化，落得个被诛的下场。[2]

沈约善于纵向考察学术文化的发展变化。在《谢灵运传论》中，他系统探讨了自周代以来直至刘宋时期文学的发展变化，指出：“周室既衰，风流弥著，屈平、宋玉，导清源于前，贾谊、相如，振芳尘于后，英辞润金石，高义薄云天。自兹以降，情志愈广。王褒、刘向、扬、班、崔、蔡之徒，异轨同奔，递相师祖。”到建安时期，“曹氏基命，二祖陈王，咸蓄盛藻，甫乃以情纬文，以文被质”。自汉至魏，四百余年，“辞人才子，文体三变。相如巧为形似之言，班固长于情理之说，子建、仲宣以气质为体，并标能擅美，独映当时。是以一世之士，各相慕习，原其飚流所始，莫不同祖《风》《骚》”。西晋元康年间，“潘、陆特秀，律异班、贾，体变曹、王，缛旨星稠，繁文绮合”。东晋时期，“玄风独振，为学穷于柱下，博物止乎七篇，驰骋文辞，义单乎此。自建武暨乎义熙，历载将百”，“莫不寄言上德，托意玄珠，遒丽之辞，无闻焉尔”。刘宋代晋，“颜、谢腾声。灵运之兴会标举，延年之体裁明密，并方轨前秀，垂范后昆”。沈约是著名文学家，在文学上造诣甚深，对于文学发展的历史有着深入的研究。在这里，他对周代以来各个时期文学发展演变的分析，是比较平实而又符合事实的。

沈约善于把握各种因素的内在联系，因而能通过揭示内在联系分析事物的变化。他在分析选举制度对社会风气的影响时说：“选贤于野，则治身业弘；求士于朝，则饰智风起。六经奥远，方轨之正路；百家浅末，捷至之偏道。汉世登士，闾党为先，崇本务学，不尚浮诡，然后可以俯拾青组，顾蔑籯金。于是人厉从师之志，家竞专门之术。艺重当时，所居一旦成市，黉舍暂启，著录或至万人。是故仕以学成，身由义立。自

[1] 《宋书》卷四十四，“史臣曰”。

[2] 参见《宋书》卷七十七，“史臣曰”。

魏氏膺命，主爱雕虫，家弃章句，人重异术。又选贤进士，不本乡闾，铨衡之寄，任归台阁。以一人之耳目，究山川之险情，贤否臆断，万不值一。由是仕凭借誉，学非为己，崇诡遇之巧速，鄙税驾之迟难，士自此委笥植经，各从所务，早往晏退，以取世资。庠序黉校之士，传经聚徒之业，自黄初至于晋末，百余年中，儒教尽矣。高祖受命，议创国学，宫车早晏，道未及行。迄于元嘉，甫获克就，雅风盛烈，未及曩时，而济济焉，颇有前王之遗典。”[1] 沈约在这里把一个时代的文化发展与学术思潮的变化，看成是选举制度及统治者个人行为所致，这种解释当然是不正确的，至少是不全面的，但他指出了二者的内在联系与密切关系，其历史认识与同时代的人相比，确实要深刻得多。

第二节　天命迷信思想与民本思想

沈约深受天命迷信思想的影响。据《梁书·沈约传》记载，南齐末年，他对萧衍说：“今童儿牧竖，悉知齐祚已终，莫不云明公其人也。天文人事，表革运之征，永元以来，尤为彰著。谶云‘行中水，作天子’，此又历然在记。天心不可违，人情不可失，苟是历数所至，虽欲谦光，亦不可得已。”他以“行中水，作天子”的谶语为萧衍代齐制造舆论，劝萧衍称帝，这里面固然包含着沈约谋取功名利禄的个人目的，但也可以从中看出天人感应思想对他的深刻影响。他宣扬天命、预言。在《宋书》的一些人物传记中，沈约往往记载某些天人感应的事例。如《王昙首传》载，“景平中，有龙见西方，半天腾上，荫五彩云，京都远近聚观，太史奏曰：‘西方有天子气。’太祖入奉大统，上及议者皆疑不敢下”，王昙首等人并言天人符应，后有黄龙出负上所乘舟，左右皆失色，上谓昙首曰：“此乃夏禹所以受天命，我何德以堪之。”又如《沈攸之传》载，“废帝之殒也，攸之欲起兵，问其知星人葛珂之，珂之曰：‘自古起兵，皆候太白。太白见则成，伏则败。昔桂阳以太白伏时举兵，一战授首，此近世明验。今萧公废昏立明，政值太白伏时，此与天合也。且太白寻出东方，

[1] 《宋书》卷五十五，“史臣曰”。

东方利用兵，西方不利。’故攸之止不反。及后举兵，珂之又曰：‘今岁星守南斗，其国不可伐。’攸之不从”。最后遭到失败。《宋书》记载这些事例，反映出沈约对天人感应思想的服膺。

沈约以天命迷信思想审视历史。他将君主受命视为秉承天意，宣称“创业之君，自天所启”[1]。又说：“圣王膺录，自非接乱承微，则天历不至也。自三、五以来，受命之主，莫不乘沦亡之极，然后符乐推之运。水德迁谢，其来久矣。”[2]他历仕宋、齐、梁三朝，把这些政权的更替看成是天意。《宋书·武帝纪》引晋帝诏书云：“昔火德既微，魏祖底绩，黄运不竞，三后肆勤。故天之历数，实有攸在。”并称其禅位于宋是“稽天人之至望”。又引晋帝之语云：“桓玄之时，天命已改，重为刘公所延，将二十载。今日之事，本所甘心。”这些话虽然出自晋帝之口，对于晋帝来说固然是一种出于无奈的傀儡皇帝的自我解嘲，但沈约引述的目的是企图说明宋代晋而兴是天的安排，体现的是天的意志。《武帝纪》又引宋武帝刘裕的诏书说：“晋帝以卜世告终，历数有归，钦若景运，以命于裕。”沈约不仅把宋代晋而兴看成是天意，而且把刘宋王朝的君主传承也看成是天意。《王昙首传》载，宋文帝刘义隆入承大统以前，王昙首“与到彦之、从兄华固劝，上犹未许。昙首又固陈，并言天人符应，上乃下”。沈约不厌其烦地记载王昙首相劝的过程，旨在说明宋文帝入承大统体现了天意。在沈约看来，萧齐代宋也是天意。他称宋末是“天厌宋道，鼎运将离”[3]。《后废帝纪》言，废帝昱无道，齐王萧道成顺天人之心潜图废立，与王敬则谋之。敬则与昱左右杨玉夫等25人，乘夜弑昱，玉夫以昱首付敬则，敬则驰至领军府以呈齐王。沈约之所以不讳齐高帝萧道成废弑之事，并非彰齐之恶，而是要体现“齐高之应天顺人”[4]。在《袁粲传》中，沈约宣称萧道成“功高德重，天命有归”。因此，沈攸之在宋齐革易之际试图起兵，这是“不识代德之纪，独迷乐推之数”[5]。其行为虽然忠义可嘉，但违背天意。前已述及，沈约把萧梁取代萧齐也

[1]《宋书》卷四，“史臣曰”。
[2]《宋书》卷十，“史臣曰”。
[3]《宋书》卷七十四，“史臣曰”。
[4] 参见《廿二史札记》卷九，《宋书书宋齐革易之际》条。
[5]《宋书》卷七十四，“史臣曰”。

看成是天意。他在南齐末年劝萧衍称帝，这固然有着谋取功名利禄的动机，但同时也包含着他对天命转移的认识。

在《宋书》中，沈约立《天文》《符瑞》《五行》三志，而这三志的分量竟至12卷，几占全书的八分之一。其内容是大肆宣传君权神授，天人感应。正如白寿彝先生所说的，这三志可谓“集相法、星占、望气、阴阳、灾异、符命、图谶、僭谶等神秘记录的大成，总的目的不过在企图证明皇权神授、天命有数”[1]。沈约宣称，“八卦兆而天人之理著，九畴序而帝王之应明”，“天道虽无声无臭，然而应若影响，天人之验，理不可诬”。[2] 符瑞显示天意，可以“使逐鹿弭谋，窥觊不作”[3]。他赞叹说：“体睿穷几，含灵独秀。谓之圣人，所以能君四海而役万物，使动植之类，莫不各得其所。百姓仰之，欢若亲戚，芬若椒兰，故为旗章舆服以崇之，玉玺黄屋以尊之，以神器之重，推之于兆民之上，自中智以降，则万物之为役者也。”又言：“夫龙飞九五，配天光宅，有受命之符，天人之应。《易》曰：‘河出图，洛出书，而圣人则之。’符瑞之义大矣。”[4] 沈约认为，一切由上天安排，命中注定。在《天文志》中，沈约大量记载自魏、晋至刘宋这数百年时间里各种异常天象，以及与其相应的人间社会的变化，其目的是力图说明天象的变化预兆着人间社会变化。如魏明帝“青龙二年十月戊寅，月犯太白。占曰：‘人君死，又为兵。’景初元年七月，公孙渊叛。二年正月，遣司马懿讨之。三年正月，明帝崩”。又如宋文帝“元嘉二十九年正月，太白昼见，经天。明年，东宫弑逆”。在《符瑞志》中，沈约宣称“有受命之符，天人之应”，并且不厌其烦地列举太昊帝宓牺氏、炎帝神农氏、黄帝轩辕氏、帝挚少昊氏、帝颛顼高阳氏、帝喾高辛氏，以及尧、舜、禹等众多帝王出生时的各种祥瑞，以便说明他们都是因应天命的君主，他们来到人间，君临天下，完全代表了天的意志。如帝尧之母曰庆都，“生于斗维之野，常有黄云覆护其上”。又如帝舜有虞氏之母曰握登，“见大虹意感，而生舜于姚墟”。

---

[1] 白寿彝：《中国史学史论集》，第151页。

[2] 《宋书》卷三十《五行志》。

[3] 《宋书》卷十一《志序　律历上》。

[4] 《宋书》卷二十七《符瑞志》。

又如，“汉高帝父曰刘执嘉。执嘉之母，梦赤鸟若龙戏己，而生执嘉，是为太上皇帝。母名含始，是为昭灵后。昭灵后游于洛池，有玉鸡衔赤珠，刻曰玉英，吞此者王。昭灵后取而吞之，又寝于大泽，梦与神遇。是时雷电晦冥，太上皇视之，见蛟龙在其上，遂有身而生季，是为高帝”。《符瑞志》全文引录班彪的《王命论》，以说明“神器之有授”，“贫穷亦有命”的宿命论观点。在《五行志》中，沈约大量叙述东汉以后至刘宋这数百年间的灾异现象，以说明这些灾异都是由于君主的行为违背天道所致。如“魏明帝太和元年秋，数大雨，多暴雷电，非常，至杀鸟雀，案杨阜上疏，此恒雨之罚也。时帝居丧不哀，出入弋猎无度，奢侈繁兴，夺民农时，故木失其性而恒雨为灾也”。又如“宋后废帝元徽三年四月，连阴不雨。元徽三年八月，多阴。后二年，废帝殒”。这类事例说明，沈约是极为相信天命的。

沈约相信祸福报应。他引谢晦之语宣称：“祸福无门，逆顺有数，天道微于影响，人事鉴于前图，未有蹈义而福不延，从恶而祸不至也。故智计之士，审败以立功；守正之臣，临难以全节。”[1] 这就是说，祸福与社会环境及政治制度没有关系，是由人们自己蹈义或者为恶所决定的。在《顾觊之传》中，沈约因其语称：“秉命有定分，非智力所移，唯应恭己守道，信天任运。”这就是说，人们只能谨守纲常伦理，听任命运的安排，然而“暗者不达，妄求侥幸，徒亏雅道，无关得丧”。他载录顾觊之命弟子著《定命论》，依据从孔子到孟子关于命定的言论加以发挥，称：“仲尼云：‘道之将行，命也；道之将废，命也。’丘明又称：‘天之所支不可坏，天之所坏不可支。’卜商亦曰：‘死生有命，富贵在天。’孟轲则以不遇鲁侯为辞。斯则运命奇偶，生数离合，有自来矣。”在沈约看来，命运是天决定的，人们无法改变，只能听任命运的安排。沈约还深受佛教影响，声称信奉佛教，凡事必能逢凶化吉。

从上可见，沈约深受天命迷信思想影响。他相信天人感应，相信阴阳灾异，相信祸福报应，又受佛教的因果报应思想的影响。他对于历史上的阴阳灾异现象不能做出正确解释与说明，只能以灾异附会人事以解释某些历史现象。

---

[1]《宋书》卷四十四《谢晦传》。

沈约受到天命迷信思想的影响，但在历史兴亡事实面前，他看到了民心对于巩固统治的作用。他认为，“胜败之数，实由众心，社庙尊严，民情所系”[1]。他强调：“汉氏载祀四百，比祚隆周，虽复四海横溃，而民系刘氏，惵惵黔首，未有迁奉之心。”这就是说，民心向汉是汉朝得以延续400年之久的原因所在。后来，“魏武直以兵威服众，故能坐移天历”，尽管如此，“鼎运虽改，而民未忘汉”。[2] 因此，君主要稳定自己的统治，一定要争取民心。沈约将历代的君主分为尧舜之主、中等之主、桀纣之主三种类型，说：“役己以利天下，尧、舜之心也；利己以及万物，中主之志也；尽民命以自养，桀、纣之行也。”[3] 他认为，君主治理天下，必须以民为主。沈约对刘宋一代君主治理国家正反两个方面的经验进行了深入思考与总结。他称道爱民、恤民的君主，如高祖“起自匹庶，知民事艰难”；太祖“幼而宽仁”，其在位期间，“民有所系，吏无苟得”。[4] 他指斥残民、虐民的君主，如宋孝武帝有如桀纣之主，其统治的大明年间，“其将尽民命乎！虽有周公之才之美，犹终之以乱，何益哉!”[5] 宋明帝“忍虐好杀”，“奢费过度”，以致“天下骚然，民不堪命”，[6] 实际上与宋孝武帝也没有什么不同。前废帝子业荒淫暴虐，“凶悖日甚，诛杀相继”，“若夫武王数殷纣之衅，不能絓其万一；霍光书昌邑之过，未足举其毫厘。假以中才之君，有一于此，足以霣社残宗，污宫潴庙，况总斯恶以萃一人之体乎！其得亡亦为幸矣”。[7] 他通过总结刘宋一代的历史教训，指出：“丧国亡家之主，虽适末同途，发轸或异也。前废帝卑游亵幸，皆龙驾帝饰，传警清路；苍梧王则藏玺怀绂，鱼服忘反，危冠短服，匹马孤征。至于殒身覆祚，其理若一。”[8] 这些论述，基本符合刘宋一代的历史事实。

---

[1]《宋书》卷八十四，“史臣曰”。

[2]《宋书》卷三，“史臣曰”。

[3]《宋书》卷六，“史臣曰”。

[4]《宋书》卷九十二《良吏列传》。

[5]《宋书》卷六，“史臣曰”。

[6]《宋书》卷八《明帝纪》。

[7] 参见《宋书》卷七《前废帝纪》。

[8]《宋书》卷九，“史臣曰”。

沈约主张治理天下要实行善政。他宣称："善政之于民，犹良工之于埴也，用功寡而成器多。汉世户口殷盛，刑务简阔，郡县治民，无所横扰"，"降及晚代，情伪繁起，民减昔时，务多前世，立绩垂风，艰易百倍"。他断言，"若以上古之化，治此世之民，今吏之良，抚前代之俗，则武城弦歌，将有未暇，淮阳卧治，如或可勉"。[1] 他概括刘裕兴起之后的情况：高祖"及登庸作宰，留心吏职，而王略外举，未遑内务。奉师之费，日耗千金，播兹宽简，虽所未暇，而绌华屏欲，以俭抑身，左右无幸谒之私，闺房无文绮之饰，故能戎车岁驾，邦甸不扰"。太祖"入纂大业，及难兴陕方，六戎薄伐，命将动师，经略司、兖，费由府实，役不及民。自此区宇宴安，方内无事，三十年间，氓庶蕃息，奉上供徭，止于岁赋，晨出莫归，自事而已。守宰之职，以六期为断，虽没世不徙，未及曩时"，"家给人足，即事虽难，转死沟渠，于时可免。凡百户之乡，有市之邑，歌谣舞蹈，触处成群，盖宋世之极盛也"。[2] 由此可见，沈约所主张的善政，就是宽刑役、减赋税。在刘宋一代的历史上，即使像明帝与后废帝那样善政阙如的君王，沈约对他们那极少的关心民情的举措也给以充分肯定。他引明帝的诏书称："分遣大使，广求民瘼，考守宰之良，采衡閭之善。若狱犴淹枉，伤民害教者，具以事闻。鳏寡孤独，癃残六疾，不能自存者，郡县优量赈给。贞妇孝子，高行力田，详悉条奏。"[3] 又引后废帝的诏书称，"夫兴王经制，实先民隐，方求广教，刑于四维"，提出"遣大使分行四方，观采风谣，问其疾苦。令有咈民，法不便俗者，悉各条奏。若守宰威恩可纪，廉勤允著，依事腾闻。如狱讼诬枉，职事纰谬，惰公存私，害民利己者，无或隐昧"。[4] 明帝与后废帝的诏令包含着关心民情的合理因素，沈约收载这些诏令给以充分肯定。

沈约热情称道那些因民、顺民的官吏的业绩。《王玄谟传》称其任平北将军、徐州刺史，"时北土饥馑，乃散私谷十万斛、牛千头以振之"。《裴松之传》称其为永嘉太守，"勤恤百姓，吏民便之"。《刘道产传》称

[1]《宋书》卷九十二，"史臣曰"。

[2]《宋书》卷九十二《良吏列传》。

[3]《宋书》卷八《明帝纪》。

[4]《宋书》卷九《后废帝纪》。

其为宁远将军、宁蛮校尉、雍州刺史、襄阳太守等职，“善于临民，在雍部政绩尤著，蛮夷前后叛戾不受化者，并皆顺服，悉出缘沔为居。百姓乐业，民户丰赡，由此有《襄阳乐歌》，自道产始也”，“道产惠泽被于西土，及丧还，诸蛮皆备衰绖，号哭追送，至于沔口”。沈约由衷地称赞说：“刘道产之在汉南，历年逾十，惠化流于樊沔，颇有前世遗风，故能树绩垂名，斯为美矣。”[1]《朱修之传》称其“在政宽简，士众悦附”，“唯以抚纳群蛮为务”，其征为左民尚书，转领军将军，“去镇，秋毫不犯，计在州然油及牛马谷草，以私钱十六万偿之”。《沈演之传》载，元嘉十二年（435），东诸郡大水，民人饥馑，吴义兴及吴郡之钱唐，升米三百，朝廷以沈演之及尚书祠部郎江邃并兼散骑常侍，“巡行拯恤，许以便宜从事。演之乃开仓廪以赈饥民。民有生子者，口赐米一斗，刑狱有疑枉，悉制遣之，百姓蒙赖”。《杜骥传》称其任宁远将军、青冀二州刺史，“在任八年，惠化著于齐土。自义熙至于宋末，刺史唯羊穆之及骥，为吏民所称咏”。《良吏列传》记载了王镇之、杜慧度、陆徽、阮长之等良吏忠于职守，勤政爱民的业绩：王镇之“在官清洁，妻子无以自给”；杜慧度为官，“岁荒民饥，则以私禄赈给。为政纤密，有如治家，由是威惠沾洽，奸盗不起，乃至城门不夜闭，道不拾遗”；陆徽为官，“清名亚王镇之，为士民所爱咏”，其督益宁二州诸军事、宁朔将军、益州刺史，“隐恤有方，威惠兼著，寇盗静息，民物殷阜，蜀土安说，至今称之”；阮长之“前后所莅官，皆有风政，为后人所思，宋世言善治者，咸称之”。通观《宋书》，我们可以看到，不论是谁，只要他做过一点对民有利的事情，沈约就充分肯定，不惜笔墨加以记载。

沈约指责急政严刑，反对暴虐伤民。他引张释之的话说：“用法一偏，天下狱皆随轻重。县衡于上，四海共禀其平；法乱于朝，民无所措手足。”[2] 周朗批评刘宋“急政严刑”，主张“家宽其役，户减其税”，沈约对此充分肯定，认为周朗上书所谈“多切治要”。[3] 他将东汉的吴汉、东吴的陆抗与刘宋的刘勔加以比较，指出：“吴汉平蜀，城内流血沾

[1] 《宋书》卷六十五《吉翰刘道产杜骥申恬列传》。
[2] 《宋书》卷七十七，“史臣曰”。
[3] 参见《宋书》卷八十二《周朗传》。

踝，而其后无闻于汉。陆抗定西陵，步氏祸及婴孩，而机、云为戮上国。”刘勔克寿春，并不滥施暴虐，“士民无遗刍委粒之叹，莫不扶老携幼，歌唱而出重围，美矣”。[1] 由此可见，沈约站在民的立场，推崇刘勔爱护士民的行为，而对东汉的吴汉、东吴的陆抗及东吴的叛将步阐等人的残暴伤民的行径则加以谴责。

沈约关注民生问题。他并不像一般的封建学者那样一味强调农业而否定工商业的作用，而是既强调农业，又重视工商业。沈约指出，“民生所贵，曰食与货。货以通币，食为民天”[2]。一方面，他认识到农业生产对于稳定统治秩序与维护纲常伦理的重要意义，《周朗传》引其上书之语称，“农桑者，实民之命，为国之本，有一不足，则礼节不兴”。另一方面，沈约又主张四民各得其所。他引用孔琳之语，赞扬“故圣王制无用之货，以通有用之财，既无毁败之费，又省运置之苦”。他称道“孝武之末，天下无事，时和年丰，百姓乐业，便自谷帛殷阜，几乎家给人足”。沈约要求做到：“农自务谷，工自务器，四民各肄其业。”[3] 沈约对于社会经济问题的思考与他以民为本的思想是一致的。

第三节　史评史论的博杂色彩

沈约所生活的时代，玄学思潮的社会影响虽然已经不如魏晋，但仍然广泛流行。《王微传》载其为书，称何偃“少陶玄风，淹雅修畅，自是正始中人”。《沈怀文传》称其“少好玄理，善为文章”。《王惠传》称其“恬静不交游，未尝有杂事。陈郡谢瞻才辩有风气，尝与兄弟群从造惠。谈论锋起，文史间发，惠时相酬应，言理清远，瞻等惭而退”。《羊欣传》称其“素好黄老”。《张敷传》称其“性整贵，风韵甚高，好读玄书”。《谢弘微传》称其“童幼时，精神端审，时然后言”，其所继叔父谢混对谢弘微的父亲谢思说：“此儿深中夙敏，方成佳器，有子如此，足矣。”

---

[1] 《宋书》卷八十六，“史臣曰”。
[2] 《宋书》卷五十六，“史臣曰”。
[3] 《宋书》卷五十六《孔琳之传》。

谢瞻等“才辞辩富，弘微每以约言服之”，谢混称之曰“微子”。《袁粲传》载，袁粲“清整有风操，自遇甚厚，常著《妙德先生传》以续嵇康《高士传》以自况，曰：‘有妙德先生，陈国人也。气志渊虚，姿神清映，性孝履顺，栖冲业简，有舜之遗风。先生幼夙多疾，性疏懒，无所营尚，然九流百氏之言，雕龙谈天之艺，皆泛识其大归，而不以成名’”。我们从《宋书》中这些材料可以看到，玄学在当时社会的影响非常广泛。在社会上层的学者文人中，谈玄论道的很多。如袁粲不仅以继承嵇康自况，而且其言论与嵇康也极为相似。

沈约宣称，“世重清谈，士推素论”[1]。在南朝这样一个玄学思潮有着广泛影响的社会环境里，人们喜欢以玄学思想品评人物，这主要体现在识量器局成为人物评价的重要标准。沈约的思想也受到玄学的深刻影响。其《宋书》也如同魏晋南北朝时期的其他史书，喜欢以识量器局作为评价人物的标准，赞美称颂人物的风度、仪容、才貌、学识等。他在《王惠谢弘微王球列传》的最后写道：“或人问史臣曰：‘王惠何如?’答之曰：‘令明简。’又问：‘王球何如?’答曰：‘倩玉淡。’又问：‘谢弘微何如?’曰：‘简而不失，淡而不流，古之所谓名臣，弘微当之矣。’”[2]在这里，史臣指的就是沈约自己。透过这条材料，我们可以从一个侧面看到沈约以玄学思想评价人物的识量器局。

玄学对沈约史学思想的影响主要体现于其人物评价之中：首先，沈约喜欢称道人物的容颜、风度。他称赞宋文帝刘义隆“天授和敏之姿，自禀君人之德”[3]。《谢晦列传》称其“美风姿，善言笑，眉目分明，鬓发如点漆”。《王球传》称其少与王惠齐名，“美容止”。《王景文传》称其“美风姿，好言理，少与陈郡谢庄齐名”。《江夷传》称其“少自藻厉，为后进之美”，“美风仪，善举止”。《武三王列传》称庐陵孝献王刘义真“美仪貌，神情秀彻”；江夏文献王刘义恭“幼而明颖，姿颜美丽”；衡阳王刘义季“幼而夷简，无鄙近之累”。《羊欣传》称其“少靖默，无竞于人，美言笑，善容止”，“意貌恬然，不以高卑见色”，而其弟羊徽则为

[1] 《宋书》卷五十七，“史臣曰”。
[2] 这里引文中“令明”为王惠的字，“倩玉”为王球的字。
[3] 《宋书》卷五，“史臣曰”。

"一时美器"。《谢庄传》称其"韶令美容仪"。《颜竣传》称其"容貌严毅",而谢庄则"风姿甚美"。《殷淳传》称其"高简寡欲,早有清尚"。《王僧绰传》称其"沈深有局度,不以才能高人"。《周朗传》称其"少而爱奇,雅有风气"。《萧惠开传》称其"少有风气"。《宋书》中诸如此类的描述极多,此不赘述。

其次,沈约喜欢赞美人物的才性、智慧。他称道谢晦"涉猎文义,朗赡多通"[1]。《王诞传》称其"少有才藻"。《谢方明传》称其子谢惠连"幼而聪敏,年十岁,能属文"。《谢瞻传》称其"年六岁,能属文","善于文章,辞采之美,与族叔混,族弟灵运相抗"。《殷淳传》称其"少好学,有美名"。《王僧达传》称其"蚤慧","少好学,善属文"。《江智渊传》称其"爱好文雅,词采清赡"。《张敷传》称其"兼属文论,少有盛名"。《王微传》称其"少好学,无不通览,善属文,能书画,兼解音律、医方、阴阳术数"。《王昙首传》称其"有识局智度,喜愠不见于色,闺门之内,雍雍如也"。《殷景仁传》称其"少有大成之量"。《袁淑传》称其"少有风气,年数岁,伯父湛谓家人曰:'此非凡儿。'至十余岁,为姑夫王弘所赏。不为章句之学,而博涉多通,好属文,辞采遒艳,纵横有才辩"。《颜延之传》称其"好读书,无所不览,文章之美,冠绝当时","居身清约,不营财利,布衣蔬食,独酌郊野,当其为适,傍若无人"。《谢庄传》称其"年七岁,能属文"。《殷孝祖传》称其"少诞节,好酒色,有气干"。这类事例,在《宋书》中可谓举不胜举。

从上可见,刘宋时期玄学思潮虽然已走向衰落,但仍然有着广泛的社会影响,清谈遗风仍在,人们评论人物,也如同魏晋时期一样,喜欢称说其器识、风度、才华、气质。沈约深染清谈名士风气,他如同魏晋时期的那些史家一样,往往把器识、风度、才华、气质等作为人物评价的尺度。

沈约既受佛教思想影响,又受玄学思想影响,但其史学思想的主要方面还是儒家思想。他重视礼乐的教化作用,在《宋书》中,立《礼》《乐》二志,系统地记载了东汉以后至刘宋时期礼、乐发展演变的情况,而这二志的分量几占全书内容的八分之一。他极力强调礼制对于治理国

[1]《宋书》卷四十四《谢晦传》。

家的极端重要性，指出“有国有家者，礼仪之用尚矣”[1]。在《傅隆传》中，引用其上疏之语指出，“原夫礼者，三千之本，人伦之至道。故用之家国，君臣以之尊，父子以之亲。用之婚冠，少长以之仁爱，夫妻以之义顺。用之乡人，友朋以之三益，宾主以之敬让。所谓极乎天，播乎地，穷高远，测深厚，莫尚于礼也。其乐之五声，《易》之八象，《诗》之《风》《雅》，《书》之《典》《诰》，《春秋》之微婉劝惩，无不本乎礼而后立也。其源远，其流广，其体大，其义精，非夫睿哲大贤，孰能明乎此哉”。在沈约看来，《礼》是儒家经典中最重要的经典，它穷尽了天地之间的一切道理，而其他儒家经典所蕴含的道理，都可以看作渊源于《礼》。沈约认为，只有聪明睿智的大贤，才能体察到《礼》的体大思精。

沈约评价人物，一方面注意其识量器局，另一方面更重视以儒家伦理对其进行道德评判。

他强调君臣大义。沈约特地为刘宋忠臣袁粲立传，声称袁粲反对萧道成代宋称帝，“虽不达天命，而其道有足怀者”[2]。他热情称赞孙处、蒯恩、刘钟、虞丘进等人，“并起自竖夫，出于皂隶刍牧之下，徒以心一乎主，故能奋其鳞翼。至于推锋转战，百死而不顾一生，盖由其心一也”。沈约认为，由于孙处等人对君主忠贞不贰，因而“遂飨封侯之报，诗人之言信矣”[3]。他要求为人臣者，“事主而捐其私，立功而忘其报”[4]。对于违背君臣大义的人，沈约给以谴责。他指责陆佃夫、王道隆“专用主命，臣行君道”，因而“识义之徒，咸思戮以马剑”。[5]

他推崇孝道。《郑鲜之传》引其语宣称：“名教大极，忠孝而已。”《赵伦之传》称其“幼孤贫，事母以孝称”。《臧焘传》赞其“操行为乡里所称”，“以母老家贫，与弟熹俱弃人事，躬耕自业，约己养亲者十余载。父母丧亡，居丧六年，以毁瘠著称”。《蔡兴宗传》称其“十岁失父，哀毁有异凡童”，“幼立风概，家行尤谨，奉宗姑，事寡嫂，养孤兄子，有

[1]《宋书》卷十四《礼志》。
[2]《宋书》卷八十九，“史臣曰”。
[3]《宋书》卷四十九，“史臣曰”。
[4]《宋书》卷七十五，“史臣曰”。
[5]《宋书》卷七十九，“史臣曰”。

闻于世”。《萧惠开传》称其“丁父艰，居丧有孝性”。《张敷传》称其“生而母没。年数岁，问母所在，家人告以死生之分，敷虽童蒙，便有思慕之色。年十许岁，求母遗物，而散施已尽，唯得一画扇，乃缄录之，每至感思，辄开笥流涕。见从母，常悲感哽咽”。沈约引宋孝武帝的诏书，称赞张敷“贞心简立，幼树风规，居丧毁灭，孝道淳至”，甚至改其所居之名为“孝张里”以示表彰。《王华传》称其“少有志行，以父存亡不测，布衣蔬食不交游，如此十余年，为时人所称美”。《江湛传》称赞其“居丧以孝闻”。在《孝义列传》中，沈约记载了一批孝义人物的事迹。如刘瑜“七岁丧父，事母至孝”，“年五十二，又丧母，三年不进盐酪，号泣昼夜不绝声”；贾恩“少有志行”，“母亡，居丧过礼”，后为救护安放其母的棺材与其妻桓氏俱被火烧死；郭世道“生而失母，父更娶”，其“事父及后母，孝道淳备”，“年十四，又丧父，居丧过礼”。这些事例，反映出沈约对孝道的由衷赞美。

他赞美忠义，宣称：“士君子当以体正为基，蹈义为本。”[1] 他称赞袁淑“义重乎生，空炳前诰，投躯殉主，世罕其人”[2]。他赞扬江夷、谢方明、谢弘微、王惠、王球等“贞心雅体，廷臣所罕及”[3]。《殷景仁传》引世祖诏书之语称其“德量淹正，风识明允，徽绩忠谟，夙达先照”。沈约看到了忠孝之间有着直接关系，认为只有讲求孝道，对父母尽孝的人，才可能对君主尽忠，故“求忠臣必于孝子之门，盖以类得之也”[4]。沈约又认为，仁义与忠孝密切相关，“仁义者，合君亲之至理，实忠孝之所资”，“汉世士务治身，故忠孝成俗，至于乘轩服冕，非此莫由”，他感慨“晋、宋以来，风衰义缺，刻身厉行，事薄膏腴”。[5] 由是可知，在沈约看来，只有孝子，才有可能成为忠臣；而只有具备仁义的品质，才可能做到忠孝。他将忠孝仁义看成一个整体，指出其内在联系，这是包含着合理因素的。

---

[1] 《宋书》卷五十三，“史臣曰”。

[2] 《宋书》卷七十，“史臣曰”。

[3] 《宋书》卷五十三，“史臣曰”。

[4] 《宋书》卷八十七，“史臣曰”。

[5] 《宋书》卷九十一《孝义列传》。

他称赞谨慎端庄的品质。沈约认为，“立人之要，先质后文”[1]。这就是说，做人首先要树立良好的品德。在沈约看来，对于品德的追求应置于最重要的位置之上，只有树立良好的品德，才能讲文采。沈约推崇的良好品德除忠孝仁义以外，还包括谨慎端庄的品质。《傅亮传》引其所著《演慎》之言称：“大道有言，慎终如始，则无败事矣。《易》曰：‘括囊无咎。’慎不害也。又曰：‘藉之用茅，何咎之有。’慎之至也。文王小心，《大雅》咏其多福；仲由好勇，冯河贻其苦箴。《虞书》著慎身之誉，周庙铭陛坐之侧。因斯以谈，所以保身全德，其莫尚于慎乎。”

总的来说，沈约的史学思想是极为复杂的。他以发展变易思想来审视历史，但又从天命迷信思想出发，往往把历史变化，尤其是政权更替看成是天的意志。他又以民本思想为理论来思考历史，看到民心对于巩固统治的作用，主张治理天下要行善政，赞扬那些因民顺民的官吏的业绩。沈约评价人物的思想尺度，既有玄学思想，又有儒家思想。两者都是魏晋南北朝时期门阀士族的意识形态。门阀士族一方面大力倡导“越名教而任自然”的玄学，喜欢评论人物的气度仪容，并以此作为褒贬人物的标准；另一方面则又大力宣扬儒家的君臣之道，标榜忠孝仁义，并以此加强思想禁锢。这种时代特征在《宋书》中得到了鲜明的反映。沈约与他那个时代许多其他思想家一样，其思想既有儒家的，又有玄学的，又有佛教的，呈现出斑斓驳杂的特色。在沈约的史学思想中，无疑有着不少合理的成分，但也存在着许多应该抛弃的糟粕。

[1]《宋书》卷五十三，“史臣曰”。

第十一章 刘勰的史学总结

刘勰（约465—约532），字彦和，原籍东莞莒县（今属山东），世居京口（今江苏镇江），一生经历宋、齐、梁三朝。刘勰既是南朝时期杰出的文艺理论家，又是重要的史学理论家。其所撰《文心雕龙》全书50篇，虽然主要是论文，从整体上来说是一部文艺理论著作，但在其中的《史传》篇及其他篇目中，广泛论及古代史学发展的源流演变及诸多历史认识方面的问题，故也可视为一部重要的史学理论著作。刘勰在继承前人成就的基础上，对自上古至东晋历代史学发展，进行初步总结，并对历史认识论的诸多领域阐发了许多有价值的见解。刘勰的史学总结及其历史认识论对隋唐时期史学思想的发展，有着深远的影响。

第一节 总揽古代史学的总结

刘勰生活于中国史学经过1000多年的发展并取得巨大成就的魏晋南北朝时期。史学已经摆脱了经学附庸的地位，成为一个单独的学术门类。然而史学要继续发展，不仅需要对其自身的历史进行全面总结，而且要求对史学理论进行深入探讨。刘勰是应运而生的时代骄子，他以自己超凡的个体素质，顺应史学发展的客观要求，不自觉地担负着对史学进行总结的历史责任。

刘勰的史学总结，是建立在对各种类型的史籍内容有着广泛了解和深入研究的基础之上的。《文心雕龙》所论，几乎涉及自上古至东晋所有重要史学著作。有的学者以《史传》篇为例做过一个简单统计，该篇所引用前人的观点、语句、语意，按照其首次出现的顺序，依次出自以下各书：《说文叙》《礼记·曲礼》《白虎通》《穀梁传》《左传》《春秋左氏传序》《后汉书》《毛诗序》《穀梁传序》《史记》《汉书》《战国策序》《昌言》《尚书》《华阳国志》《汉仪注》《汉旧仪》《公羊传》《荀子》。而该篇所论及或提到的史家或史籍，按照其首次出现的顺序，依次为《礼记·曲礼》、《尚书》、《春秋》、孔子、左丘明、《左传》、《战国策》、陆贾、《楚汉春秋》、司马谈、司马迁、《史记》、班固、《汉书》、张衡、袁山松（《后汉书》）、张莹（《后汉南记》）、薛莹（《后汉记》）、谢承（《后汉书》）、司马彪（《续汉书》）、华峤（《汉后书》）、（孙盛）《魏阳秋》、（鱼豢）《魏略》、（虞溥）《江表传》、（张勃）《吴录》、陈寿《三国志》、陆机（《晋纪》）、王韶之（《晋纪》）、干宝《晋纪》、孙盛《晋阳秋》、邓璨《晋纪》、傅玄（《傅子》）、公羊高（《公羊传》）、南史氏、董狐，其中括号中的人名与书名为刘勰骈句语意所含。[1] 由此可见，刘勰所论及的史籍，数量之多，涵盖之广，令人叹服。刘勰博览群书，对各种典籍如数家珍，有着极为渊博的史学知识，因而有能力对古代史学源流与发展做出总结。

刘勰总揽全局，高屋建瓴，对自上古至东晋历代史学发展进行总结。这种总结既继承前人，又超越前人。他的许多观点与见解确实是发前人之所未发，因而具有极高的思想价值与史学价值。刘勰之所以能够如此，除上述所说具有极为广泛雄厚的历史知识与文献知识，因而能够对各种典籍的高下浅深把握得恰如其分以外，另一个极为重要的原因是他在哲学上大大超越了前人，因而能够运用前人及同时代的人所不熟悉的或者不能有效运用的哲学思想来思考历史。哲学与史学历来密不可分，历史上无论哪一个时代，哲学理论的发展总是要推动史学理论的发展。刘勰生活的魏晋南北朝时期，正是中国古代历史上哲学发生深刻变革的时期。

---

[1] 参见赵俊：《刘勰的史学批评》，载《社会科学辑刊》1990年第6期，第75—81页。

前已论及，玄学的兴起，佛教的流行，冲击着儒家思想的一统天下，为人们认识社会，思考历史提供了新的理论；各种思想争奇斗妍，既互相对撞，又彼此融合。思想理论的变革使人们突破自汉代经学统治建立以后形成的僵化的思维模式。在这样一个哲学理论思维极为活跃的社会里，出现了许多兼容众家的学者。刘勰就是这样的学者：他自幼接受传统的儒学教育，后又深受玄学的影响，并长期受佛教影响，最后落发为僧，成为集儒、佛、玄各种思想于一身的学者。这种特定的社会环境与生活经历使刘勰形成了自己特定的思想理念与思维模式。尽管人们“对儒、佛、道三家思想在《文心雕龙》中各处于何种地位，看法并不一致”[1]，然而不管怎么看，刘勰深受佛教与玄学的影响同其卓越的抽象思辨能力有着极为密切的关系，这是毫无疑问的。他精通佛教因明学，博通佛教经论，故“为文长于佛理”[2]。正如有的学者所说，刘勰精于佛教使他擅长于思辨，因而“能够从宏观角度来把握史学发展的过程，能够高屋建瓴地评述史学现象。《文心雕龙》论评问题，纲目清晰，逻辑严密”[3]。正是由于刘勰具有广泛而精深的史学知识和超越前人的哲学思想，他才有可能撰著《文心雕龙》这样的理论著作，从而对史学的发展演变进行抽象思辨，做出历史性的总结。

进行史学总结，首先必须探源，即深入探讨古代史学的最初起源。刘勰紧紧抓住这一问题，在《史传》中追溯了上古史学的起源及其初始阶段的发展。他说：“开辟草昧，岁纪绵邈，居今识古，其载籍乎！轩辕之世，史有仓颉，主文之职，其来久矣。”[4] 仓颉是传说中的人物，相传他就是黄帝时期的史官。《说文叙》称，“黄帝之史仓颉”。《汉书·古今人表》在黄帝之下列仓颉，注为黄帝之史。刘勰沿用这一传统的观点，又引《礼记·曲礼》之语称：“史载笔。史者，使也。执笔左右，使之记也。”史官设置之后，担负着记载人事，编撰史籍之责，“唐虞流于《典》《谟》，商夏被于《诰》《誓》”。到了周代，各诸侯国都有史官记载其历

[1] 钟兴麒：《〈文心雕龙〉的“道”与魏晋玄学》，载《新疆师范大学学报》1985年第2期，第68—76页。

[2] 《梁书》卷五十《刘勰传》。

[3] 赵俊：《刘勰的史学批评》，载《社会科学辑刊》1990年第6期，第75—81页。

[4] 《文心雕龙·史传》，以下凡未注明者，均引自《史传》。

史，出现了如晋《乘》、楚《梼杌》、鲁《春秋》之类的著作。孔子在鲁《春秋》的基础上，广搜博采各种史料，编成《春秋》这部最早的编年体史书。左丘明为《春秋》作传，编成《左传》，这样编年体史的体裁最终确立。所以，刘勰认为，“史肇轩黄，体备周孔”。

进行史学总结，其次必须溯流，即在探源的基础上分析其后来的发展演变。刘勰认为，史学自上古起源并得到初步发展之后，在战国时期，“史职犹存”，保存下来的史料后来编成《战国策》。到了汉代，史学得到新的发展。西汉初期，“陆贾稽古，作《楚汉春秋》”。西汉中期，司马谈、司马迁父子继承先秦史学成就，创立纪传体通史，“本纪以述皇上，列传以总侯伯，八书以铺政体，十表以谱年爵”。东汉前期，班固“因循前业，观司马迁之辞”，创立纪传体断代史。刘勰认为，关于东汉一代的纪传体断代史“发源《东观》”，即从东汉官修的《东观汉纪》开始，后来袁山松、张莹、薛莹、谢承、谢忱、司马彪、华峤等各家后汉史书相继而出。魏晋南北朝时期，史著数量空前增多，如后汉史、三国史、晋史，几乎各有数十家，编年体与纪传体都得到了发展，表明史学得到了进一步发展，而随着史著数量增多而来的是史学地位的提高，由经学附庸而成为仅次于经部的学术门类。

刘勰鸟瞰自上古至东晋的史学发展演变过程，对各家史著的优劣进行分析评述。他极力推崇孔子作《春秋》，称其“一字以褒贬”，“简言以达旨”，[1] 称赞《春秋》笔法“举得失以表黜陟，征存亡以标劝戒。褒见一字，贵逾轩冕；贬在片言，诛深斧钺”；然在此同时却又能指出其“睿旨幽隐，经文婉约”的缺点。他称道左丘明“实得微言”，因而能够“原始要终，创为传体”，《左传》“转受经旨，以授于后，实圣文之羽翮，记籍之冠冕”，对于人们理解《春秋》，把握其大义，极为重要。他认为《战国策》“录而弗叙，故即简而为名也”，这就是说，《战国策》只是史官所记录的战国术士的言论，并不是对历史的叙述，其名字就是由编定者根据其内容为战国策谋之士的言辞而确定的。他评论司马迁编撰《史记》，“虽殊古式，而得事序焉”。他称赞班固所撰《汉书》为“宗经矩圣之典”，有“端绪丰赡之功”，特别指出其“十志该富，赞序弘丽，儒雅

[1] 《文心雕龙·征圣》。

彬彬，信有遗味”。然却又指出其“因循前业”，“观司马迁之辞，思实过半”，即由因袭司马迁的《史记》而成，且有“遗亲攘美之罪，征贿鬻笔之愆”，尤其是其为吕后立纪，“违经失实”。魏晋南北朝时期的史著数量众多，在刘勰看来，这些史著的质量并不高。关于后汉史著作，他批评袁山松《后汉书》、张莹的《后汉南记》“偏驳不伦”，薛莹《后汉记》、谢承《后汉书》“疏谬少信”，只有司马彪《续汉书》“详实”，华峤《汉后书》“准当”。关于三国史著作，他认为孙盛《魏阳秋》、鱼豢《魏略》、虞溥《江表传》、张勃《吴录》等，“或激抗难征，或疏阔寡要”，只有陈寿《三国志》“文质辨洽”。关于晋史著作，他批评陆机“肇始而未备”，王韶之“续末而不终”，只有干宝的《晋纪》“审正得序”，孙盛《晋阳秋》“约举为能”，邓璨《晋纪》“始立条例”，“有心典谟”。

刘勰既对自上古至东晋各不同历史时期的有代表性的史著分别评论其优劣得失，又对以《左传》为代表的编年体和以《史记》为代表的纪传体这两种主要史体的优点与缺点进行评述。刘勰所生活的魏晋南北朝时期，编年体与纪传体是当时社会盛行的两种主要史体。有的史家主编年体，有的史家则主纪传体，众说纷纭，莫衷一是。时代要求从理论上对这两种史体的优劣得失，做出分析与评说，从而为史学的进一步发展开辟道路。刘勰适应时代的要求，在中国史学史上，最早对编年体与纪传体的编撰体例及其优劣得失进行评论。他指出，“纪传为式，编年缀事”，编年体如“《春秋经传》，举例发凡”，“左氏缀事，附经间出”，有“于文为约”，“文非泛论，按实而书”的优点，然也有“氏族难明”，“岁远则同异难密，事积则起讫易疏”的缺点。纪传体以人物为中心，故有“人始区详而易览”的优点，然“或有同归一事，而数人分功，两记则失于复重，偏举则病于不周”，有着重复与偏颇的缺点。刘勰抓住中国古代史学产生、发展的基本线索，讲清了编年体与纪传体这两种史体的长短得失。其评论直接启发了刘知幾对编年与纪传二体论评优劣。刘知幾的《史通·二体》大大发挥了刘勰在《文心雕龙·史传》中评论二体的观点。这些评论尽管由于时代与阶级的局限，存在这样或者那样的缺陷，然而其中绝大部分论述，即使在今天看来，也是极有价值的。

第二节　征圣宗经：史学总结的基本点

刘勰认为，历史认识的原则是征圣宗经。征圣宗经可以说是刘勰历史认识论的一个根本的观点。他自称“《文心》之作也，本乎道，师乎圣，体乎经”[1]，又说“论文必征于圣，窥圣必宗于经”[2]。这个原则涉及三个层次的内容：其一是指审视历史，其二是指编撰史著，其三是指论评史书。这就是说，无论是审视历史，还是编撰史著，抑或是论评史书，都必须以儒家思想作为指导思想，贯彻征圣宗经的原则。三者都要依据儒家经典所体现的大义，都要以遵循圣人的思想和规范为准则。归纳起来就是一句话，即历史认识都要以经典与圣人之是非为是非。其实质是关于历史认识以什么为原则的问题。

刘勰认为，审视历史要以儒家经典的思想为原则。为什么要以经典与圣人之是非为是非呢？这是因为经典“象天地，效鬼神，参物序，制人纪，洞性灵之奥区，极文章之骨髓者也”[3]。他又宣称，“夫子文章，可得而闻，则圣人之情，见乎文辞矣。先王圣化，布在方册，夫子风采，溢于格言”[4]，圣人“鉴周日月，妙极机神；文成规矩，思合符契。或简言以达旨，或博文以该情，或明理以立体，或隐义以藏用”[5]。这就是说，在经典中，在圣人之言论中，已经包含着对于天地万物、社会人伦的极为深刻而精妙的道理。“经典沉深，载籍浩瀚”[6]，所以人们思考历史，如果把握好经典的思想原则，就能留下“贯乎百氏，被之千载，表征盛衰，殷鉴兴废”的史著。当然，这一原则本身也有一定的问题，是不可取的。连“亚圣”孟子都说过“尽信《书》则不如无《书》”。

刘勰认为，编撰史著也要遵循儒家经典的思想。他强调，“经也者，

---

[1]《文心雕龙·序志》。
[2]《文心雕龙·征圣》。
[3]《文心雕龙·宗经》。
[4]《文心雕龙·征圣》。
[5]《文心雕龙·征圣》。
[6]《文心雕龙·事类》。

恒久之至道，不刊之鸿教也”[1]。所以在刘勰看来，如果能够做到文能宗经，就可以实现体有六义：“一则情深而不诡，二则风清而不杂，三则事信而不诞，四则义贞而不回，五则体约而不芜，六则文丽而不淫。”他强调，“励德树声，莫不师圣，而建言修辞，鲜克宗经”。[2] 史家撰史若能“征圣立言”[3]，则可“使一代之制，共日月而长存；王霸之迹，并天地而久大”。

刘勰主张，论评史著同样要以儒家经典的思想为原则。在《史传》中，刘勰批评《史记》“爱奇反经”；称赞班固的《汉书》“宗经矩圣”，又指责《汉书》为吕后立纪是“违经失实”；称道邓璨编撰《晋纪》，“摆落汉魏，宪章殷周”，即抛弃汉魏虚妄的学风，效法殷周的《尚书》所体现的原则，后来孙盛撰史的条例，就是仿效邓璨而作。这些都是以经典的大义作为原则而做出的评价。刘勰以征圣宗经作为历史认识的原则，这一思想，后来为唐代史学家刘知幾所继承。刘知幾在《史通》中，虽写《疑古》《惑经》等专篇，但他论史的指导思想仍然是传统的儒家思想。

刘勰以征圣宗经作为历史认识的原则，而在五经之中，他最重视、最推崇的是《尚书》与《春秋》这两部经典。他认为，《尚书》“实记言，而训诂茫昧，通乎尔雅，则文意晓然”，可谓“昭昭若日月之明，离离如星辰之行”，“览文如诡，而寻理即畅”，[4] 文字简练，叙事明了；《春秋》“辨理，一字见义”，“婉章志晦，谅以邃矣”，人们“观辞立晓，而访义方隐”，[5] 文字精练，大义隐微。这两部书都是“辞约而旨丰，事近而喻远”[6]，都与史学有着极为密切的关系。在《史传》中，刘勰强调，“古者左史记事者，右史记言者。言经则《尚书》，事经则《春秋》”。所以无论评史著史，要效法先圣，就必须以这两部经典为楷模。

刘勰的史学目的论继承并发展孔子关于史家撰史“扬善抑恶”的观

---

[1]《文心雕龙·宗经》。
[2]《文心雕龙·宗经》。
[3]《文心雕龙·征圣》。
[4]《文心雕龙·宗经》。
[5]《文心雕龙·宗经》。
[6]《文心雕龙·宗经》。

点，指出，“原夫载籍之作也，必贯乎百氏，被之千载，表征盛衰，殷鉴兴废”。他明确地提出研究历史、编撰史著的目的是彰善瘅恶，主张史书“顺美匡恶”[1]，“宜在殷鉴”[2]。又说：“世历斯编，善恶偕总，腾褒裁贬，万古魂动。”这就是说，撰写史著，应该使人们读后善恶自明，起到劝善惩恶、垂训后世的作用。他又指出“史之为任，乃弥纶一代，负海内之责，而赢是非之尤”，人们通过史著，可以“居今识古”。他称赞“自周命维新，姬公定法，紬三正以班历，贯四时以联事。诸侯建邦，各有国史，彰善瘅恶，树之风声”。刘勰的史学目的论也为唐代史学家刘知幾所继承。刘知幾认为，史学要“记功司过，彰善瘅恶”[3]，“申以劝戒，树之风声”[4]。我们可以看到，二刘不仅在观点上一致，而且连语言也相同。

第三节　撰史的“素心”论

刘勰认为，编撰史著的目的是为了彰善瘅恶，垂训后世。他认识到，历史著作只有做到实录，才能实现这一目的。因此，刘勰提出历史认识的标准是实录。在《文心雕龙》中他大力倡导实录。所谓实录，就是指真实地记载历史，使人们从阅读历史著作中获得真正符合历史实际的历史知识。实录不仅包含着史家著史的态度问题，更重要的是强调历史记载必须符合历史实际，其所揭示的是历史认识的客观性标准问题。在我们今天看来，如同任何真理都具有相对性，都是相对真理与绝对真理的统一一样，任何历史认识对于历史实际的反映也只能是相对的，完全意义上的实录不仅从来就没有，而且也根本无法做到。任何史家都难以超越个人主观情感好恶与对客观事物认识的局限。然而古人并不懂得这一道理，所以自古以来，实录既是史家不断追求的理想境界，又是史家撰

---

[1]《文心雕龙·明诗》。

[2]《文心雕龙·祝盟》。

[3]《史通》卷七《曲笔》。

[4]《史通》卷七《直书》。

史必须遵循的标准。

刘勰主张，历史著作要做到实录，史家要具有“素心”。所谓“素心”，就是指公正之心。史家只有心地纯正，才能明白事理，进而识别真伪，不致任情褒贬。在刘勰看来，编撰史著，不仅对古代史不能随意附会，即使对当代史，也应该“析理居正”。他要求史家“不畏强御”[1]，严厉指责那些心地不正的人写史，任意歪曲史实，指出：“勋荣之家，虽庸夫而尽饰；迍败之士，虽令德而常嗤。理欲吹霜煦露，寒暑笔端。此又同时之枉，可为叹息者也。”在刘勰看来，正是由于没有“素心”，才使得许多史书“述远则诬矫如彼，记近则回邪如此”。

刘勰强调，历史著作要做到实录，史家必须以严谨公正的态度记载历史，“按实而书”，“直笔”，“务信”。他批评班固作史，“遗亲攘美”，“征贿鬻笔”，“违经失实”，指责薛莹、谢承之书“疏谬少信”，抨击那些“追述远代，代远多伪”的现象。他赞扬司马迁的《史记》“实录无隐之旨”，称道司马彪撰史“详实”，华峤撰史“准当”，倡导“直归南、董”，即要求史家撰史如同南史、董狐之“直”，宣称“奸慝惩戒，实良史之直笔”，如同“农夫见莠，其必锄也”一样。他将实录直书称赞为“万代一准”。

刘勰指出，历史著作要做到实录，史家必须博采、精校和据理[2]，使史书的内容“详实”“准当”。在《史传》中，刘勰特别强调广泛搜集史料的重要意义。他宣称，汉代“史职为盛”，而其时“郡国文计，先集太史之府”，史官即可从中搜集前代遗留下来的有价值的文献材料；再通过“阅石室，启金匮，抽裂帛，检残竹”，尽可能广泛地搜集各种不同的史料，这样就能够“博练于稽古”，“诠评昭整，苛滥不作矣”。

刘勰认为，历史著作要做到实录，史家应该“文疑则阙”，这是实现“信史”的重要途径。关于远古时代的历史，史料往往极为缺乏，造成史书“代远多伪”的现象。刘勰深刻地指出，这种现象的出现，是因为“俗皆爱奇，莫顾实理”所致。由于爱奇心理的作用，史家对传闻之事不认真思考，不做严密考证，反而捕风捉影，添油加醋，任意夸大其词，

---

[1] 《文心雕龙·奏启》。

[2] 参见《文心雕龙·事类》。

随意附会，这是影响史著内容的真实性的重要原因。史家要写出实录，对于那些不能确证的材料，应该存而不书，或者存而不论，不可“传闻而欲伟其事，录远而欲详其迹”，不应“弃同即异，穿凿傍说，旧史所无，我书则传”。这就是说，如果难以征信，就应该让它存疑，切不可牵强附会。刘勰认为，“史之阙文，圣人所慎”[1]。

刘勰宣称，历史认识的标准是实录，而要达到这一标准，除上述各方面的要求以外，还有一点极为重要，这就是必须力戒虚妄。刘勰反对那种虚浮、苛滥的风气，他认为，对于历史上杰出的英雄人物进行赞颂是可以的，而且也是应当的，“君子之处世，疾名德之不章，唯英才特达，则炳曜垂文，腾其姓氏，悬诸日月焉。昔风后、力牧、伊尹，咸其流也”[2]。然而，在刘勰看来，不管赞颂哪些杰出人物，也不管是采用颂赞、铭箴、诔碑，还是史传的形式，这种赞颂应该事出有据，褒扬得体，“饰穷其要，则心声锋起；夸过其理，则名实两乖”[3]。这就是说，对杰出人物的赞颂应该符合实际，恰如其分，才会引起读者的共鸣，起到积极的作用；如果夸大其词，故意渲染，反而会使人觉得名不副实，损害历史著作的真实性。刘勰关于撰写史著应该直书实录的思想后来又为刘知幾所继承与发展。刘知幾在《史通》中，撰写《直书》《曲笔》等专篇，大力倡导直书，揭露颠倒是非、歪曲历史的各种曲笔。

第四节　文质相符，文史相通

文质相符是刘勰的历史认识论的一个重要的观点。这一观点所指即历史认识的表达方式应该做到文辞与内容相协调，内容与形式相统一。所谓文质，它有时指的是文辞与内容的关系，有时则指的是形式与内容的关系，其实这两者都是指文章内容与表现形式的关系问题。刘勰主张，史家撰写史著，必须文质相符。他所说的文质相符，指的是二者相互联

[1]《文心雕龙·练字》。
[2]《文心雕龙·诸子》。
[3]《文心雕龙·夸饰》。

系，相互依存，应该是统一的，“文附质也”，“质待文也”，“文不灭质”，“博不溺心”，文质彬彬。[1] 这就是说，文辞反映着内容，内容体现着形式；而一定的内容必待一定的文辞来反映，一定的内容必须通过一定的形式才能实现。因此，讲究文辞不能伤害内容，只有两者协调，才能相得益彰，“若文浮于理”，那就是“末胜其本”。[2] 刘勰既看到内容与形式两者之间的内在联系，又认为两者应该有主有次，不能混为一谈。他认为，思想内容是主要的，而外在形式则是次要的，“况乎文章，述志为本。言与志反，文岂足征？”“理定而后辞畅，此立文之本源也”。[3] 刘勰认为，“义典则弘，文约为美”[4]，“繁约得正，华实相胜”[5]。他提倡“衔华而佩实”[6]，要求“舒华布实，献替节文”[7]，主张“文以辨洁为能，不以繁缛为巧；事以明核为美，不以深隐为奇”[8]。刘勰反对“务华弃实”[9]，反对那种追求文辞华美靡丽而内容空洞无物的文风。他指出：“去圣久远，文体解散，辞人爱奇，言贵浮诡，饰羽尚画，文绣鞶帨，离本弥甚，将遂讹滥。”[10] 刘勰特别不赞成史家刻意追求文辞华美，随意铺陈，指出：“若不达政体，而舞笔弄文，支离构辞，穿凿会巧，空骋其华，固为事实所摈；设得其理，亦为游辞所埋矣。”[11] 他严肃批评魏晋以来，“稍务文丽，以文纪实，所失已多”[12]。刘勰特别强调，“史论序注，则师范于核要”[13]，尤其是史书的论赞要“约文以总录，颂体

[1]《文心雕龙·情采》。
[2]《文心雕龙·议对》。
[3]《文心雕龙·情采》。
[4]《文心雕龙·铭箴》。
[5]《文心雕龙·章表》。
[6]《文心雕龙·征圣》。
[7]《文心雕龙·熔裁》。
[8]《文心雕龙·议对》。
[9]《文心雕龙·程器》。
[10]《文心雕龙·序志》。
[11]《文心雕龙·议对》。
[12]《文心雕龙·议对》。
[13]《文心雕龙·定势》。

以论辞”[1]。正因为如此，他赞扬荀子的文章是“文质相称”[2]，又称道陈寿的《三国志》是“文质辨洽”。

刘勰主张文质相符。他既要求历史著作做到内容与文辞相符，又看到了两者之间存在矛盾的一面，因而在言意关系上倾向“言不尽意”。刘勰认为，语言与思想，总是一对矛盾，语言是很难准确表达思想的。他宣称：“方其搦翰，气倍辞前，暨乎篇成，半折心始。”[3] 这就是说，编撰著作，拿起笔的时候要比措辞的时候气势旺盛得多，到写成的时候文章内容同开始构思的时候相比已经打了半折，写成的著作并没有准确完满地表达自己心中所要表达的内容。为什么这样呢？刘勰回答说：“意翻空而易奇，言征实而难巧也。是以意授于思，言授于意，密则无际，疏则千里。”[4] 刘勰编撰《文心雕龙》，他自己也认为没有把想要表述的思想表达清楚，声称“但言不尽意，圣人所难”[5]。这些论述，继承并发展了荀粲的“言不尽意论”。荀粲认为，意之精者，理之微者，这并不是言辞所能表达清楚的。语言可以表达思想，但是语言并不能把人的思想完全表达出来。刘勰既主张文质相符，看到文辞与内容的统一性；又认识到两者的矛盾性，提出言不尽意。这说明刘勰的历史认识论包含丰富的辩证法思想。

文史相通是刘勰在“文质相符”论的基础上所阐发的历史认识论的另一重要观点。这个观点实际上是“文质相符”论的延伸。刘勰所主张的文史相通，一方面是指史要借助文来表达，一定的历史内容要运用与其相适应的文辞表达方式；另一方面文也要借助于史的见解，以合适的历史内容为依据。历史内容只有以优美而又得体的文辞表达，才能起到彰善瘅恶的作用；而文学作品只有借助于深刻的历史见解和历史内涵，才能富有艺术魅力，从而给人以智慧的启迪，产生陶冶情性的效果。刘勰一方面强调史家要有文采，赞扬司马迁编撰《史记》富于文采，称其

---

[1] 《文心雕龙·颂赞》。

[2] 《文心雕龙·才略》。

[3] 《文心雕龙·神思》。

[4] 《文心雕龙·神思》。

[5] 《文心雕龙·序志》。

"丽缛成文"[1]，称道"二班（班彪、班固父子）两刘（刘向、刘歆父子），奕叶继采"，"张衡通赡，蔡邕精雅，文史彬彬，隔世相望"，"孙盛、干宝，文胜为史，准的所拟，志乎典训"，[2]提出史家的文采要效法《左传》，即"辞宗丘明"；另一方面，他又指出文学作品要运用历史典故，渗透历史见解，如扬雄作《州官箴》，曾参照《尚书》，刘歆作《遂初赋》，也多引史书。[3]刘勰指出："事类者，盖文章之外，据事以类义，援古以证今者也"，"《大畜》之《象》：'君子以多识前言往行'，亦有包于文矣"。[4]

第五节　史学总结的特色

刘勰的史学总结方法很有特色。在刘勰那个时代，不少史家擅长使用归纳方法与比较方法评论历史人物与历史事件。刘勰论史也大量运用了归纳的方法与比较的方法。从归纳方法的运用来说，如对自上古至东晋史学发展过程，刘勰将其归纳为上古至西周、春秋、战国至西汉、东汉、三国魏晋几个不同的历史时期分别加以考察；又如在综论各个时期有代表性的史书的优劣得失的基础上，刘勰将众家又归纳为编年与纪传二体，分别考察其优点与缺点。从比较方法的运用来说，有单独将两部书置于一起比较，如《左传》与《史记》的体例比较；有将同一时期内容相同的史书置于一起比较，如将袁山松的《后汉书》、张莹的《后汉南记》、薛莹的《后汉记》、谢承的《后汉书》、司马彪的《续汉书》、华峤的《汉后书》、谢忱的《后汉书》等加以比较；有将编年体和纪传体这两种史体的优点与缺点分别比较，甚至将《尚书》与《春秋》这两部他最喜欢的儒家经典的文辞难易与含义深浅进行比较。刘勰善于将整体考察与辩证分析结合起来，无论是对史书还是对史体，既能从整体上加以分

[1]《文心雕龙·才略》。
[2]《文心雕龙·才略》。
[3]参见《文心雕龙·事类》。
[4]《文心雕龙·事类》。

析，又能具体考察其不同的方面。如对《史记》，刘勰既赞扬其“实录无隐”“博雅宏辩”的优点，又指责其“爱奇反经”“条例踳落”的缺点。又如对编年体与纪传体这两种史体，刘勰既能指出其各自的优点，又分别辨明其各自的缺点。

刘勰在系统考察上古至东晋历代史学发展的基础上，对论史方法进行理论思考与概括总结。他认为，“夫铨序一文为易，弥纶群言为难。虽复轻采毛发，深极骨髓；或有曲意密源，似近而远，辞所不载，亦不胜数矣。及其品列成文，有同乎旧谈者，非雷同也，势自不可异也；有异乎前论者，非苟异也，理自不可同也”[1]。在刘勰看来，评论一篇文章是很容易的，而综论一个时代的文章是很难的。刘勰总结了论文的四条方法，即“原始以表末，释名以章义，选文以定篇，敷理以举统”[2]。在这里，他虽然讲的是论文，然而论史也是如此。如果仅仅评论一部历史著作固然是很容易的，然而综论一个时代的史学发展却是不容易的，而把握史学的源流与发展演变，分析一个时代一些有代表性的史学著作的优劣得失，进而探讨各个流派的特征及其相互关系当然更不容易。刘勰在继承前代学者丰富的历史认识论思想的基础上，在自己的论史实践中有效地运用了这些方法。其一，“原始以表末”，既推其源，又溯其流，详细考察其终始演变；其二，“释名以章义”，即从史书的书名入手以释其大义，如《史传》中称《左传》言“传者，转也，转受经旨，以授于后”；其三，“选文以定篇”，即确定各个不同的历史时期有代表性的史家、有影响的史著，评价其高下浅深；其四，“敷理以举统”，即把握各个流派、各种史体的内在联系，指出其各自的源流、特点、优劣等。这些既是刘勰论文的方法，又是他进行史学总结的方法，是其论史实践的理论总结。

刘勰通过对自上古至东晋历代史学发展的总结，对历代史家撰史方法进行理论抽绎，概括出撰史的基本方法。在《史传》中，刘勰将撰史归纳为四个基本步骤，即“寻繁领杂之术，务信弃奇之要，明白头讫之序，品酌事例之条”。具体地说，一曰“寻繁领杂之术”，即指广泛搜集

[1]《文心雕龙·序志》。
[2]《文心雕龙·序志》。

各种不同类别的史料。刘勰认为，史料的范围极广，“夫书记广大，衣被事体，笔札杂名，古今多品。是以总领黎庶，则有谱籍簿录；医历星筮，则有方术占式；申宪述兵，则有律令法制；朝市征信，则有符契券疏；百官询事，则有关刺解牒；万民达志，则有状列辞谚”。这些史料都应该搜集，“述理于心，著言于翰”[1]，以便使自己对历史问题形成全面认识。二曰“务信弃奇之要”，即本着求真存信的态度，克服爱奇心理，认真地鉴别与整理史料。刘勰认识到，史家撰写史著，其搜集史料应“务在博见”，然“综学在博，取事贵约，校练务精，捃理须核，众美辐辏，表里发挥”。[2] 刘勰指出，史家在广泛搜集各种史料的基础上，应该精审考订，核实事理，然后才能笔之于书。三曰“明白头讫之序”，即认真思考所要撰写的史著的时间跨度，确定其所记载的范围。四曰“品酌事例之条”，即确定评价历史人物与历史事件的原则与标准，确立史著撰写的义例。刘勰所提出的编撰史著的这四条方法，是对自上古至东晋历代史书编写经验的总结。他宣称“晓其大纲，则众理可贯”，掌握了这四条方法，并循之以修撰史书，即能万殊归于一本，有条而不紊。

刘勰的史学总结与历史认识论也存在一些思想糟粕。如他指责司马迁与班固为吕后立本纪，批评张衡主张为元平二后立纪，宣称：“及孝惠委机，吕后摄政，班史立纪，违经失实。何则？庖牺以来，未闻女帝者也。汉运所值，难为后法。牝鸡无晨，武王首誓；妇无与国，齐桓著盟；宣后乱秦，吕氏危汉；岂唯政事难假，亦名号宜慎矣。张衡司史，而惑同迁固，元平二后，欲为立纪，谬亦甚矣。寻子弘虽伪，要当孝惠之嗣；孺子诚微，实继平帝之体。二子可纪，何有于二后哉？”这些言论反映出刘勰强烈的名教思想与正统观念。又如刘勰主张直书，要求史家如实记载历史，做到实录，但他的直书与实录的思想并不是彻底的，他声称：“若乃尊贤隐讳，固尼父之圣旨，盖纤瑕不能玷瑾瑜也。”这就是说，像孔子那样为尊者讳、为贤者讳也是可以的，对于那些尊者、贤者，不能因为小小的过失而损害其整体形象。诸如此类，是由时代与社会局限所决定的。

---

[1] 《文心雕龙·书记》。

[2] 《文心雕龙·事类》。

总的来说，刘勰的史学总结与历史认识论有着很高的思想价值与学术价值，在中国古代史学思想发展史上，有着重要的地位。首先，刘勰是中国古代历史上对历史学本身发展过程进行系统思考和全面总结的第一位学者，而这种思考与总结又为历史学的进一步发展开辟了道路；其次，刘勰对历史认识的原则与目的、历史认识的标准与要求、历史认识的内容与表达形式，以及论史方法与撰史方法等诸多方面的论述，直接推动着历史认识论研究的发展，给后代学者以莫大的启迪，为唐代刘知幾的史学理论研究奠定了基础。傅振伦先生指出，《文心雕龙》为文史类之书，然其《史传》一篇，则论史之功用、源流、利病、史籍得失及撰史态度等，实为史评之先河。《史通》一书即就《史传》之意推广而成，《史通》各篇亦多仿《文心》，“知幾之书多出于刘勰，故其书亦全模拟之，立意亦多取之也。两氏史学思想，亦多相同”[1]。张舜徽先生具体揭示了《史通》对《文心雕龙》的模拟与因袭。他指出，《史通》“论列史法，扬搉体例，则胎袭于《文心雕龙》者尤多”，其中“寻繁领杂之术，务信弃奇之要，明白头讫之序，品酌事例之条”四语，“启牖知幾者为尤大。知幾盖即据其义，引申推演以成是书耳”。[2] 这些论述，正确地揭示了《文心雕龙》与《史通》之间的理论渊源关系，指出了《文心雕龙》对《史通》深刻而巨大的影响。

[1] 傅振伦：《刘知幾学行述略》，《刘知幾年谱》，中华书局 1963 年版，第 22 页。

[2] 张舜徽：《史学三书平议》，中华书局 1983 年版，第 98—99 页。

第十二章 萧子显的史学思想

萧子显（489—537）[1]，字景阳，南兰陵郡南兰陵县（今江苏常州西北）人，其祖父萧道成即南齐建立者高帝，其父豫章王萧嶷在南齐前期煊赫一时。萧子显身历南朝的齐、梁两朝，他天资聪慧，才思敏捷，撰有《后汉书》100卷、《南齐书》60卷、《贵俭传》30卷、《普通北伐记》5卷，以及文集20卷等。这些著作，除《南齐书》以外均已亡佚。因此，《南齐书》是我们考察萧子显的史学思想的主要材料。萧子显的史学思想反映南北朝后期哲学与社会思潮的变化，表现为玄学与儒学合流，儒学地位上升，佛教对思想领域的渗透等。萧氏史学思想相当博杂，但儒学仍是他史学思想的主要方面。本章根据《南齐书》的有关材料，对萧子显的史学思想与史学方法做一点初步分析。

第一节 “服膺释氏，深信冥缘”

“服膺释氏，深信冥缘”，这是萧子显在《南齐书·高逸传论》中对

[1] 关于萧子显的生年，尚有不同的说法，这里据中华书局1972年标点本《南齐书》前的《出版说明》。

自己与佛教关系的概括，反映出佛教对他的史学思想的深刻影响。萧子显所生活的南朝齐、梁时期，正是我国历史上佛教广泛流行的时代。萧齐的文惠太子、萧子显的父亲豫章王萧嶷、竟陵王萧子良等均崇信佛法。萧子良敬信尤笃，“数于邸园营斋戒，大集朝臣众僧，至于赋食行水，或躬亲其事”[1]，并延致名僧讲论佛法。梁武帝时期，佛教势力的发展达到南朝时期的顶峰。梁武帝多次下诏舍道事佛，要王公贵族一体敬奉。他经常主持宣讲经义，亲自撰有佛学讲疏多种，甚至 4 次舍身同泰寺为奴。萧梁皇室的萧统、萧纲、萧绎等均笃信佛教。在齐、梁两朝统治集团的大力扶植与积极支持下，佛教影响日渐增大，“都下佛寺五百余所”，“天下户口，几亡其半”。[2] 萧子显出身于萧齐皇室，生活于佛教盛行的社会环境之中，耳濡目染，潜移默化，必然深受佛教思想的影响。

萧子显所谓“服膺释氏”，指的是将佛教的理论谨记在心，内心里衷心信服这些理论。南朝时期，意识形态领域异常活跃，各种思潮争奇斗妍。萧子显对于各种思想流派都有批评，唯独对佛教推崇备至。他认为，儒家之教，“宪章祖述，引古证今，于学易悟”，而今“树以前因，报以后果，业行交酬，连琐相袭”。阴阳之教，“占气步景，授民以时，知其利害”，而今则“耳眼洞达，心智他通，身为奎井，岂俟甘石”。法家之教，“出自刑理，禁奸止邪，明用赏罚”，而今则“十恶所坠，五及无间，刀树剑山，焦汤猛火，造受自贻，罔或差贰”。墨家之教，“遵上俭薄，磨踵灭顶，且犹非吝”，而今则“肤同断瓠，目如井星，授子捐妻，在鹰庇鸽”。纵横之教，“所贵权谋，天口连环，归乎适变”，而今则“一音万解，无待户说，四辩三会，咸得吾师”。杂家之教，“兼有儒、墨”，而今则“五时所宣，于何不尽”。农家之教，“播植耕耘，善相五事，以艺九谷”，而今则“郁单粳稻，已异阎浮，生天果报，自然饮食”。道家之教，“执一虚无，得性亡情，凝神勿扰”，而今则“波若无照，万法皆空，岂有道之可名，宁余一之可得”。在萧子显看来，无论是儒家、阴阳家、法家、墨家，还是纵横家、杂家、农家、道家，这些思想流派虽各有所长，其初各有自己的历史合理性，但其末流在当时的社会里已是流弊深重。

---

[1] 《南齐书》卷四十《竟陵文宣王子良传》。

[2] 《南史》卷七十《循吏传》。

萧子显在批评众家的同时，对佛教不仅没有批评，反而给予极高的评价。他宣称："佛法者，理寂乎万古，迹兆乎中世，渊源浩博，无始无边，宇宙之所不知，数量之所不尽，盛乎哉！真大士之立言也。探机扣寂，有感必应，以大苞小，无细不容。"佛教以"慈悲为本，常乐为宗，施舍惟机，低举成敬"。他感叹，"佛理玄旷，实智妙有，一物不知，不成圆圣。若夫神道应现之力，感会变化之奇，不可思议，难用言象"，"释理奥藏"，[1] 真可谓博大精深而又奇妙无比。

萧子显所谓"深信冥缘"，指的是对佛教的因果报应学说深信不疑。他虽然没有说明深信冥缘的具体事例，但是我们从《南齐书》的内容中仍然可以看到佛教因果报应学说的深刻影响。如《郁林王纪》载其对豫章王妃庾氏称："阿婆，佛法言，有福德生帝王家。今日见作天王，便是大罪，左右主帅，动见拘执，不如作市边屠酤富儿百倍矣。"这条材料反映出郁林王萧昭业的认识：按照佛法，生于帝王之家是前世所修，是"有福德"的表现；而作天王的实践并不是像佛法所说的"有福德"，因为行动受到拘束，不如"市边屠酤富儿"那样自由。我们应该看到，这里反映的虽然是郁林王的认识，但萧子显选载这一材料，在某种程度上也体现了他自己的思想。又如《徐伯珍传》称其"好释氏"，其晚年在九嶷山隐居之地，"馆东石壁夜忽有赤光洞照，俄尔而灭。白雀一双栖其户牖，论者以为隐德之感焉"。所谓"隐德之感"，指这些瑞征是前世之德的感应。论者的看法实际上也反映了萧子显的观点，说明他相信佛教的因果报应思想。《南齐书》大量记载王公贵族、达官名流、学者文人信佛佞佛的情况。如《文惠太子传》称"太子与竟陵王子良俱好释氏"。《周颙传》称其"泛涉百家，长于佛理"。《徐孝嗣传》称竟陵王萧子良"好佛法，使孝嗣及庐江何胤掌知斋讲及众僧"。《顾欢传》称"文惠太子、竟陵王子良并好释法。吴兴孟景翼为道士，太子召入玄圃园。众僧大会，子良使景翼礼佛，景翼不肯，子良送《十地经》与之"。《竟陵文宣王子良传》载其自称"子孝奉君，臣忠事主，莫不灵祇通感，征祥证登"，当世祖齐武帝萧赜不豫，诏子良甲仗入延昌殿侍医药，"子良启进沙门于殿户前诵经"。萧子显大量记载当时社会中这些信佛佞佛的事例，不仅表明

[1]《南齐书》卷五十四《高逸传》。

他对这类事例的浓厚兴趣，而且也反映出他本人对佛教的尊奉。

第二节 “天降地出，星见先吉”

“天降地出，星见先吉”，这是萧子显在《祥瑞志》末尾写的赞语。这两句话反映出萧子显既深受佛教的因果报应思想影响，又继承传统的天人感应与符瑞迷信思想。在《南齐书》中，他立《天文》《祥瑞》《五行》三志，三志分量几占八志的一半，大量记载南朝宋、齐时期的天人感应现象及各种灾异祥瑞与神灵谶纬等方面的事例。从这类事例中，我们可以看到萧子显有着浓厚的天人感应与灾异迷信思想。

萧子显相信天人感应。他煞有介事地列举汉代以来某些历史事变的发生与当时天象变化的关系。“《太一九宫占》推汉高五年，太一在四宫，主人与客俱得吉，计先举事者胜”，而“是岁高祖破楚”。如“晋元兴二年，太一在七宫，太一为帝，天目为辅佐，迫胁太一”，而“是年安帝为桓玄所逼出宫”。如“大将在一宫，参相在三宫，格太一。经言格者，已立政事，上下格之，不利有为，安居之世，不利举动”。“元兴三年，太一在七宫”，而是岁“宋武破桓玄”。如“元嘉元年，太一在六宫，不利有为”，而是岁徐羡之等“废营阳王”。如元嘉七年（430），“太一在八宫，关囚恶岁，大小将皆不得立”，而“其年到彦之北伐，初胜后败，客主俱不利”。如元嘉十八年，“太一在二宫，客主俱不利”，而“是岁氐杨难当寇梁、益，来年仇池破”。元嘉十九年，“大小将皆见关不立，凶，其年裴方明伐仇池，克百顷，明年失之”。如泰始元年（465），“太一在二宫，为大小将奄击之”，而“其年景和废”。如泰始二年，“太一在三宫，不利先起，主人胜”，而“其年晋安王子勋反”。如元徽二年（474），“太一在六宫，先起败”，而“是岁桂阳王休范反，并伏诛”。如元徽四年，“太一在七宫，先起者客，西北走”，而“其年建平王景素败”。如升明元年（477），“太一在七宫，不利为客，安居之世，举事为主人，应发为客，袁粲、沈攸之等反，伏诛”，而是岁“太一在杜门，临八宫，宋帝禅位，不利为客，安居之世，举事为主人，禅代之应也”。[1] 萧子显通过这些事例，说明天象变化往往预兆人间社会将发生相应的事变，如“汉高祖破楚”，桓玄逼安帝出宫，“宋武破桓玄”，营阳王被废，“到彦之北伐”，杨难当寇梁、益破仇池，裴方明伐仇池，“景和废”，“晋安王子勋反”，桂阳王休范伏诛，“建平王景素败”，袁粲等伏诛，“宋帝禅位”，这些事变都应验了天象的变化。我们知道，将天象变化与人间社会的变化直接联系起来，这是一种典型的天人感应的思维方式。萧子显正是以这样一种思维方式来思考与审视历史的。

萧子显相信天命。他认为，历代君主的天下，都是天之所授而非君所自取。“汉高神武骏圣，观秦氏东游，盖是雅多大言，非始自知天命；光武闻少公之论谶，亦特一时之笑语；魏武初起义兵，所期‘征西’之墓；晋宣不内迫曹爽，岂有定霸浮桥；宋氏屈起匹夫，兵由义立：咸皆一世推雄，卒开鼎祚。”[2] 萧子显审视历史上这些君主，他们虽然开创基业，但其开始的时候，并没有夺取天下的雄图远略，天帮助他们，使他们成就了帝业。所以说，他们的天下是天之所授。《高帝纪上》载，宋明帝时，民间流言云，“萧道成当为天子”。萧子显引宋帝禅位诏云：“昔金德既沦，而传祚于我有宋，历数告终，实在兹日，亦以水德而传于齐。”又引将作匠陈文建所奏的符命曰：“六，亢位也。后汉自建武至建安二十五年，一百九十六年而禅魏；[魏] 自黄初至咸熙二年，四十六年而禅晋；晋自太始至元熙二年，一百五十六年而禅宋；宋自永初元年至升明三年，凡六十年：咸以六终六受。六，亢位也。验往揆今，若斯昭著。”又引萧道成即位诏书称，“夫肇自生民，树以司牧，所以阐极则天，开元创物，肆兹大道”，“皇天眷命，不可以固违，人神无托，不可以旷主”，因为“畏天之威，敢不祗从鸿历”。萧子显不厌其烦地引述这些材料，其目的旨在说明刘宋禅让给萧齐，这体现了天意，是“天厌水行”“人希木德”的必然结果。[3] 所谓“太祖（齐高帝萧道成）革命受终，

[1] 《南齐书》卷一，“史臣曰”。
[2] 《南齐书》卷二，“史臣曰”。
[3] 这里所列均见《南齐书》卷一《高帝纪上》及卷二《高帝纪下》。

膺集期运"[1]，意即萧道成继承帝位是顺从天意。在《郁林王纪》以及《海陵王纪》与《东昏侯纪》中，萧子显极言萧昭业、萧鸾、萧宝卷的无道，其意在于说明萧梁取代萧齐，这也是天意。他援引历史事例："汉中平六年，献帝即位，便改元为光熹，张让、段硅诛后，改元为昭宁，董卓辅政，改元为永汉，一岁四号"；"晋惠帝太安二年，长沙王乂事败，成都王颖改元永安，颖自邺夺，河间王颙复改元为永兴，一岁三号"；海陵王统治时，"隆昌、延兴、建武，亦三改年号"。他从而得出结论："故知丧乱之轨迹，虽千载而必同矣。"[2] 这就是说，海陵王萧鸾时一岁三改年号，这件事情如同东汉献帝时"一岁四号"、西晋惠帝时"一岁三号"一样，是上天所显示出来的萧齐丧乱征兆。《东昏侯纪论》直接强调，萧齐的灭亡"亦天意也"。萧子显认为，圣王在位，"仰观象于天，俯观法于地"[3]，按天的意图行事。

萧子显相信符瑞图谶。他宣称，"天符瑞命，遐哉邈矣"，"启觉天人之期，扶奖帝王之运，三五圣业，神明大宝，二谋协赞，罔不由兹。夫流火赤雀，实纪周祚，雕云素灵，发祥汉氏，光武中兴，皇符为盛，魏膺当涂之谶，晋有石瑞之文"，"齐氏受命，事殷前典"。[4] 他煞有介事地声称，齐高帝萧道成承天命而即帝位，其"姓名骨体及期运历数，并远应图谶数十百条，历代所未有"[5]。在萧子显看来，符瑞图谶是天表达其意志的形式，它体现的是天意。他引述崔祖思根据谶书"金刀利刃齐刈之"语，称萧齐取代刘宋，"实应天命"。[6] 萧子显又相信相卜。《王敬则传》载其少时于草中射猎，"有虫如乌豆集其身，摘去乃脱，其处皆流血。敬则恶之，诣道士卜，道士曰：'不须忧，此封侯之瑞也'"。其后，王敬则果得封侯，应验了道士的预言。《吕安国传》载有人曾为其旧时将帅全景文相卜，称其后当富贵，后来于孝建初，全景文果然成了竟陵王骠骑行参军，以功封汉水侯。萧子显还相信梦幻。《徐孝嗣传》载

---

[1] 《南齐书》卷十二《天文上》。
[2] 《南齐书》卷五，"史臣曰"。
[3] 《南齐书》卷十二《天文上》。
[4] 《南齐书》卷十八《祥瑞志》。
[5] 《南齐书》卷二《高帝纪下》。
[6] 《南齐书》卷二十八《崔祖思传》。

其在率府，“昼卧斋北壁下，梦两童子遽云‘移公床’。孝嗣惊起，闻壁有声，行数步而壁崩压床”，果真应验了梦中神灵的预言。

大量事例表明，萧子显相信佛教的因果报应思想，以及传统的天人感应、符瑞图谶、灾异迷信，其史学思想可谓集唯心主义神秘思想之大成。

第三节　玄学、儒学与史学思想

萧子显生活的南朝齐、梁年间，玄学的社会影响仍然很大。《张融传》称赞其“玄义无师法，而神解过人，白黑谈论，鲜能抗拒”，足见萧子显的学术兴趣。在当时的社会中，不少文人学者精通玄学，像张融这样的人物还有不少。《檀超传》说他“放诞任气”，“举止和靡，自比晋郗超，称为‘高平二超’”。郗超是东晋时期著名的谈玄高手，檀超将其自比，可见檀超玄学造诣之深。《袁彖传》称道其“少有风气，好属文及玄言”。《孔稚珪传》称赞他“事道精笃”，“少学涉，有美誉”，“风韵清踈”。从《南齐书》的这些材料中可以看到，谈玄论道，品评人物的外表风貌，在当时社会中仍然极为盛行。前已论及，像沈约、刘勰那样的深受佛教影响的学者，也受到了玄学的深刻影响。

萧子显的史学思想同样受到玄学思想的深刻影响。他对历史人物的考察与这一时期的其他史学家具有共性，这就是极为重视所谓“识量器局”，喜欢关注人物的外表仪容以及从外表仪容所体现出来的风度气质。《南齐书》的纪传中每每可以看到对于传主人物仪表风度的赞美与描绘，如：齐高帝萧道成少沉深有大量，宽严清俭，喜怒无色；郁林王萧昭业少美容止；萧颖胄有器局，虚心委己；褚渊美仪貌，善容止，俯仰进退，咸有风则，每次朝会时，朝中群僚与远国使者莫不延首目送之；何戢美容仪，动止与褚渊相慕，时人呼为“小褚公”；沈冲贞详闲理，志局淹正；庾杲之风范和润，善音吐，连齐武帝萧赜也每每叹服其风器之美；胡谐之风形瑰润，善自居处；萧子良少有清尚，礼才好士；徐孝嗣幼而挺立，风仪端简，赏托清胜，器量弘雅；沈文季少以宽雅正直见知，风采稜岸，善于进止；陆慧晓清介正立，不杂交游；王融少而神明警惠，博涉有文才；谢朓有美名，文章清丽。[1] 这类描述与魏晋清谈家品评人物的仪表器识极为类似。这不仅反映出当时社会中仍然盛行评价人物的外表风度的风气，而且说明在这种风气的影响下萧子显对品评人物的仪容气质很有兴趣。

如果我们将《南齐书》对有关人物的外表仪容与风度气质的描绘同魏晋南北朝时期其他正史加以比较，可以看到某些差异：一是从关注的程度来说，《南齐书》不如其他正史，《三国志》《宋书》《魏书》等几乎对每一个所记的人物都要描绘其外表仪容气质，而《南齐书》只是对其中的一部分人物有所描绘；二是从描绘的内容来看，《南齐书》对人物外表的描绘通常比较简单，而《三国志》《宋书》《魏书》对人物外表描绘的分量则通常要多一些；三是从描绘的侧重点来看，《南齐书》虽偶尔也有对人物外表容貌的描绘，但更主要的是关注人物的气质，对魁伟的外表与高大的身材似乎不是很感兴趣，而《三国志》《宋书》《魏书》等对人物美丽的外表、魁伟的身材与卓异不凡的风度都加以描绘；四是从描绘的兴趣来说，《南齐书》虽也有对个别天才的赞美，但主要是突出人物的气质风度之美，而《三国志》《宋书》《魏书》等则喜欢称述天才，赞美智慧。这种差异反映出在齐、梁年间，玄学思想虽然在社会上层仍有广泛影响，但从总的趋势来看已经走向衰落，故其对萧子显史学思想有一定影响，但不是很大。

萧子显深受佛教和玄学思想影响，但他思考历史、评价人物，主要还是根据儒家纲常伦理。《南齐书·孝义列传序》开头即引孔子之语宣称："父子之道，天性也，君臣之义也。"萧子显引述的这句话，包含两层含义。其一，父子之道是天性。天性既是天生的，又是至高无上，不可移易，不能改变的。其二，君臣之义源自父子之道，并且与父子之道一样，也是天性，因此，君臣之道是永恒的，不可动摇的，即"天生蒸民，树之以君，使司牧之，勿使失性"[2]。所谓父子之道与君臣之义，这里代表儒家纲常伦理，即以忠、孝为核心内容的君臣、父子、夫妇、长幼之道。萧子显尽管深受佛教陶染，其《南齐书》中许多内容反映出

---

[1] 参见《南齐书》的高帝、郁林王等纪，萧颖胄、褚渊、何戢等传。

[2] 《南齐书》卷三十八《萧赤斧传》附《萧颖胄传》。

佛教思想的影响，然而从整体上来看，“萧子显的主导思想，是儒家封建纲常意识”[1]。儒家思想是萧子显史学思想的核心。

萧子显强调君臣大义不可违背。他认为光武帝建立东汉以后，“功臣所以能终其身名者，非唯不任职事，亦以继奉明、章，心尊正嫡，君安乎上，臣习乎下”[2]。这就是说，大臣不仅要尽心尽力地辅佐在位的君主，而且也应尽心地尊奉“正嫡”的继位君主，心存忠义，这样就会君安臣习，各得其所。《高帝纪上》载，刘宋后期，袁粲与刘秉及王蕴等人见萧道成威名既重，相结举事，“粲典签莫嗣祖知粲谋，太祖召问嗣祖：‘袁谋反，何不启闻?’嗣祖曰：‘事主义无二心，虽死不敢泄也。’蕴嬖人张承伯藏匿蕴，太祖并赦而用之”。萧道成赦免袁粲的典签莫嗣祖与王蕴的嬖人张承伯，这固然是其称帝之前收揽人心的举措，但也包含着倡导并表彰忠义的用心。萧子显记载此事，不仅反映出他对其祖父萧道成倡导表彰忠义的肯定，而且显示出他自己热衷于宣扬忠义。《郁林王纪》引皇太后令，要求“宰辅忠贤，尽诚奉主”，“居正体道，家国是赖”。《王智深传》记载，“世祖使太子家令沈约撰《宋书》，拟立《袁粲传》，以审世祖。世祖曰：‘袁粲自是宋家忠臣’”。世祖齐武帝萧赜称道袁粲是忠臣，目的是倡导忠义，萧子显记载此事，则是为了表彰忠义。他以世祖齐武帝语，称褚渊“孝友著于家邦，忠贞彰于亮采”[3]。他以刘祥之语强调，“忠臣赴节，不必在朝；列士匡时，义存则干”[4]。

萧子显强调礼乐对于治理国家的作用。他引述齐武帝萧赜的诏书声称：“夫乐所自生，先哲垂诰，礼不忘本，积代同风。”[5] 又引崔祖思对齐高帝上疏启陈政事之语称：“《礼》《诰》者，人伦之襟冕，帝王之枢柄。”又曰：“乐者动天地，感鬼神，正情性，立人伦，其义大矣。”又言：“论儒者以德化为本，谈法者以刻削为体。道教治世之粱肉，刑宪乱世之药石，故以教化比雨露，名法方风霜。”[6] 这就是说，治理国家要

[1] 周春元：《萧子显》，陈清泉等主编《中国史学家评传》，第245—260页。
[2]《南齐书》卷二十六，“史臣曰”。
[3]《南齐书》卷二十三《褚渊传》。
[4]《南齐书》卷三十六《刘祥传》。
[5]《南齐书》卷三《武帝纪》。
[6]《南齐书》卷二十八《崔祖思传》。

以礼乐教化为主，德化为本。礼乐陶冶可以使人形成良好的伦常品德，因此，道德教化是实现天下大治的粱肉，而专靠严刑峻法则只能导致乱世的出现。萧子显认为，后妃之德对于天下的影响很大，“义起闺房，而道化天下”[1]。他宣称“德成为上，艺成为下”，“行礼蹈义，可以勉物风规”。[2] 萧子显热情称道那些精通儒学的人物。《王俭传》称其“长礼学，谙究朝仪，每博议，证引先儒，罕有其例”。《明僧绍传》称其“明经有儒术”。《刘瓛传》称其“少笃学，博通五经”，“所著文集，皆是《礼》义”。《顾欢传》称其八岁，“诵《孝经》《诗》《论》。及长，笃志好学”。《沈麟士传》称其“少好学，家贫，织帘诵书，口手不息”，“守操终老，笃学不倦”，“注《易经》《礼记》《春秋》《尚书》《论语》《孝经》《丧服》《老子要略》数十卷”。

萧子显认为，“孝为行首，义实因心”[3]。这就是说，孝乃是各种美好的德行中最首要的，义则是源自人的本心而来。《袁彖传》称其“幼而母卒，养于伯母王氏，事之如亲。闺门中甚有孝义”。《刘瓛传》称其“有至性，祖母病疽经年，手持膏药，渍指为烂”，被称为“今世曾子”。在《孝义列传》中，萧子显记载崔怀慎、公孙僧远等数十个孝义人物的事迹。如崔怀慎闻父没虏，“即日遣妻，布衣蔬食，如居丧礼”。公孙僧远“治父丧至孝，事母及伯父甚谨”。年饥谷贵，僧远“省餐减食，以供母、伯。弟亡，无以葬，身贩贴与邻里，供敛送之费。躬负土，手种松柏。兄姊未婚嫁，乃自卖为之成礼”。韩系伯“事父母谨孝”。华豪戍长安，其子华宝仅八岁，华豪陷虏身殁，华宝年至七十，“不婚冠，或问之者，辄号恸弥日，不忍答也”。薛天生因“母未免丧而死”，而“终生不食鱼肉”。刘怀胤年十岁，因“遭父丧，不衣絮帛，不食盐菜”。吴康之妻赵氏少时夫亡，“家欲更嫁，誓死不贰”。蒋俊之妻黄氏，“夫亡不重嫁，逼之，欲赴水自杀，乃止”。封延伯“事寡嫂甚谨”。吴达之“嫂亡无以葬，自卖为十夫客，以营冢椁”。王文殊父没虏，“思慕泣血，蔬食

[1] 《南齐书》卷二十，“史臣曰”。
[2] 《南齐书》卷四十三，“史臣曰”。
[3] 《南齐书》卷五十五，“赞曰”。

山谷三十余年”。[1] 诸如此类的孝义人物，他们共同的特点是恪守父子之道与夫妇之义，遵循纲常伦理，行不逾矩。萧子显不惜笔墨大量记载这些人物的孝义行为，充分表明他对这些行为持赞许与肯定的态度。

萧子显强调谨守儒家伦理的极端重要性。他以萧嶷之语宣称，“勤学行，守基业，治闺庭，尚闲素，如此足无忧患”[2]。在《南齐书》中，萧子显一方面极力赞扬那些谨守儒家伦理的人物，如王秀之世守家风，不降节于权辅，清心直己；王慈出身世族，荣家为美；蔡约守持先业，观进知止；陆慧晓品行贞亮，斯焉君子；萧惠基仁惠和睦，时之选士。[3] 他引何昌宇语，称宋建平王景素“忠孝基性，徽和之誉，早布国言；胜素之情，夙洽民听”[4]。另一方面则对于那些违背儒家伦理的行为，给以严厉指责。如他引用齐高帝语，指斥刘祥“素无行检，朝野所悉。轻弃骨肉，侮蔑兄嫂”，原因就在于其“家行不足”。[5]

第四节　治史方法的特色

萧子显的史学方法颇具特色。我们可以将其概括为思考历史的方法与记载历史的方法两个层次。他思考历史，善于使用整体考察的方法；而记载历史，则善于采用同类带叙的方法。

萧子显的整体考察方法，首先体现在从整体上把握历史，从全局上思考历史的发展大势，显示出其突出的宏观审视能力。如他总论东晋历史，称：“晋世迁宅江表，人无北归之计，英霸作辅，芟定中原，弥见金德之不竞也。元嘉再略河南，师旅倾覆，自此以来，攻伐寝议。虽有战争，事存保境。”[6] 在这里，萧子显正确概括出东晋偏安江左的政治特色。又如他审视刘宋一朝的历史，指出：“宋氏正位八君，卜年五纪，四

[1] 这里所列均见《南齐书》卷五十五《孝义列传》。
[2]《南齐书》卷二十二《豫章文献王传》。
[3]《南齐书》卷四十六，“史臣曰”“赞曰”。
[4]《南齐书》卷四十三《何昌宇传》。
[5]《南齐书》卷三十六《刘祥传》。
[6]《南齐书》卷四十七，“史臣曰”。

绝长嫡，三称中兴，内难边虞，兵革世动。太祖基命之初，武功潜用，泰始开运，大拯时艰，龙德在田，见猜云雨之迹。及苍梧暴虐，衅结朝野，百姓懔懔，命悬朝夕。”[1] 这里，萧子显从整体上概括了刘宋一代从开基到衰落的历史过程。又如他引宣德太后令来总括萧齐一代的历史，指出，“太祖高皇帝肇基骏命，膺箓受图，世祖武皇帝系明下武，高宗明皇帝重隆景业”，然而这些君主“咸降年不永”，[2] 这样导致萧齐王权的衰落。

萧子显的整体考察方法，其次体现在考察历史的时候，能够超越纪传体断代史的局限，将南齐的历史与前代的历史连贯起来思考，从而使历史发展演变的脉络清晰可寻。如他考察“宗庙”制度变迁沿革，即从夏、商开始，其言曰，“先儒说宗庙之义，据高祖已下五世亲尽，故亲庙有四”，“周以后稷始祖，文、武二祧，所以云王立七庙也”，“禹无始祖，汤不先契，夏五殷六，其数如之”，“汉立宗庙，违经背古”，“魏氏之初，亲庙止乎四叶，吴、蜀享祭，失礼已多”，“晋用王肃之谈，以文、景为共世，上至征西，其实六也。寻其此意，非以兄弟为后，当以立主之义，可相容于七室。及杨元后崩，征西之庙不毁，则知不以元后为世数。庙有七室，数盈八主。江左贺循立议以后，弟不继兄，故世必限七，主无定数”，“宋台初立五庙，以臧后为世室。就礼而求，亦亲庙四矣”，“自此以来，因仍旧制。夫妻道合，非世叶相承，譬由下祭殇嫡，无关庙数，同之祖曾，义未可了”。[3] 由此可见，萧子显系统考察自夏商以来直至萧齐时期历代宗庙制度的变化，辨明其发展沿革的历史轨迹。又如他考察舆服制度的沿革以及研究的历史，即从传说中的三皇开始，指出：“昔三皇乘祇车出谷口，夏氏以奚仲为车正，殷有瑞车，山车垂句是也。《周礼》匠人为舆，以象天地。汉武天汉四年，朝诸侯甘泉宫，定舆服制，班于天下。光武建武十三年，得公孙述葆车，舆辇始具。蔡邕创立此志，马彪勒成汉典，晋挚虞治礼，亦议五辂制度。江左之始，车服多阙，但

---

［1］《南齐书》卷二，“史臣曰”。
［2］《南齐书》卷七《东昏侯纪》。
［3］《南齐书》卷九，“史臣曰”。

有金戎，省充庭之仪。”[1] 在这里，萧子显以简要的语言，概述了舆服制度的历史演变过程以及汉代以来对舆服的研究，使人们能在考察的过程中形成对舆服的整体认识。

萧子显的整体考察方法，再次体现在对历史现象的概括与总结上。如南朝文坛群星灿烂，各种文体争奇斗妍，萧子显概括说：“今之文章，作者虽众，总而为论，略有三体。一则启心闲绎，托辞华旷，虽存巧绮，终致迂回。宜登公宴，本非准的，而疏慢阐缓，膏肓之病，典正可采，酷不入情。此体之源，出灵运而成也。次则缉事比类，非对不发，博物可嘉，职成拘制。或全借古语，用申今情，崎岖牵引，直为偶说。唯睹事例，顿失清采。此则傅咸五经，应璩指事，虽不全似，可以类从。次则发唱惊挺，操调险急，雕藻淫艳，倾炫心魂。亦犹五色之有红紫，八音之有郑、卫。斯鲍照之遗烈也。”[2] 萧子显将南朝文坛归纳为三体，这三体分别由谢灵运、傅咸、鲍照等人开创。这种归纳是否妥当，可以研究，但从这种归纳本身我们即可看出，萧子显有着非同寻常的抽象思辨能力。

萧子显善于以整体考察方法审视历史，但他并不忽视历史人物的个性特征。在《南齐书》的人物传记中，萧子显往往在叙述有关史实之后，以“史臣曰”的形式写上一段史论。“史臣曰”的字数有多有少，其内容除涉及传中人物外，通常对某类历史现象或某类历史人物进行归纳与概括，或者阐述自己对于某些问题的看法与主张。在“史臣曰”之后，萧子显一般又写上一段“赞”语，“赞”以四字为一句，字数比“史臣曰”少，其内容主要是对纪传中的人物进行评价。如果说“曰”是对纪传中人物进行总的评价，在这种评价中，作者经常由此及彼，广泛联系，对某类宏观的或全局性的问题加以思辨，通过提炼而得出某些总的看法；那么“赞”则是在对纪传中的人物进行具体研究的基础上，以更为精要的语言对人物特征及其历史地位做出评价。如果说“曰”旨在揭示人物的共性，那么“赞”则关注人物的个性。在一篇纪传中，“曰”与“赞”两者相互配合，相得益彰，成为一个整体。如《王敬则陈显达列传》的

[1] 《南齐书》卷十七《舆服志》。

[2] 《南齐书》卷五十二，“史臣曰”。

“史臣曰”说：“光武功臣所以能终其身名者，非唯不任职事，亦以继奉明章，心尊正嫡，君安乎上，臣习乎下。王、陈拔迹奋飞，则建元、永明之运；身极鼎将，则建武、永元之朝。勋非往时，位逾昔等，礼授虽重，情分不交。加以主猜政乱，危亡虑及，举手捍头，人思自免。干戈既用，诚沦犯上之迹，敌国起于同舟，况又疏于此者也?”在这里，萧子显以历史上汉光武帝时期君主与功臣的关系作为参照系，评论萧齐君主与王敬则、陈显达这两个功臣的关系。其后的“赞”语则说：“纠纠敬则，临难不惑。功成殿寝，诛我蝥贼。显达孤根，应义南蕃。威扬宠盛，鼎食高门。”“赞”语分别刻画了王敬则与陈显达不同的特点，使我们对这两个同类人物的认识更加深刻。又如《袁彖孔稚珪刘绘列传》的“史臣曰”中，萧子显从此三人的生平出发，阐发其治理国家必须将“刑”与“礼”结合起来的观点，宣称“刑礼相望，劝戒之道，浅识言治，莫辩后先，故宰世之堤防，御民之羁绊”，“治物不患仁心，见累于弘厚，为令贵在必行，而恶其舛杂也”。这里萧子显论述的是自己关于治理国家的政治主张。而其“赞”则称：“袁徇厥戚，犹子为情。稚珪夷远，奏谏罢兵。士章（刘绘）机悟，立行砥名。”在“赞”语中，萧子显着重概括三人生平行事的特点。诸如此类，举不胜举。

萧子显记载历史，善于采用同类带叙的方法。这种方法，赵翼称之为“类叙法”。所谓类叙法，指的是在记载某一人物的时候，将同类人物附载于这一人物之下，也就是说一个人物的传记中附载其他同类人物，不必每一人物都立传。赵翼认为，《孝义列传》用类叙法，尤为得法。如人各一传则不胜传，而不立传则竟遗之，故每一传辄类叙数人。《褚澄传》叙其精于医，而因叙徐嗣医术更精于澄。《韩灵敏传》叙其兄之妻卓氏守节，而因及吴康之妻赵氏，蒋俊之妻黄氏，倪翼之母丁氏。这样一来，“传不多而人自备载”，既避免了对一些值得记载的历史人物各立一传所导致的繁杂，又能使这些人物的事迹不致遗漏。萧子显善于以简洁的文辞叙述史事。他不像沈约那样在纪传中大量收载各种诏令文告与奏章上疏，而是选择其中最能说明问题的史料。赵翼指出，《南齐书》与《宋书》相比，其记事“较为简静”，《刘善明传》所陈十一事，皆隐括其语载之，《张欣泰传》所陈二十事，只载其一条，“若《宋书》则必全载矣”。[1] 赵翼的分析正确地揭示了萧子显的《南齐书》记事方法的特色。

总的说来，萧子显的史学思想是极为复杂的。他既深受佛教思想的影响，又继承传统的天人感应与符瑞迷信思想；既受到玄学思想影响，又坚持传统的儒家思想。他以整体考察的方法审视历史，又以同类带叙的方法记载历史。无论是从史学思想来说，还是从史学方法来说，萧子显的《南齐书》都反映出魏晋南北朝时期的时代特色。

[1] 参见《廿二史札记》卷九，《齐书类叙法最善》条。

第十三章　魏收的史学思想

魏收，字伯起，小字佛助，巨鹿下曲阳（今河北晋州）人，生于北魏宣武帝正始三年（506），卒于北齐后主武平三年（572），[1] 一生历仕北魏、东魏、北齐三个朝代，其事迹见《北史》卷五十六。魏收是《魏书》的主要作者，其完成《魏书》大约在北齐天保五年（554）前后。该书130卷，80万字，系统记载了自北魏道武帝（拓跋珪）登国元年（386）至东魏孝静帝（元善见）武定八年（550）这160余年的历史，书中凡“三十五例、二十五序、九十四论、前后二表一启”，俱出魏收之手。《魏书》的监修者平原王高隆之仅“署名而已”，先后参与修撰的刁柔、辛元植、房延祐等人，“并乏史才，唯以仿佛学流，凭附得进”。[2] 魏收著作很多，然除《魏书》以外均已亡佚。唐初史家李延寿称魏收“折节读书，郁为伟器”，“勒成魏籍，追踪班、马。婉而有则，繁而不芜，持论序言，钩深致远”。[3] 本章以《魏书》为依据，对魏收的史学思想做一点分析评述。

---

[1] 参见周一良：《魏收之史学》，《魏晋南北朝史论集》，第256—292页。

[2] 《史通》卷十二《古今正史》。

[3] 《北史》卷五十六《魏收传》。

第一节　民族思想的重大发展

魏收有着鲜明的大一统思想，把中国看成是统一的国家。他认为，各地的夷狄蛮戎，历来从属于中原王朝，接受中原朝廷的封赏；而古代圣人治理国家，则往往是根据具体情况，设官置爵，分别管理。他说："氏、羌、蛮、獠，风俗各异，嗜欲不同，言语不通，圣人因时设教，所以达其志而通其俗也。"他举例说："氏者，西夷之别种，号曰白马。三代之际，盖自有君长，而世一朝见，故《诗》称'自彼氏羌，莫敢不来王'也。秦汉以来，世居岐陇以南，汉川以西，自立豪帅。汉武帝遣中郎将郭昌、卫广灭之，以其地为武都郡。自汧渭抵于巴蜀，种类实繁，或谓之白氏，或谓之故氏，各有侯王，受中国封拜。"[1] 又如，"蠕蠕，东胡之苗裔也，姓郁久闾氏"，后称"木骨闾"，其"自号柔然"，"役属于国"，"世祖以其无知，状类于虫，故改其号为蠕蠕"。[2] 在魏收看来，中国与夷狄的关系，是羁縻与被羁縻的关系。夷狄向中国朝贡，乃其义务与职责。他声称："夷狄之于中国，羁縻而已。高丽岁修贡职，东藩之冠，荣哀之礼，致自天朝，亦为优矣。其他碌碌，咸知款贡，岂牛马内向，东风入律者也。"[3]

魏收从大一统思想出发，将北魏统治者视为黄帝的后代，属于华夏正统。其所建立的政权顺应天命，继承黄帝的土德。魏收认为，鲜卑拓跋氏的渊源，可以追溯到黄帝的少子昌意，"昔黄帝有子二十五人，或内列诸华，或外分荒服，昌意少子，受封北土，国有大鲜卑山，因以为号"，"黄帝以土德王，北俗谓土为托，谓后为跋，故以为氏"。[4] 他进而引卫操之语称，"魏，轩辕之苗裔"，桓穆二帝，"驰名域外，九译宗焉。治国御众，威禁大行，声著华裔，齐光纯灵"。[5] 他又以崔玄伯之

---

[1] 《魏书》卷一百一《氏吐谷浑宕昌高昌邓至蛮獠列传》。

[2] 《魏书》卷一百三《蠕蠕传》。

[3] 《魏书》卷一百，"史臣曰"。

[4] 《魏书》卷一《序纪》。

[5] 《魏书》卷二十三《卫操传》。

言云：“夫‘魏’者大名，神州之上国，斯乃革命之征验，利见之玄符也。”[1] 在魏收看来，据有中原的帝王是正统君主，为整个天下之主，“夫帝皇者，配德两仪，家有四海，所谓天无二日，土无二王者也”，而大魏的君主就是这样的正统帝王。魏太祖“奋风霜于参合，鼓雷电于中山，黄河以北，靡然归顺矣”。世祖“睿略潜举，灵武独断，以夫僭伪未夷，九域尚阻，慨然有混一之志。既而戎车岁驾，神兵四出，全国克敌，伐罪吊民，遂使专制令、擅威福者，西自流沙，东极沧海，莫不授馆于东门，悬首于北阙矣”。高祖“圣敬时乘，迁居改作，日转云移，风行电扫。辫发之渠，非逃则附；卉服之长，琛赆继入”。肃宗“务崇宽政，取和朝野，置荒遐于度外，譬蛮夷于鸡肋。而黠狄沦胥，种落离贰，虏帅飘然，穷而归我，矜其眼目，愍厥颠亡，反之于故庭，复之以保塞”。[2] 总之，这些君主一个个神武英勇，聪明睿智，确为当之无愧的华夏正统。

魏收继承传统的天命思想，并以这种思想来审视北魏政权及随后的东魏政权，将其君主视为因应天命的正统天子。魏收认为，一个朝代的兴起，必须是其先祖“积德累功博利，道协幽显，方契神祇之心”，而北魏王朝的兴起就是如此，“有魏奄迹幽方，世居君长，淳化育民，与时无竞。神元生自天女，桓、穆勤于晋室。灵心人事，夫岂徒然”。[3] 在《序纪》中，魏收声称北魏始祖洁汾为天女所生，受天之命建立了北魏王朝。《高宗纪》引述高宗诏书宣称，“即位以来，百姓晏安，风雨顺序，边方无事，众瑞兼呈，不可称数”，又获刻有“子孙长寿”的方寸玉印，“实由天地祖宗降祐之所致也”。《高祖纪》描述了孝文帝元宏出生时，“神光照于室内，天地氛氲，和气充塞。帝生而洁白，有异姿，襁褓岐嶷，长而渊裕仁孝，绰然有君人之表”。《世宗纪》称世宗元恪的母亲高夫人，“梦为日所逐，避于床下，日化为龙，绕己数匝，寤而惊悸，既而有娠”。而世宗年少时，“善风仪，美容貌，临朝渊默，端严若神，有人君之量矣”。《肃宗纪》称肃宗出生时，“有光照于庭中”。总之，在魏收

[1] 《魏书》卷二十四《崔玄伯传》。

[2] 《魏书》卷九十五《匈奴刘聪羯胡石勒铁弗刘虎徒何慕容廆临渭氐苻健羌姚苌略阳氐吕光传》。

[3] 《魏书》卷一，“史臣曰”。

的笔下，这些北魏王朝的君主都承受天命，顺时而起，他们代表天意而君临天下。

魏收以鲜卑族建立的北魏政权为正统，是史学思想上的重大发展，但对“夷狄”在历史中的地位又是另一种看法。这是为北魏统治服务的。他认为，对夷狄，天子应“以混一为心”[1]，对之加以羁縻。如果不能羁縻，那么中国讨伐夷狄，这是天经地义的。在他看来，北魏统治者是入主中原的华夏正统，而其他少数民族则为夷狄，因而北魏征讨各地夷狄，是不得不为之事。他宣称：“周之猃狁，汉之匈奴，其作害中国固亦久矣。魏晋之世，种族瓜分，去来沙漠之陲，窥扰鄣塞之际，犹皆东胡之余绪，冒顿之枝叶。至如蠕蠕者，匈奴之裔，根本莫寻，逃刑集丑，自小为大，风驰鸟赴，倏来忽往，代京由之屡骇，戎车所以不宁。是故魏氏祖宗扬威曜武，驱其畜产，收其部落，翦之穷发之野，逐之无人之乡，岂好肆兵极锐，凶器不戢，盖亦急病除恶，事不得已而然也。”[2]又言：“夷狄不恭，作害中国，帝王之世，未曾无也。刘渊等假窃名目，狼戾为梗，污辱神器，毒螫黎元，丧乱鸿多，一至于此。怨积祸盈，旋倾巢穴。”[3]总之，无论是蠕蠕，还是刘渊，都属于夷狄。北魏作为华夏正统，有权对夷狄进行征伐。

第二节　历史总结的民本思想

魏收是魏晋南北朝时期最重视通过收载君主的诏书，强调治理国家要以民为本的史家。《魏书》本纪大量援引北魏君主的诏书，强调民对于统治者的极端重要性，主张轻徭薄赋，与民休息，要求劝课农桑，使民安居乐业。这些都是从正面总结北魏统治的历史经验，为后代君主治理国家提供历史借鉴。

魏收通过对北魏历史的思考，认识到民对于治理国家的极端重要性。

---

[1]《魏书》卷一百二，“史臣曰”。

[2]《魏书》卷一百三，“史臣曰”。

[3]《魏书》卷九十五，“史臣曰”。

他强调，统治者治理国家，必须以民为本，这样才能上下和睦，天下太平。他援引高宗拓跋濬诏书之语宣称“夫为治者，因宜以设官，举贤以任职，故上下和平，民无怨谤”，如果入其境，“农不垦殖，田亩多荒，则徭役不时，废于力也；耆老饭蔬食，少壮无衣褐，则聚敛烦数，匮于财也；闾里空虚，民多流散，则绥导无方，疏于恩也”。[1] 这就是说，设立官职，选贤举能，目的是使百姓安居乐业。而只有百姓安居乐业，天下才能太平。如果百姓衣食无着，流离失所，那是统治者赋役繁重、教导无方所致。他引用崔玄伯之语强调，“王者治天下，以安民为本”[2]，民安才能天下安。

魏收强调要安民就必须轻徭薄赋，与民休息。魏收认为，轻徭薄赋，与民休息就是扫除烦苛，减轻民的负担。在《魏书》的本纪中，他大量引载北魏君主的诏书来强调这一点。《世祖纪》引世祖拓跋焘诏书之语声称，由于“频年屡征，有事西北，运输之役，百姓勤劳，废失农业，遭离水旱，致使生民贫富不均，未得家给人足，或有寒穷不能自赡者”，因此，现在“四方顺轨，兵革渐宁，宜宽徭赋，与民休息”。在这种情况下，四方“牧守荷治民之任”，应当“依法平决”，“州郡县不得妄遣吏卒，烦扰民庶”。《高宗纪》载高宗拓跋濬诏书宣称，“蠲除烦苛，去诸不急”，目的是“欲令物获其所，人安其业”，而当时不少州郡牧守竟然“求欲无厌，断截官物以入于己”。又有“国家之制，赋役乃轻，比年以来，杂调减省”，然而“所在州郡，咸有逋悬，非在职之官绥导失所，贪秽过度，谁使之致？”《显祖纪》引显祖拓跋弘诏书之语指出，如果“徭役不息”，那就无以“塞烦去苛，拯济黎元”，社会秩序就不能稳定，天下就不会太平，而现在“兵革不起，畜积有余，诸有杂调，一以与民”。《高祖纪》引高祖元宏语斥责“牧守无恤民之心，竞为聚敛”，致使百姓生计无着，引起社会动荡；强调牧守令长应“勤率百姓，无令失时”；宣称“轻徭薄赋，君人常理”。《世宗纪》称道世宗元恪即位以后，“分遣侍臣巡行郡国，问民疾苦”。《肃宗纪》引肃宗元诩正光元年（520）下诏强调，“攘灾招应，修政为本，民乃神主，实宜率先”；又引其正光二年下

---

[1] 《魏书》卷五《高宗纪》。

[2] 《魏书》卷二十四《崔玄伯传》。

诏声称，“鳏独困穷，在所存恤；役赋烦民，咸加蠲省”。我们从魏收引述的这些北魏君主的诏书来看，其主要内容是要求治理国家，要勿夺民时，薄其税敛，这样就能使民休养生息。魏收认为，民如果能够实现“既饱且富”，就会“仁义礼节生焉”。[1]

魏收认为以民为本就必须劝课农桑。农业是当时社会主要的产业，农民努力耕种，既能稳定社会秩序，又能给国家提供充足的赋税，对于国家的治理有着极为重要的意义。魏收清楚地认识到这一点，他强调，“夫为国为家者，莫不以谷货为本”[2]。在《魏书》的本纪中，魏收重视记载北魏君主劝课农桑的举措。如《世祖纪》载拓跋焘“制有司课畿内之民，使无牛家以人牛力相贸，垦殖锄耨。其有牛家与无牛家一人种田二十二亩，偿以私锄功七亩，如是为差，至与小、老无牛家种田七亩，小、老者偿以锄功二亩。皆以五口下贫家为率”。这一规定是鼓励农民，尤其是无地少地的农民耕种土地，促进北魏农业生产恢复与发展的重要措施。《高祖纪》载元宏太和元年（477）正月的诏书称，“今牧民者，与朕共治天下也。宜简以徭役，先之劝奖，相其水陆，务尽地利，使农夫外布，桑妇内勤”。这年三月的诏书称，“一夫制治田四十亩，中男二十亩，无令人有余力，地有遗利”。太和四年四月的诏书称，“一夫不耕，将或受其馁；一妇不织，将或受其寒”，并规定如果在“农时要月，百姓肆力之秋，愚民陷罪者甚众”，那就应该“随轻重决遣，以赴耕耘之业”。太和九年冬十月的诏书称“欲天下太平，百姓丰足”，就必须“劝课农桑，兴富民之本”。太和十六年六月的诏书称，“务农重谷，王政所先；勤率田畴，君人常事”。太和二十年五月下诏强调，“农惟政首，稷实民先”。在《食货志》中，魏收详细记载了高祖太和九年颁发的均田令，以及随后颁布的与均田制有着密切联系的三长制和新租调制。这些制度的推行，使无地或少地的农民有了一定数量的土地，租调有所减轻并相对固定。农民生产条件的改善，促进了北魏社会经济的发展。魏收大量引载北魏君主的诏书，借用其语阐明劝课农桑的必要性，总结历史经验，以为后世治理国家提供借鉴。

---

[1]《魏书》卷一百一十《食货志》。

[2]《魏书》卷一百一十《食货志》。

魏收是魏晋南北朝时期最重视记载君主安抚百姓、体察民情、存恤鳏寡孤独、开仓赈济灾民情况的史家。《魏书》本纪大量记载北魏君主这方面的事例，进一步从正面考察民与统治者治国的关系，探讨君主以民为本治理国家必须遵循的途径和应该采取的措施。

魏收认为要安民就必须恤民。凡北魏君主安抚百姓，体恤民情的措施，魏收必定加以记载和肯定。如《世祖纪》载拓跋焘太延元年（435）二月下诏，凡“长安及平凉民徙在京师，其孤老不能自存者，听还乡里”。又太延三年二月世祖行幸幽州，“存恤孤老，问民疾苦”。《高宗纪》载拓跋濬和平四年（463）八月下诏，令“前以民遭饥寒，不自存济，有卖鬻男女者，尽仰还其家”。魏收热情赞扬高祖“哀矜百姓”，体恤民情，“军事须伐民树者，必留绢以酬其直，民稻粟无所伤践”。[1] 在《高祖纪》中，魏收记载元宏许多安民恤民的事例。延兴三年（473）十一月，以河南七州牧守多不奉法，致新邦之民莫能上达，“遣使者观风察狱，黜陟幽明”。太和二年（478）秋七月，“分遣使者考察守宰，问民疾苦”。太和五年正月，“至中山，亲见高年，问民疾苦”。这年二月，“赐孝悌力田、孤贫不能自存者谷帛有差”。太和七年六月，定州“为粥给饥人，所活九十四万七千余口”。这年九月，冀州“为粥给饥民，所活七十五万一千七百余口”。太和十四年二月，“诏遣侍臣循行州郡，问民疾苦”。太和十七年八月，幸并州，“亲见高年，问所疾苦”。太和十八年八月行幸，“所过皆亲见高年，问民疾苦，贫窘孤老赐以粟帛”。这年冬十月，又“分遣侍臣巡问民所疾苦”。在魏晋南北朝时期的纪传体正史中，记载君主抚恤百姓情况最多的是《魏书》。这类记载反映出魏收对民的关注。

魏收极为赞赏北魏君主存恤鳏寡孤独、体察下民困苦的行为。《魏书》本纪大量记载北魏君主存恤鳏寡孤独的事例。如《高祖纪》载太和六年（482）夏四月，“赐畿内鳏寡孤独不能自存者粟帛有差”。太和七年春正月，下诏称“每思知百姓之所疾苦，以增修宽政”；这年夏四月幸崞山，赐“鳏寡不能自存者衣服粟帛”。太和十八年十一月，“鳏寡孤独不能自存者，赐以谷帛”；十二月又令“孤寡鳏老不能自存者，赐以谷帛”。太和十九年夏四月，“孤寡老疾不能自存者，赐以谷帛”；六月，“孤老鳏

[1] 《魏书》卷七下《高祖纪下》。

寡不能自存，赐以谷帛”；冬十月，“孤老痼疾不能自存者，赐以谷帛”。太和二十年七月下诏称，“疾苦六极，人神所矜，宜时访恤，以拯穷废。鳏寡困乏，不能自存者，明加矜恤，令得存济”。太和二十一年九月下诏称，“哀贫恤老，王者所先，鳏寡六疾，尤宜矜愍”。《世宗纪》载太和二十三年六月，“分遣侍臣巡行郡国，问民疾苦”。《肃宗纪》载神龟二年(519)二月下诏，要求“赈穷恤寡，救疾存老”。正光二年(521)秋七月下诏，宣称“鳏独困穷，在所存恤；役赋烦民，咸加蠲省”。正光四年八月下诏，民有“饥馁不粒者，厚加赈恤，务令存济”。在魏晋南北朝时期的纪传体正史中，记载君主存恤鳏寡孤独情况最多的是《魏书》。魏收为什么关注统治者存恤鳏寡孤独？这是因为鳏寡孤独是北魏社会中的弱势群体，缺乏自我生存能力。存恤鳏寡孤独，有利于收揽民心，缓和社会矛盾，保持社会稳定。魏收记载这些事例，其目的是通过表彰北魏君主体恤民情，表达自己关于治国要以民为本的思想。

魏收热情称道北魏君主开仓济贫、赈济灾民的措施。在北魏的历史上，几乎每一个君主都重视赈灾。《魏书》本纪特别重视记载北魏君主赈灾的举措。如《世祖纪》载太平真君九年(448)二月，“山东民饥，启仓赈之”。《高宗纪》载和平五年(464)二月，“以州镇十四去岁虫、水，开仓赈恤”。《显祖纪》载皇兴二年(468)冬十一月“以州镇二十七水旱，开仓赈恤”；皇兴四年春正月，以“州镇十一民饥，开仓赈恤”。在北魏的君主中，高祖元宏是最重视赈灾的君主，赈灾次数最多。魏收对此做了详细记载。如延兴二年(472)，以“州镇十一水旱，丐民田租，开仓赈恤”。延兴四年，以“州镇十三大饥，丐民田租，开仓赈之”。太和二年(478)，“州镇二十余水旱，民饥，开仓赈恤”。太和四年，“诏以州镇十八水旱，民饥，开仓赈恤”。太和五年十二月癸巳，“诏以州镇十二民饥，开仓赈恤”。太和六年十二月，因为“去秋淫雨，洪水为灾，百姓嗷然”，“故遣使者循方赈恤”。太和七年十二月，“开林虑山禁，与民共之。诏以州镇十三民饥，开仓赈恤”。太和八年十二月，“以州镇十五水旱，民饥，遣使者循行，问所疾苦，开仓赈恤”。太和十年十二月，“诏以汝南、颍川大饥，丐民田租，开仓赈恤”。太和十一年二月，“诏以肆州之雁门及代郡民饥，开仓赈恤”，“是岁大饥，诏所在开仓赈恤”。太和二十年十二月甲子，“以西北州郡旱俭，遣侍臣循察，开仓赈恤”。据

《高祖纪》记载，元宏在位期间赈灾达 12 次以上。世宗元恪也很重视赈灾。据《世宗纪》记载，元恪在位期间，赈灾即达 7 次以上。在魏晋南北朝时期的纪传体正史中，记载君主开仓赈灾情况最多的是《魏书》。魏收记载这些事例，一方面旨在表彰北魏统治者关心百姓，体察民情；另一方面则是借以说明，开仓济贫、赈济灾民就是以民为本治理国家的重要体现。

魏收是魏晋南北朝时期最注意称赞与肯定体恤民情、廉洁奉公、勇于任事、对民负责的官员的史家。《魏书》列传大量记载这方面的事例，在从正面总结君主应该如何以民为本治理国家的历史经验的基础上，进一步从正面总结地方郡守以民为本治理国家的历史经验。

魏收热情称赞那些体恤民情、为民做主的官员。《魏书》列传中记载了许多关心百姓、体恤民情的官员的业绩。如元他为雍州刺史，镇长安，“绥抚秦土，得民夷之心”；元世遵出为征虏将军、幽州刺史，“推诚化导，百姓乐之”。[1] 元鉴为徐州刺史，时民多饥馑，鉴“表加赈恤，民赖以济”[2]。乐安王元范“谦恭惠下，推心抚纳，百姓称之”[3]。元澄为定州刺史，此前“民中每有横调，百姓烦苦，前后牧守，未能蠲除”，元澄到任，“多所省减，民以忻赖”。[4] 安丰王元延明“招携新故，人悉安业，百姓咸附”[5]。刘洁督率诸军攻上邽，“抚慰秦陇，秋毫无犯，人皆安乐”[6]。张昭出为幽州刺史，“使富人通济贫乏，车马之家籴运外境，贫弱者劝以农桑”，“士女称颂之”。[7] 陆龙成为青州刺史，“爱民恤下，百姓称之”[8]。源怀为雍州刺史，“清俭有惠政，善于抚恤”，其后奉命巡行北边六镇、恒燕朔三州，“赈给贫乏”。[9] 张熠为官，“矜恤贫弱，

[1] 《魏书》卷十六《阳平王熙传》。
[2] 《魏书》卷十六《河南王曜传》。
[3] 《魏书》卷十七《乐安王范传》。
[4] 《魏书》卷十九中《任城王云传》。
[5] 《魏书》卷二十《安丰王猛传》。
[6] 《魏书》卷二十八《刘洁传》。
[7] 《魏书》卷三十三《张蒲传》附《张昭传》。
[8] 《魏书》卷四十《陆俟传》。
[9] 《魏书》卷四十一《源贺传》。

为民所爱”[1]。在《良吏列传》中，魏收热情赞扬那些爱民恤民的官员的业绩。如张恂为广平太守，招集离散，劝课农桑，后迁常山太守，当官清白，仁恕临下，百姓亲爱之；张应为官，所在清白，得吏民之忻心；路邕为官有惠政，自出家粟，赈赐贫窘，民以获济；阎庆胤为东秦州敷城太守，岁常以家粟千石赈恤贫穷，民赖以济，有子爱百姓之义；苏淑以病辞官，民吏老幼诉乞淑者甚众。[2] 这些官员的共同特点是体恤民情，关心下民。魏收对他们的称道与赞赏，反映出他关于以民为本治理国家的思想。

魏收特别赞赏那些廉洁奉公、一心为民的官员。如张衮为幽州刺史，清俭寡欲，劝课农桑，百姓安之。阳固刚正不阿，两袖清风，居官清洁，家无余财，终殁之日，室徒四壁，无以供丧，亲故为其棺敛焉。杨机为官，奉公正己，为时所称，家贫无马，多乘小犊车，时论许其清白。他尤其称赞那些清正廉洁而又惠爱百姓，为百姓兴办实事，因而深为百姓爱戴的官员。如李韶出为冀州刺史，清简爱民，甚收名誉，政绩之美，声冠当时，后转为定州刺史，常侍如故。及赴中山，冀州父老皆送出西境，相聚而泣。二州境既连接，百姓素闻风德，州内大治。吕罗汉为巨鹿太守，清身奉公，务存赡恤，其妻子也不能免于饥寒，故民颂之曰：“时惟府君，克己清明。缉我荒土，民胥乐生。”韩均为定州刺史，轻徭宽赋，百姓安之。赵逸为宁朔将军、赤城镇将，绥和荒服，十有余年，百姓安之。李安世为安平将军、相州刺史，敦劝农桑，禁断淫祀。西门豹、史起，有功于民者，安世为之修饰庙堂。郑尚为济州刺史，为政宽简，百姓安之。崔休在幽青州任刺史五六年，皆清白爱民，甚著声绩，二州怀其德泽，百姓追思之。裴延儁为平北将军、幽州刺史，境内水渠陂堰废弃，于是督率百姓，修缮陂堰，疏浚水渠，溉田百余万亩，为利十倍，百姓赖之。傅竖眼治蜀，抚蜀人以恩信为本，保境安民；其后复为益州刺史，蜀民人人喜悦，迎于路者日有百数。裴衍历任建兴、河内太守，廉贞寡欲，善抚百姓。曹世表除清河太守，治官省约，百姓安

[1]《魏书》卷七十九《张熠传》。
[2] 参见《魏书》的张恂、张应、路邕等传。

之。[1] 这些官员为官清正，一心为民，因而得到百姓由衷的爱戴。魏收对他们的称颂与肯定，同样反映出他关于以民为本治理国家的思想。

魏收热情肯定那些勇于任事、对民负责的官员。如元徽为并州刺史，“先是，州界夏霜，禾稼不熟，民庶逃散，安业者少”，元徽“辄开仓赈之，文武咸共谏止。徽曰：‘昔汲长孺，郡守耳，尚辄开仓，救民灾弊，况我皇家亲近，委受大藩，岂可拘法而不救民困也。’先给后表”。[2] 又如杨逸任平东将军、光州刺史，“折节绥抚，乃心民务，或日昃不食，夜分不寝。至于兵人从役，必亲自送之，或风日之中，雨雪之下，人不堪其劳，逸曾无倦色”，“时灾俭连岁，人多饿死，逸欲以仓粟赈给，而所司惧罪不敢。逸曰：‘国以人为本，人以食为命，百姓不足，君孰与足？假令以此获戾，吾所甘心。’遂出粟，然后申表”，“逸既出粟之后，其老小残疾不能自存活者，又于州内煮粥饭之，将死而得济者以万数”。[3] 元徽与杨逸的共同特点是把百姓生死置于首位，敢于对民负责，不计自己个人利益的得失。从表面上看，魏收只是如实地叙述元徽与杨逸勇于任事，爱民恤民的史事，并没有直接加以评价。然而如同司马迁寓论断于叙事之中一样，魏收于叙述中饱含着感情，包含着对元徽、杨逸的充分肯定，在肯定之中表达他自己关于为政要以民为本的思想。

魏收主张君主对州郡官员治民应该采取措施加以监督，如果其不能安民恤民，反而扰民残民，则应受到严厉惩罚。在《高宗纪》中，魏收引载其诏书宣称，如果地方“常调不充，民不安业”，那么宰民之徒，应加以死罪，又称“牧守莅民，侵食百姓，以营家业，王赋不充，虽岁满去职，应计前逋，正其刑罪”。在《常山王遵传》中，魏收又引用元晖上书之语强调，“治人之本，实委牧守之官。得其才则政平物理，失其人则讼兴怨结”，因此，“若德教有方，清白独著，宜以名闻，即加褒陟。若治绩无效，贪暴远闻，亦便示牒，登加贬退”。在魏收看来，君主对官员加强督察，目的是为了实现以民为本治理国家。

如果将前面几个方面归纳为总结以民为本治理国家应该怎么做的正

---

[1] 参见《魏书》的张衮、阳固、杨机等传。

[2] 《魏书》卷十九下《城阳王长寿传》。

[3] 《魏书》卷五十八《杨播传》附《杨逸传》。

面经验，那么后面几个方面则可以归纳为总结以民为本治理国家不应该怎么做的反面教训。魏收是魏晋南北朝时期最敢于实录贪官污吏罪行的史家。《魏书》列传大量记载北魏王公贵族、达官贵人专横暴虐，残害百姓的种种罪行，进而揭示出贪婪与暴虐的内在联系。其实质是站在民的立场上，从反面总结以民为本治理国家的历史教训。

魏收无情实录北魏王公贵族、达官贵人贪婪搜刮的劣迹，记载其贪赃枉法、聚敛钱财的秽行。如元寿兴为徐州刺史，“在州贪虐，失于人心”[1]。元晖任吏部尚书，“纳货用官，皆有定价，大郡二千匹，次郡一千匹，下郡五百匹，其余官职各有差，天下号曰‘市曹’”，其后出为冀州刺史，“下州之日，连车载物，发信都，至汤阴间，首尾相继”。[2] 梁郡太守程灵虬，“贪财为事，虐政残民”[3]。江阳王元继，“晚更贪婪，聚敛无已。牧守令长新除赴官，无不受纳货贿，以相托付”[4]。乐浪王万寿，“性贪暴”，其子忠，“性好衣服，遂著红罗襦，绣作领，碧细裤，锦为缘”。[5] 南安王桢“方肆贪欲，殖货私庭”[6]。安乐王长乐“贪暴弥甚”[7]。北海王高详“贪冒无厌，多所取纳；公私营贩，侵剥远近；嬖狎群小，所在请托。珍丽充盈，声色侈纵，建饰第宇，开起山池，所费巨万矣”，其“贪淫之失”，可谓远近闻名。[8] 振威将军于祚，“贪残多所受纳”[9]。给事中王庆钟，“贪秽无行”[10]。冯熙为洛州刺史，“政号贪虐”，而寇治在世宗末迁前将军，河州刺史，在任数年，“城民诣都列其贪状十六条”。[11] 许彦为相州刺史，“在州受纳，多违法度”[12]。崔秉出

[1]《魏书》卷十五《常山王遵传》。
[2]《魏书》卷十五《常山王遵传》。
[3]《魏书》卷十六《河南王曜传》。
[4]《魏书》卷十六《京兆王黎传》。
[5]《魏书》卷十九上《乐浪王万寿传》。
[6]《魏书》卷十九下《南安王桢传》。
[7]《魏书》卷二十《安乐王长乐传》。
[8]《魏书》卷二十一上《北海王详传》。
[9]《魏书》卷三十一《于栗磾传》。
[10]《魏书》卷三十三《王宪传》附《王庆钟传》。
[11]《魏书》卷四十二《寇讚传》。
[12]《魏书》卷四十六《许彦传》。

除左将军，广平内史，“大纳财货，为清论所鄙”[1]。郑羲出为安东将军，西兖州刺史，“多所受纳，政以贿成。性又啬吝，民有礼饷者，皆不与杯酒脔肉，西门受羊酒，东门酤卖之”。郑伯猷除骠骑将军、南青州刺史，他“在州贪婪”，其妻安丰王元延明女，“专为聚敛，货贿公行，润及亲戚。户口逃散，邑落空虚，乃诬良民，云欲反叛，籍其资财，尽以入己，诛其丈夫，妇女配没。百姓怨苦，声闻四方”。[2] 薛峦曾任秦州刺史、荥阳太守、肆州刺史等职，他“所在贪秽，在州弥甚。纳贿于司空刘腾，以求美官，未得而腾死”[3]。裴玚自太尉记室超迁吏部郎，“性贪婪，多所受纳，鬻卖吏官，皆有定价”[4]。魏收的这些刻画，堪称入木三分，极为形象而又真实，一个个如狼似虎的贪官面孔，惟妙惟肖地展现在人们面前。在魏收看来，不仅王公贵族、达官贵人疯狂聚敛钱财，而且恩幸、宦官也大肆搜刮。恩幸茹皓受世宗宠幸，“潜自经营，阴有纳受，货产盈积。起宅宫西，朝贵弗之及也”；另一恩幸赵邕出除为平北将军、幽州刺史，“在州贪纵”。[5]《阉官列传》载，李丰等人“出入禁闱，并致名位，积赀巨万，第宅华壮”。李坚在世宗初出为安东将军、瀛州刺史，“所在受纳，家产巨万”。刘腾与元叉勾结，“公私属请，唯在财货。舟车之利，水陆无遗；山泽之饶，所在固护；剥削六镇，交通互市。岁入利息以巨万计。又颇役嫔御，时有征求；妇女器物，公然受纳。逼夺邻居，广开室宇。天下咸患苦之”。杨范“父子纳货，劳役兵民”。[6] 这些记载表明，北魏社会贪纵成风，从王公贵族、达官贵人，到州郡长官、恩幸宦官，攫取钱财的欲望都极其强烈。他们有的横征暴敛，有的巧取豪夺，有的卖官鬻爵，有的受纳贿赂，其共同特点是贪得无厌，为肆其贪欲，聚敛钱财，可谓无所不用其极，到了极为无耻的地步。

魏收严厉指责统治者的专横与暴虐，特别谴责那些草菅人命、滥杀无辜的行为。如清河王绍“凶佷险悖，不遵教训，好轻游里巷，劫剥行

[1] 《魏书》卷四十九《崔鉴传》附《崔秉传》。
[2] 《魏书》卷五十六《郑羲传》。
[3] 《魏书》卷六十一《薛安都传》附《薛峦传》。
[4] 《魏书》卷七十一《裴叔业传》附《裴玚传》。
[5] 《魏书》卷九十三《恩幸列传》。
[6] 参见《魏书》的李坚、刘腾等传。

人，斫射犬豕，以为戏乐”[1]。元暹除南兖州刺史，“在州猛暴，多所杀害”[2]。安乐王长乐，“出为定州刺史，鞭挞豪右，顿辱衣冠，多不奉法，为人所患”，后来“百姓诣阙讼其过”，而其却“贪暴弥甚”。[3] 赵郡王元幹“贪淫不遵典法”，其子元谧“性严，暴虐下人”。[4] 薛忱在武定五年（547）除镇北将军、北广平太守，“为治暴虐，曾因公事，一家之内并杀数人”[5]。尔朱世隆兄弟“各拥强兵，割剥四海，极其暴虐。奸谄蛆酷多见信用，温良名士罕预腹心。于是天下之人莫不厌毒”[6]。魏收不仅尖锐揭露北魏统治者的残暴，而且坚决谴责其他少数民族统治者的暴虐。如匈奴刘聪“骄奢淫暴，杀戮无已，诛翦公卿，旬日相继”。羯胡石虎残民以逞，“民死者相继，海岱、河济之间，民无宁志矣”。铁弗屈孑“性骄虐，视民如草芥。蒸土以筑都城，铁锥刺入一寸，即杀作人而并筑之。所造兵器，匠呈必死，射甲不入即斩弓人，如其入也即斩铠匠，凡杀工匠数千人。常居城上，置弓剑于侧，有所嫌忿，手自杀之。群臣忤视者，凿其目；笑者，决其唇；谏者，谓之诽谤，先截其舌，而后斩之”。鲜卑慕容冲“毒暴关中，人民流散，道路断绝，千里无烟”。氐族苻生将“勋旧亲戚，杀害略尽”。[7] 在《酷吏列传》中，魏收指责“淳风既丧，奸黠萌生；法令滋章，刑禁多设，为吏罕仁恕之诚，当官以威猛为济”。他认为，之所以如此，是因为“魏氏以戎马定王业，武功平海内，治任刑罚，肃厉为本”。这就是说，由于北魏政权是鲜卑贵族通过武力征服而建立的，因而其统治极为残暴。在这里，魏收揭示出鲜卑贵族的武力征服与北魏王朝的暴虐之间的内在联系，反映出其史识极为深刻。在该传的“史臣曰”中，魏收愤怒地谴责“于洛侯等为恶不同，同归于酷。肆其毒螫，多行残忍。贱人肌肤，同诸木石；轻人性命，甚于刍狗。长恶不悛，鲜有不及。故或身婴罪戮，或忧恚颠陨。异途皆毙，

[1]《魏书》卷十六《清河王绍传》。
[2]《魏书》卷十九上《京兆王子推传》。
[3]《魏书》卷二十《安乐王长乐传》。
[4]《魏书》卷二十一上《赵郡王幹传》。
[5]《魏书》卷四十四《薛野賭传》。
[6]《魏书》卷七十五《尔朱彦伯传》附《尔朱世隆传》。
[7] 参见《魏书》的刘聪、石虎、屈孑等传。

各其宜焉”。魏收认为，甚至宦官也极其残暴，如“宗爱杀帝害王，刘腾废后戮相，其间窃官爵，盗财贿，乘势使气为朝野之患者，何可胜举”[1]。

魏收深刻揭示贪婪与暴虐之间的内在联系。在魏收看来，“贪”与“暴”总是密切联系在一起，贪婪聚敛者往往又极为暴虐，因此他经常使用“贪暴”“贪虐”“贪酷”等词来刻画那些既贪且暴的官吏的行为。如元暹除凉州刺史，“贪暴无极”，“欲规府人及商胡富人财物，诈一台符，诳诸豪等云欲加赏，一时屠戮，所有资财生口，悉没自入”。[2]元诞除齐州刺史，“在州贪暴，大为人患，牛马骡驴，无不逼夺。家之奴隶，悉迫取良人为妇。有沙门为诞采药，还而见之，诞曰：‘师从外来，有何消息?’对曰：‘唯闻王贪，愿王早代。’诞曰：‘齐州七万户，吾至来，一家未得三十钱，何得言贪?’”。[3]尔朱仲远身兼多职，其“天性贪暴，大宗富族，诬之以反，殁其家口，簿籍财物，皆以入己，丈夫死者投之河流，如此者不可胜数。诸将妇有美色者，莫不被其淫乱。自荥阳以东，输税悉入其军，不送京师”[4]。在《酷吏列传》中，魏收记载了一批既贪且暴的酷吏：于洛侯贪酷安忍；胡泥迁平东将军、定州刺史，以暴虐，刑罚酷滥，受纳货贿，征还戮之；李洪之素非廉清，每多受纳，有司奏其受赃狼藉，又以酷暴；高遵性不廉清，在中书时，每假归山东，必借备驴马，将从百余，屯逼民家求丝缣，不满意则诟骂不去，强相征求，旬月之间，缣布千数，邦邑苦之，又选召僚吏，多所取纳，又其妻明氏家在齐州，母弟舅甥共相凭属，争求货利，严暴非理，杀害甚多；羊祉为司空令辅国长史，侵盗公资，私营居宅，后为秦梁二州刺史，加征虏将军，天性酷忍，又不清洁；崔暹性猛酷，少仁恕，奸猾好利，任南兖州刺史时，盗用官瓦，赃污狼藉，后行豫州事，寻即真，广占田宅，藏匿官奴，迁平北将军、瀛州刺史，贪暴安忍，民庶患之。在魏收的笔下，这些酷吏一个个是既“酷”且“贪”，其行径可谓令人发指，触目惊心。

---

[1]《魏书》卷九十四《阉官列传》。

[2]《魏书》卷十九上《京兆王子推传》。

[3]《魏书》卷十九上《济阴王小新成传》。

[4]《魏书》卷七十五《尔朱彦伯传》附《尔朱仲远传》。

魏收严厉抨击统治者残民以逞，如指责窦太后佞佛，使“百姓疲于土木之功，金银之价为之踊上”[1]。又批评城阳王元鸾爱乐佛道，“缮起佛寺，劝率百姓，共为土木之劳，公私费扰，颇为民患”[2]。从上可见，魏收对统治者贪婪暴虐行为的揭露与谴责，极为深刻。在中国古代纪传体正史作者中，很少有人像魏收这样大量而直截了当地记载统治者的贪婪与暴虐。这种揭露与谴责从反面反映出他对民深切的同情。

魏收还将清官良吏与贪官污吏置于一起比较，赞扬清官良吏，揭露贪官污吏。《封回传》载其为平北将军、瀛州刺史，时寇乱之后，加以水涝，百姓困乏，封回“表求赈恤，免其兵调，州内甚赖之”。而其时“荥阳郑云谄事长秋卿刘腾，货腾紫缬四百匹，得为安州刺史。除书旦出，暮往诣回，坐未定，谓回曰：‘我为安州，卿知之否？彼土治生，何事为便？’回答之曰：‘卿荷国宠灵，位至方伯，虽不能拔园葵，去织妇，宜思方略以济百姓，如何见造而问治生乎？封回不为商贾，何以相示。’云惭愧失色”[3]。在这里，魏收对封回与郑云并没有加以主观的评价，然而我们从魏收叙述与描绘的字里行间，可以体察出其思想。

概括起来，魏收以民本思想为理论思考北魏历史，可以归纳为三个层面：一是在本纪中大量记载北魏君主体恤民情，存恤鳏寡孤独，开仓赈济灾民的举措；二是在有关列传中大量记载那些体恤民情，关爱百姓，为民办实事，敢于对民负责而不计个人得失的官吏的业绩；三是在有关列传中大量实录贪官污吏聚敛钱财，残民以逞的劣迹与罪行。这三个层面从不同的角度反映魏收的民本思想。前两个层面，魏收从赞赏与肯定的角度，强调统治者为政以民为本，体恤民情，关爱百姓等具体途径；而第三个层面，魏收则是从批判与否定的角度，实录北魏社会中普遍存在的统治者的贪婪暴虐给百姓造成的危害。赞赏与批判，肯定与否定，两者相反相成，不仅真实地反映了北魏社会的历史实际，而且从不同的方面反映出魏收鲜明的民本思想，反映出他以民本思想来审视历史与论评人物。如果将魏收的《魏书》与魏晋南北朝时期的其他正史加以比较，

---

[1]《魏书》卷十九中《任城王云传》。

[2]《魏书》卷十九下《城阳王长寿传》。

[3]《魏书》卷三十二《封懿传》附《封回传》。

我们可以看到，引述君主的诏书强调以民为本，称道清官良吏，鞭挞贪官污吏，可以说是这些史书的共同特点。以民本思想思考历史，是魏晋南北朝史家的共同特征，只是魏收的民本思想比其他史家更加突出，更为强烈。

第三节　历史人物评价的特色

魏收与魏晋南北朝时期其他史家一样，一方面以儒家伦理作为评价人物的标准，另一方面又对识量器局有着极大的兴趣。《魏书》纪传充斥着对人物的外表容貌、神态气质、优雅姿态、恭谨性格、聪慧才智等诸多方面的赞叹与描述。这些说明魏收极为关注识量器局，将其作为描绘人物的主题。

魏收喜欢关注人物的形体与状貌，喜欢用“魁伟”“魁杰”“魁岸”之类的词语来描述人物高大的形体与健壮的外貌。如世祖太武帝拓跋焘体貌瑰异。华山王鸷容貌魁壮，腰带十围。河间公齐少雄杰魁岸。陈留王虔姿貌魁杰。临淮王他身长八尺。南平王浑的儿子霄身长九尺，腰带十围，容貌魁伟。章武王太洛孙子融仪貌壮丽，衣冠甚伟。咸阳王禧儿子翼容貌魁壮。李顺族人同轨体貌魁岸，腰带十围。薛辩儿子谨容貌魁伟。寇谠身长八尺，姿容严嶷。柳崇身长八尺，其从父弟元章，姿貌魁伟，其族子俊起从父弟援仪望甚伟。李灵从子璨身长八尺五寸，衣貌魁伟。段承根父亲晖身长八尺余。崔挺儿子孝演姿貌魁杰，另一儿子孝直身八尺。毕众敬孙子祖朽身长八尺，腰带十围。李平长子奖容貌魁伟。裴延俊从叔子夙仪望甚伟。李元护身长八尺。王世弼身长七尺八寸，魁岸有壮气。卢同身长八尺，容貌魁伟。张普惠身长八尺，容貌魁伟。刘道斌腰带十围。贾显度形貌伟壮。山伟祖强身长八尺五寸。裴佗容貌魁伟。李同轨体貌魁岸，腰带十围。诸如此类，举不胜举。魏收喜欢称道人物身材高大与体型魁伟，目的是突出其卓异不凡的健壮魁伟之美。

魏收喜欢赞叹人物优雅的仪容与美丽的外表，喜欢使用“美姿貌”“美仪容”“美须髯”之类的语言赞扬人物优雅的外表与美丽的容貌。如孝庄帝子攸风神秀慧，姿貌甚美。孝静帝善见美容仪。上党王天穆美形貌。秦王翰子卫王仪容貌甚伟，美须髯。临淮王他美姿貌。京兆王子推曾孙悰美容貌，风望俨然。咸阳王禧儿子树美姿貌，善吐纳。北海王详美姿容，善举止。彭城王勰美容貌，善风仪；其子子正美貌，性宽和。崔玄伯族人道固美形容，善举止。丘堆美容仪。于栗磾儿子洛拔有姿容。张济清辩，美仪容。万安国有姿貌。崔浩纤妍洁白，如美妇人。陆俟孙子希道有风貌，美须髯。尧暄美容貌。薛野䐗儿子虎子姿貌壮伟。宇文福儿子延体貌魁岸，眉目疏朗。杜铨器貌瑰雅。裴骏孙子裴询美仪貌。柳崇美须明目。段承根外孙张令言美须髯。李孝伯美风仪，动有法度；而其侄子李安世美容貌，善举止。李冲姿貌丰美。崔挺儿子孝炜美须髯，孝演眉目疏朗。韩麒麟美姿容。邢峦美须髯，姿貌甚伟。李元护美须髯。尔朱荣洁白，美容貌。刘道斌须髯甚美。山伟祖强美容貌。王睿姿貌伟丽。郑俨容貌壮丽。诸如此类，俯拾即是。魏收喜欢夸耀人物的仪容与外貌，目的是突出其外表美。

魏收喜欢描绘人物非凡的神态与卓越的气质，喜欢用“大度”“器度”“风仪”之类的词语来刻画人物神态与气质。如世宗元恪幼有大度，喜怒不形于色，雅性俭素。武卫将军谓宽雅有将略。阳平王熙聪达有雅操。南平王浑的儿子宵雅有风则。临淮王谭曾孙彧美风韵，善进止，衣冠之下，雅有容则。广阳王建儿子嘉少沉敏，喜愠不形于色。济阴王小新成孙子显和风流清秀，容止闲雅，乃宰相之器。章武王太洛孙子融性通率，有豪气。安丰王猛宽仁雄毅，甚有威略。咸阳王禧儿子翼风制可观。高阳王雍少而倜傥不恒；其子昌乐王诞少聪慧，有风仪。北海王详儿子颢少慷慨，有壮气。彭城王勰少而岐嶷，姿性不群，端严若神，折旋合度，出入言笑，观者忘疲。长孙嵩宽雅有器度。长孙肥少有雅度，果毅少言。穆崇玄孙亮早有风度。安同儿子原雅性矜严。高湖有器度。卢鲁元宽和有雅度。李顺器宇才识，一时推重，其孙子宪善风仪，有器度。刁雍孙子整少有大度。王慧龙曾孙遵业风仪清秀。李宝沉雅有度量。高允少孤夙成，有奇度。柳崇方雅有器量。卢玄曾孙道侃沉雅有学尚；而其侄曾孙义僖早有学尚，识度沉雅。尉元宽雅有风貌。李孝伯风容闲雅，应答如流，体度恢雅，明达政事。李冲沉雅有大量。刘芳从子懋性沉雅厚重，善与人交，器宇渊旷，风流甚美，时论高之，被称为“搢绅领袖”。崔辩风仪整峻。崔挺族子纂兄穆宽雅有度量。王肃从子诵神气清俊，风流甚美，音制抑扬，风神疏秀。宋弁声姿清亮，进止可观，体韵和雅，举止闲邃，被称为一日千里的“王佐才”。李平长子奖有当世才度；奖弟谐风流闲润。裴延俊从叔子夙沉雅有器识。诸如此类，为数甚多。魏收喜欢称许人物的风韵与气质，目的是表彰其神态美与气质美。

魏收喜欢称道人物忠谨而端庄的品格与宽厚而柔和的性格，喜欢用“忠谨”“宽和”“雅厚”之类语词来刻画人物的品格与性格。如临淮王他性谨厚。乐安王范雅性沉厚，宽和仁恕。尉古真弟诺以忠谨著称，诺长子眷忠谨有父风。楼伏连忠厚有器量。丘堆以忠谨亲侍。于栗磾儿子洛拔恭慎小心。屈遵孙子垣沉深有局量。王洛儿性谨愿。车路头少以忠厚选给东宫，善自修立，谨慎无过。卢鲁元以忠谨给侍东宫。刁雍性宽柔。陆俟曾孙昕之风望端雅，容貌柔谨。尧暄恭谨。房法寿族子景伯性淳和。苟颓性厚重少言。薛野䐗孙子昙尚性宽和。宇文福性忠清。韦阆孙子俊性温和廉让。柳崇长子庆和性沉静。游明根贞慎寡欲，清约恭谨；其儿子肇谦素敦重，文雅见任。杨播家世纯厚，并敦义让，其弟椿性宽谨；椿弟顺宽裕谨厚；顺弟津少端谨，以器度见称；津弟玮性雅厚，兄弟之间俱以忠毅谦谨荷内外之任。毕众敬孙子祖朽性宽厚。甄琛从弟密清谨少嗜欲。王世弼次子由性方厚，有名士之风。辛雄廉谨雅素。高崇以端谨见称。刘桃符性恭谨。苏淑立性敦谨。诸如此类，比比皆是。魏收喜欢称道人物的品格与性格，目的是赞扬其品格美与性格美。

魏收喜欢称述人物多才多艺的个性，喜欢用“才艺”“文才”“才度”之类语词来描绘人物的才性。如高凉王孤多才艺，有志略。河间公齐的孙子志少清辩强干，历览书传，颇有文才。乐平王丕少有才干，为世所称。新兴王俊多才艺。南安王桢儿子中山王英博闻强记。燕凤博识多闻。许谦才术俱美。张衮以才策见知。邓渊才业秉笔。封懿俊伟有才气。屈遵博学多艺。刁雍才识恢远。裴骏儿子裴宣通辩博物；其孙子裴询多艺能，音律博弈，咸所开解。赵逸好学夙成；其兄温博学有高名。李䜣强记明察。胡叟年十三，辨疑释理，知名乡国，其披读群籍，再阅于目，皆颂于口。崔挺少敦学业；其长子孝芬早有才识；其族子纂博学有文才。沈文秀族子陵姿质妍伟，辞气辩畅。王肃从子诵学涉有文才；其另一从子翊好学有文才。李平儿子奖有当世才度；而奖弟谐则博学有文辩，当时才俊咸相钦赏；谐弟邕幼而俊爽，有逸才，俊秀才藻之美，为时所称。诸如此类，不一而足。魏收喜欢赞叹士族人物多才多艺，突出其富于才性，目的是赞扬其才性美，反映出门阀士族赞赏才性、追求才性的时代风貌。

魏收喜欢赞颂人物机智敏捷与聪明睿智，喜欢用“聪敏”“明敏”“机辩”之类的词语赞颂人物的智慧。如世祖太武帝拓跋焘聪明大度。显祖献文帝拓跋弘聪睿夙成，兼资能断。武卫将军谓的孙子兴都聪敏刚毅。中山王英性识聪敏。广川王略性明敏。河间王若嗣子琛幼而敏慧。崔玄伯少有俊才，号曰冀州神童。安同儿子原沉勇多智略，其另一儿子颉辩慧多策略。高湖少机敏。万安国少明敏。刁雍明敏多智。陆俟少聪慧，有策略。韦阆族侄缵聪敏明辩。裴骏幼而聪慧，亲表异之，称为“神驹”，因以为字，其儿子裴务少而聪慧，其从弟裴安祖少而聪慧。王肃少而聪辩。卢玄儿子度世幼而聪达。胡叟少聪敏。辛绍先孙子少雍少聪颖。李䜣聪敏机辩。李孝伯侄子安世幼而聪悟。甄琛少敏悟。高崇少聪敏。范绍少而聪敏。徐纥机辩有智数。常爽少而聪敏。诸如此类，实例众多。魏收如同这一时期的其他史家一样，赞赏天才，称道智慧，目的是赞扬士族人物杰出超群的聪明才智，反映出门阀士族欣赏智慧、称道天才的精神追求。

从上可见，在《魏书》的纪传中，魏收描绘人物使用最多的是“魁伟”“魁杰”“魁岸”“美姿貌”“美仪容”“美须髯”“大度”“器度”“风仪”“忠谨”“宽和”“雅厚”“才艺”“文才”“才度”“聪敏”“明敏”“机辩”之类的语词。这种语言特点，表明他对识量器局特别有兴趣，将其作为描绘人物的主题。这一方面反映出门阀士族追求个体才性之美以满足自己放任恣纵的生活需要，另一方面反映出魏收以门阀士族思想作为观察人物的尺度。如果将《魏书》的语言与魏晋南北朝时期其他纪传体断代史如《三国志》《宋书》《南齐书》等的语言加以比较，我们可以看到，《三国志》《宋书》《南齐书》等虽然也使用这类语词来描绘人物的识量器局，但使用的频率远没有《魏书》那么高，使用的范围远没有《魏书》那么广。我们不能简单地将这种情况解释为语言习惯或语言风格的差异，实质上语言的差异反映出思想的差异，反映出魏收在关注人物的识量器局，并将其作为观察人物的尺度方面，比其他史家更为突出。

第四节　儒家思想与《魏书》的史评

魏收认为，儒家经典是治国之典，只有遵循儒家思想，才能治理国家。他以刘芳之语宣称，“夫为国家者，罔不崇儒尊道”[1]，又引李先之语声称，“唯有经书。三皇五帝治化之典，可以补王者神智”[2]，又以裴延俊之语断言，“五经治世之模，六籍轨俗之本，盖以训物有渐，应时匪妙，必须先粗后精，乘近即远”[3]。魏收把儒家经典看成是各种优良品质的渊源。他引常爽之语指出：“仁义者人之性也，经典者身之文也，皆以陶铸神情，启悟耳目，未有不由学而能成其器，不由习而能利其业。”[4] 又用刘献之语声言，“人之立身，虽百行殊途，准之四科，要以德行为首”，“若能入孝出悌，忠信仁让，不待出户，天下自知”。[5] 又以孙惠蔚之口强调，经典“乃承天之正术，治人之贞范。是以温柔疏远，《诗》《书》之教；恭俭易良，《礼》《乐》之道。爻象以精微为神，《春秋》以属辞为化”[6]。在魏收看来，人的各种优良品质都是儒家经典教化的结果。治理国家就是要以儒家经典教化人，从而使人具备各种优良品质，这样就能建立良好的统治秩序。

魏收以儒家思想论评国政。他依据儒家传统思想，将政纲不张与女后干政视为导致北魏衰落的原因。他强调，“魏自宣武已后，政纲不张。肃宗冲龄统业，灵后妇人专制，委用非人，赏罚乖舛。于是衅起四方，祸延畿甸，卒于享国不长”[7]。在《高闾传》中，魏收记载了高祖孝文

[1]《魏书》卷五十五《刘芳传》。
[2]《魏书》卷三十三《李先传》。
[3]《魏书》卷六十九《裴延俊传》。
[4]《魏书》卷八十四《儒林常爽传》。
[5]《魏书》卷八十四《儒林刘献之传》。
[6]《魏书》卷八十四《儒林孙惠蔚传》。
[7]《魏书》卷九，“史臣曰”。

帝元宏与高闾议政的一段对话："高祖曰：'《论语》称：冉子退朝，孔子问曰：何晏也？对曰：有政。子曰：其事也。如有政，虽不吾以，吾其与闻之。何者是政？何者为事？'闾对曰：'臣闻：政者，君上之所施行，合于法度，经国治民之属，皆谓之政；臣下奉教承旨，作而行之，谓之事。然则天下大同，风轨齐一，则政出于天子；王道衰，则政出于诸侯；君道缺，则政出于大夫。故《诗序》曰：王道衰，政教失，则国异政，家殊俗。政者，上之所行；事者，下之所奉。'高祖曰：'若君命为政，子夏为莒父宰，问政，此应奉命而已，何得称政？'尚书游明根曰：'子夏宰民，故得称政。'帝善之。"在这段对话中，高闾根据《论语》的记载与《诗序》的阐述，论说何者为政与何者为事的问题，实质是以儒家思想为理论论评君主与臣下怎样施政的问题。魏收引述高祖与高闾之间的对话，表明他赞赏高闾的观点。

魏收称许那些儒学造诣精深的人物，"博通经传""博涉经史"之类的话不绝于书。如彭城王勰博综经史。封懿族孙轨博通经传。李顺族人同轨学综诸经，多所治诵。崔浩博览经史。房法寿族子景伯涉猎经史；其另一族子景先幼孤贫，无资从师，其母自授《毛诗》《曲礼》，由于其刻苦学习，遂大通赡。宋繇博通经史，雅好儒学。阚骃博通经传。刘昞父亲刘宝以儒学称，而刘昞本人则德冠前世，蔚为儒宗。索敞专心经籍，以儒学见拔。游明根综习经典；其儿子肇博通经史及《苍》《雅》《林》说，耽好经传，治《周易》《毛诗》，尤精《三礼》。刘芳因特精经义，博闻强记，被人称为"刘石经"。崔辩学涉经史，其儿子巨伦历涉经史。崔挺从子子朗涉猎经史。王肃涉猎经史。郭祚涉历经史。崔光从子鸿博综经史。甄琛颇学经史。裴延儁从弟仲规少好经史。傅永涉猎经史。裴叔业从子植览综经史。贾思伯弟思同雅好经史。张烈涉猎经史。羊深学涉经史。高崇儿子谦之专意经史，其另一儿子恭之也是学综经史。孙绍通涉经史。张普惠精于《三礼》，兼善《春秋》，百家之说，多所窥览，诸儒称之。我们一方面应该看到，博通经史是北魏社会中文人学者的普遍追求，另一方面又必须认识到，史虽然已经提到了仅次于经的地位，但博通经史首先强调的并且摆在首位的仍然是经。在《儒林列传》中，魏收记载了一批博通儒学的学者的事迹。如梁越"博综经传，无所不通"。张伟"学通诸经，讲授乡里"，"儒谨泛纳，勤于教训"，"常依附经典，教以孝悌，门人感其仁化，事之如父”。平恒“研综经籍，钩深致远”。孙惠蔚“年十三，粗通《诗》《书》及《孝经》《论语》；十八，师董道季讲《易》；十九，师程玄读《礼经》及《春秋》三《传》。周流儒肆，有名于冀方”。

魏收赞美孝道，宣称，“《经》云‘孝，德之本’，‘孝悌之至，通于神明’。此盖生人之大者”，“塞天地而横四海者，唯孝而已矣”。[1]《显祖纪》称其“仁孝纯至”。《彭城王勰传》称其“性仁孝”。《宋隐传》称其“性至孝”。《王慧龙传》引太子少傅游雅之语称其为“古之遗孝”，而其子宝兴“事母至孝”。《房法寿传》称其族子景伯“少丧父，以孝闻”。《高祐传》称其孙子谅“居丧以孝闻”。《崔挺传》称其“幼居丧尽礼”。《孝感列传》记载了一系列孝义人物的事迹：赵琰孝心色养，饪熟之节，必亲调之；长孙虑年仅十五岁，即愿以身代父死罪，于父为孝子，于弟为仁兄；孙益德童幼为母复仇；董洛生居父丧过礼；杨引三岁丧父，为叔所养，母年九十三卒，引年七十五，哀毁过礼，被称为“纯孝”；阎元明少而至孝，行著乡闾；猗氏县人令狐仕，兄弟四人，奉养其母，孝著乡邑；河东郡杨风等，奉养继亲甚著恭孝之称；东郡小黄县董吐浑事亲至孝；吴悉达弟兄三人年纪幼小时，父母为人所杀，四时号慕，悲感乡邻；王续生遭继母忧，居丧杖而后起，及终礼制，鬓发尽落；李显达父丧，水浆不入口七日，鬓发尽落；张升居父母丧，鬓发脱落，水浆不入口，吐血数升；仓跋丧母，水浆不入口五日，吐血数升，居忧毁瘠。魏收认为，这些事例，“始敦孝敬之方，终极哀思之道，厥亦多绪，其心一焉”。[2]

魏收赞赏仁惠、志节，称道文雅、诚信的儒者品格。彭城王勰爱敬儒彦，倾心礼待。景伯兄弟，儒风雅业，良可称焉。赵柔少以德行才学知名河右，甚著仁惠，其为人推诚秉信。索敞笃勤训授，肃而有礼。宗钦少而好学，有儒者之风。游明根以儒老学业，特被礼遇；其儿子肇动存名教，直绳所举，莫非伤风败俗，持法仁平，断狱务于矜恕。王肃对君主尽忠输诚，无所隐避。贾思伯弟思同少厉志行。宋翻少有操尚，翻

[1] 《魏书》卷八十六《孝感列传》。

[2] 参见《魏书》卷八十六《孝感列传》。

弟毓敦笃有志行。杨机少有志节，为士流所称。在《儒林列传》中，魏收以儒家伦理来衡量北魏时期一些著名儒家学者的品格，如《梁越传》称其“性纯和笃信”。《徐遵明传》称其“颇好聚敛，有损儒者之风”。《卢景裕传》称其“谦恭守道，贞素自得”。

魏收特别推崇那些谨守礼制的人物。他引郑道昭之语强调，“礼乐者为国之基，不可斯须废也。是故周敷文教，四海宅心；鲁秉周礼，强齐归义”[1]。《太宗纪》称其“非礼不动”。《秦王翰传》称其孙子中山王纂“动止有礼”。《游明根传》称其“接物以礼让”。《曹世表传》称其“举止有礼度”。魏收认为，外戚之所以“颠覆继轨”，就是由于“进不以礼”所致。[2] 他称颂忠义，如刘库仁兄弟“忠以为心”[3]。顺阳公郁“少忠正亢直”[4]。尉真兄弟，“忠勇奋发，义以忘生”[5]。陆丽“忠国奉主”，“蹈忠履义”。[6] 在《韩麒麟传》中，魏收以其子子熙等人上书之语，称赞清河王怿“尽忠贞以奉公，竭心膂以事国”[7]。他主张谨守君臣父子之道。在《任城王云传》中，魏收记载了任城王云等人谏阻显祖禅位京兆王子推一事，引其语称，“天下是祖宗之天下”，如果“辄改神器，上乖七庙之灵，下长奸乱之道，此是祸福所由”。从以上的分析中可见，魏收如同魏晋南北朝时期的其他史家一样，在以识量器局作为评价人物的外在标准的同时，又以儒家伦理作为评价人物的内在标准。

第五节　灾异论与报应说

魏收相信天人感应。《崔浩传》引其语宣称：“古人有言，夫灾异之生，由人而起。人无衅焉，妖不自作。故人失于下，则变见于上，天事

---

[1] 《魏书》卷五十六《郑羲传》。
[2] 《魏书》卷八十三下，“史臣曰”。
[3] 《魏书》卷二十三，“史臣曰”。
[4] 《魏书》卷十四《顺阳公郁传》。
[5] 《魏书》卷二十六，“史臣曰”。
[6] 《魏书》卷四十，“史臣曰”。
[7] 《魏书》卷六十《韩麒麟传》。

恒象，百代不易。”《卢玄传》引其孙昶的上疏之语宣称，“祯不虚见，德合必符；妖不妄出，咎彰则至。是以古之人君，或怠瑞以失德，或祇变而立功”。《魏书》记载大量事例以说明天人相互感应。《肃宗纪》引其诏称：“不能祇奉上灵，感延和气，致令炎旱频岁，嘉雨弗洽，百稼焦萎，晚种未下，将成灾年，秋稔莫觊。”又称：“比雨旱愆时，星运舛错，政理阙和，灵祇表异。”《崔光传》引其因典事史元显献四足四翼鸡而上言称：“灾异之见，皆所以示吉凶，明君睹之而惧，乃能招福；暗主视之弥慢，所用致祸。”《慕容垂传》载其进攻北魏前，太史言：“太白夕没西方，数日后见东方，此为躁兵，先举者亡。”慕容垂不从，果然不出太史所料。《姚兴传》载其回到长安，“有雀数万头，斗于兴庙，毛羽折落，多有死者，月余乃止。识者曰：‘今雀斗庙上，子孙当有争乱者乎?’又兴殿有声如牛吼。有二狐入长安，一登兴殿屋，走入宫，一入于市，求之不得”。其后，姚兴子孙果然在争乱中败亡。《李势传》记载了其灭于桓温之前，巴蜀地区的各种怪异现象，指出其灭亡应验了谯周三十年以前的预言。《李歆传》言其败亡之前，“有一大蛇从南门而入，至歆恭德殿前，有双雉飞出；宫内通街大树上有乌鹊争巢，鹊为乌所杀。敦煌父老令狐炽梦一白头公帢衣，而谓曰：‘南风动，吹长木。胡桐椎，不中毂。’言讫，忽然不见”。李歆小字桐椎，至是而亡。《魏书》大量记载天人感应现象与阴阳灾异现象，字里行间反映出作者深受天人感应思想与阴阳灾异思想的影响。

魏收相信阴阳灾异。他以高允之语宣称，“先其善恶而验以灾异，随其失得而效以祸福，天人诚远，而报速如响，甚可惧也”[1]。在《魏书》中，他立《天象志》与《灵征志》来专门记载天人感应和阴阳灾异现象。魏收认为，“在天成象，圣人是观，日月五星，象之著者，变常舛度，征咎随焉。然则明晦晕蚀，疾余犯守，飞流欻起，彗孛不恒，或皇灵降临，示谴以戒下，或王化有亏，感达于天路。《易》称‘天垂象，见吉凶’，‘观乎天文，以察时变’，《书》曰‘历象日月星辰，敬授民时’。是故有国有家者之所祇畏也。百王兴废之验，万国祸福之来，兆勤虽微，罔不必至”，于是他以“在天诸异咸入天象，其应征符合，随而条载，无所显

[1] 《魏书》卷四十八《高允传》。

验则阙之”。[1]《天象志》记载了北魏时期的一些异常天象及其应验情况，如高宗“和平三年二月壬子朔，日有蚀之。占曰‘有白衣之会’。六年五月癸卯，高宗崩”[2]；孝静帝武定七年（549）九月戊午，“月在斗，掩岁星。占曰‘吴越有忧’。是岁，侯景破建业，吴人饿死及流亡者不可胜数”[3]。魏收宣称，“帝王者，配德天地，协契阴阳，发号施令，动关幽显”，“化之所感，其征必至，善恶之来，报应如响。斯盖神祇眷顾，告示祸福，人主所以仰瞻俯察，戒德慎行，弭谴咎，致休祯，圆首之类，咸纳于仁寿”，“然则治世之符，乱邦之孽，随方而作，厥迹不同”，于是“录皇始之后灾祥小大，总为《灵征志》”。[4]在《灵征志》中，魏收记载了地震、大风、大水、涌泉、雨雹、雪、霜、无云而雷、鼓妖、雷、震、雾、火不炎上、黑眚黑祥、赤眚、青眚、夜妖、人痾、金沴、龙蛇之孽、马祸、牛祸、羊祸、鸡祸、羽虫之孽、蝗虫螟、毛虫之孽等各类灾异现象，以及各地出现的白龟、大龟、白雀、嘉禾之类的各种祥瑞。魏收对这些形形色色的灾异与祥瑞津津乐道，并将其分类加以详细记载，反映出其非常相信灾异与祥瑞，深受阴阳灾异思想的影响。

魏收热心记载那些精通天人感应与阴阳灾异的人物。他认为，“往圣标历数之术，先王垂卜筮之典，论察有法，占候相传”[5]。《崔浩传》称其“综核天人之际，举其纲纪，诸所处决，多有应验”。《燕凤传》称其“明习阴阳谶纬”。《许谦传》说其“善天文图谶之学”。《李先传》称其“善占相之术”。在《术艺列传》中，魏收记载了晁崇、张渊等众多通晓天文术数之类的人物。如晁崇“善天文术数，知名于时”。张渊“明占候，晓内外星分”，尝著《观象赋》云：“《易》曰：‘天垂象见吉凶，圣人则之。’又曰：‘观乎天文以察时变，观乎人文以化成天下。’然则三极虽殊，妙本同一。显昧虽遐，契齐影响。寻其应感之符，测乎冥通之数，天人之际，可见明矣。”该传中又称，僧化“识星分，案天占以言灾异，

[1]《魏书》卷一百五之一《天象志序》。
[2]《魏书》卷一百五之一《天象志一》。
[3]《魏书》卷一百五之二《天象志二》。
[4]《魏书》卷一百一十二上《灵征志》。
[5]《魏书》卷九十一《术艺列传》。

时有所中”。信都芳“好学善天文算数”。殷绍“好阴阳术数，游学诸方，达《九章》《七曜》”。王早“明阴阳九宫及兵法，尤善风角”。耿玄“善卜占。坐于室内，有客扣门，玄已知其姓字并所赍持及来问之意。其所卜筮，十中八九”。刘灵助“好阴阳占卜”，“所占屡中”。魏收认为，“能通方术而不诡于俗，习伎巧而必蹈于礼者，几于大雅君子”。他大量记载阴阳术数之士的情况，得出结论说，“观其占候卜筮，推步盈虚，通幽洞微”，必能“近知鬼神之情状”[1]。这些充分说明魏收服膺阴阳灾异与天人感应思想。

魏收有着积善之家必有余庆，积恶之家必有余殃的因果报应思想，认为善有善报，恶有恶报，善恶必报。他宣称，李灵“以儒俊之风，当旌帛之举”，崔鉴“以文雅之烈，应利用之科”。这是因为他们历代积累善行的结果，所谓“世家有业，余庆不已”，“人位继轨，亦为盛哉”。[2]在《杨播传》中，他记载了杨播兄弟的生平与品格，特别称道其兄弟敦睦的情谊。他指出，“杨播兄弟，俱以忠毅谦谨，荷内外之任，公卿牧守，荣赫累朝，所谓门生故吏遍于天下。而言色恂恂，出于诚至，恭德慎行，为世师范”。魏收将杨播家族“诸子秀立，青紫盈庭”，看成是“其积善之庆”的结果。[3]魏收又认为，刘昶诸子疏狂，丧其家业，萧宝夤背恩忘义，枭獍其心。然而，“天重其罪，鬼覆其门，至于母子兄弟还相歼灭，抑是积恶之义云”[4]。在魏收看来，刘昶与萧宝夤这两个家族的下场是其多行不义的结果。

第六节　门阀观念与《魏书》的编撰

魏收以门阀士族立场思考历史。考察《魏书》内容及其史料来源可知，全书以门阀士族代表人物作为记载的主要对象，根据门阀士族人物

[1]《魏书》卷九十一《术艺列传》。
[2]《魏书》卷四十九，“史臣曰”。
[3]《魏书》卷五十八，“史臣曰”。
[4]《魏书》卷五十九，“史臣曰”。

的谱牒大量记载其宗族谱系，把人物传记变成士族人物的"家谱"与"言行录"，书中对史事的记载反映出魏收严重的等级门第观念。这些说明魏收有着强烈的门阀士族思想。

从《魏书》的篇目设置来说，可以看到魏收将门阀士族的代表人物作为记载的主要对象。《魏书》立传的人物或为门阀化的鲜卑地主，或为汉族的门阀地主，绝大多数是北魏社会中门阀士族的著名人物。如"范阳卢玄、博陵崔绰、赵郡李灵、河间邢颖、勃海高允、广平游雅、太原张伟等，皆贤俊之胄，冠冕州邦，有羽仪之用"[1]，这些人不但多有专传，而且其子弟亦多有附传。范阳卢氏可谓北魏时期著名士族，魏收特立《卢玄传》记载卢玄及其子孙后代数十人的生平事迹。即使是北魏的王公贵族，其本质上也是门阀化的鲜卑族地主。一部《魏书》有如北魏门阀士族人物的传记集。

从《魏书》的史料来源来说，可以看到魏收主要是依靠门阀士族的谱牒来记载其生平事迹。刘知幾称魏收编撰《魏书》，"大征百家谱状"[2]，谱牒成为其主要的史料来源。魏收长期在北魏、东魏及北齐朝廷担任史官，不仅熟悉整个社会的情况，而且对那些著名的门阀士族代表人物的宗族谱系也了如指掌，故在《魏书》的有关传记中详加胪列。据《北史·魏收传》记载，"（杨）愔尝谓收曰：'此谓不刊之书，传之万古。但恨论及诸家枝叶亲姻，过为繁碎，与旧史体例不同耳。'收曰：'往因中原丧乱，人士谱牒遗逸略尽，是以具书其枝派'"。这条材料不仅说明魏收撰《魏书》以谱牒作为主要史料来源，而且指出了《魏书》因详载士族人物的宗族谱系而导致的与旧史体例上的差别。

从《魏书》列传的内容特点来说，前述《北史·魏收传》所载杨愔之言即已指出了《魏书》的重要特点，即特别喜欢记载门阀士族代表人物的宗族谱系。通观全书，的确如此。《魏书》列传大量附载其他人物，往往向上追叙其祖、父、伯、叔，向下则叙及子、弟、侄、孙、从弟、从孙、曾孙、玄孙、族子、同宗等。有的士族人物传记附记者竟达数十人，如卷二十七《穆崇传》所列举者达 66 人，卷三十六《李顺传》所列

[1] 《魏书》卷四上《世祖纪上》。
[2] 《史通》卷十二《古今正史》。

举者达59人，卷三十九《李宝传》所列举者达50人，卷四十《陆俟传》所列举者达44人。从表面上来看，《魏书》分为帝纪、列传、史志三个部分，与其他纪传体断代史并无区别；然而如果将《魏书》与魏晋南北朝其他纪传体断代史认真比较，我们即可发现，《魏书》编撰结构上最显著的特点不仅在于书中所载大都为门阀士族的代表人物，而且还在于几乎将每一传记写成了门阀士族人物的家传。汉魏时期的纪传体史书在叙述人物生平时，往往也叙及其家庭与亲友，但从来没有出现一个人物传记中附记数十人的现象，甚至在与魏收同处一个时期的范晔的《后汉书》与沈约的《宋书》中，虽然也列举子孙，反映出门阀士族思想的深刻影响，但也没有一个列传中列举数十人的现象。《魏书》的门阀士族人物的列传中列举数十人，这类列传本身就如同一本家谱，《魏书》简直如同一部北魏门阀士族人物的"家谱汇编"。这种现象既反映出门阀士族在北魏社会中的显赫的政治地位与广泛的思想影响，又反映出魏收自己有着根深蒂固的门阀士族观念与思想意识。

《魏书》对有关史实的记载清楚地反映出魏收有着强烈的门阀士族的等级门第观念。《崔辩传》载，崔辩儿子巨伦有姊，"明惠有才行，因患眇一目，内外亲类莫有求者，其家议欲下嫁之。巨伦姑赵国李叔胤之妻，高明慈笃，闻而悲感曰：'吾兄盛德，不幸早世，岂令此女屈事卑族！'乃为子翼纳之，时人叹其义"。魏收津津乐道地记载崔巨伦的姑姑为保持其侄女的高门盛德，不让其下嫁卑族，而为其子翼纳之。我们从中可以非常清楚地看到魏收对这件事情极为欣赏的态度。魏收还强调尊卑贵贱等级不可逾越，引述高宗诏书之语宣称："名位不同，礼亦异数，所以殊等级，示轨仪。"这样才能做到"使贵贱有章，上下咸序"。而婚姻关系是"人道之始"，并由此彰显尊卑贵贱等级，故"尊卑高下，宜令区别"。然而"贵族之门多不率法，或贪利财贿，或因缘私好，在于苟合，无所选择，令贵贱不分，巨细同贯，尘秽清化，亏损人伦"。尤其是"皇族、师傅、王公侯伯及士民之家，不得与百工、伎巧、卑姓为婚"，这样才能维护尊卑等级。[1] 他又引高祖诏书之语，指斥北魏社会存在的"婚葬越轨，致贫富相高，贵贱无别"的现象，特别指责"皇族贵戚及士民之家，

[1] 《魏书》卷五《高宗纪》。

不惟氏族，下与非类婚偶”，[1] 直接导致尊卑贵贱等级遭到破坏。这些语言虽来自北魏君主的诏书，然魏收加以收载，实际上反映出他自己的思想与主张。

魏收以门阀士族思想评论人物。北魏社会是门阀士族统治的社会，北魏政权是鲜卑门阀贵族与汉族门阀地主的联合专政。魏收除了在列传中详载鲜卑贵族与汉族门阀士族代表人物的生平事迹以外，还在这些列传末尾的“史臣曰”中对他们大加赞颂。这些史论反映出魏收有着极其强烈的门阀士族思想。

魏收热情称赞门阀士族高贵的家世与荣耀的权势。门阀士族之所以被称为门阀士族，就在于其世代显贵。“高卑出身，恒有常分”[2]，讲究门第族望，这是门阀士族一个极为重要的特点。魏收在“史臣曰”中，往往以精要的语言，赞扬北魏社会中那些著名士族人物的家世与权势。如称赵郡李顺“器宇才识，一时推重，谋宣中国，气折外蕃”，其子孙“位望并高”，“风度恢雅”，“宗绪扶疏，人位盛显”，而其家族虽为旧族，但堪称“其世唯新”。[3] 又称陇西李宝“大享名器，世业不殒，诸子承基，俱有位望”[4]。又称韦阆家族“世为三辅冠族”，杜铨“学涉有长者风”；裴骏“有当世才具，且忠义可嘉”，韦（阆）与杜（铨）都是“旧族门风，名亦不陨”。裴骏、辛绍先、柳崇，“素业有资，器行仍世”。这些高门士族“所以布列于位，不替其美”。[5] 又称范阳卢玄家族“绪业著闻，首应旌命，子孙继迹，为世盛门。其文武功烈，殆无足纪，而见重于时，声高冠带，盖德业儒素有过人者”，其孙渊及兄弟“亦有二方之风流”。[6] 又称崔玄伯家族“世家俊伟”[7]，罗结家族“枝附叶从，当旧

[1] 《魏书》卷七上《高祖纪上》。
[2] 《魏书》卷六十《韩麒麟传》附《韩显宗传》。
[3] 《魏书》卷三十六，“史臣曰”。
[4] 《魏书》卷三十九，“史臣曰”。
[5] 《魏书》卷四十五《韦阆杜铨裴骏辛绍先柳崇列传》。
[6] 《魏书》卷四十七，“史臣曰”。
[7] 《魏书》卷二十四，“史臣曰”。

之眷，子孙显禄，俱至公王”[1]，尉元家族“世为豪宗”[2]，杨播兄弟“荷内外之任，公卿牧守，荣赫累朝，所谓门生故吏遍于天下”[3]。在魏收看来，这些门阀士族一个个家世高贵，权势显耀，卓异不凡，与众不同。

魏收由衷赞颂门阀士族显赫的声名与儒雅的风度。门阀士族把持北魏的政治、经济、文化，垄断国家的主要权力，魏收在“史臣曰”中，喜欢以概括性的语言对门阀士族显赫的声名与儒雅的风度大加赞美。如宋隐“操行贞白”，王宪“名祖之孙”，屈遵“学艺知机”，其孙屈垣“局量受遇”，张蒲、谷浑“文武为用”，张济“有延誉之美”，李先“学术嘉谋”，贾彝“早播时学”，薛提“正议忠谋”。[4]游明根“雅道儒风，终受非常之遇”，刘芳“矫然特立，沉深好古，博通洽识，为世儒宗”，刘芳从子刘懋“才流识学，有名士之风”。[5]高祐“学业优通，知名前世，儒俊之风，门旧不陨”，其“诸子经传之器，加有舍生之节”，崔挺兄弟“风操高亮，怀文抱质，历事著称，见重于朝野，继世承家，门族并著”。[6]严稜“夙款可嘉”，毛脩之“晚有诚效”，唐和“万里慕义”，刘休宾“穷而委质”，而房法寿族子景伯兄弟“儒风雅业，良可称焉”。[7]李灵“以儒俊之风，当旌帛之举”，崔鉴“以文雅之烈，应利用之科”，而两者都是“世家有业，余庆不已”，堪称“人位继轨，亦为盛哉”。[8]在魏收看来，这些门阀士族一个个声名显赫，风度儒雅，享誉当时，名传身后。

魏收特别称许门阀士族卓越的才能与突出的业绩。他不仅在各门阀士族人物的列传中通过详载其生平事迹以夸耀其才能，而且在“史臣曰”中对其才能直接加以赞颂。如崔浩“才艺博通，究览天人，政事筹策，

[1]《魏书》卷四十四，“史臣曰”。
[2]《魏书》卷五十《尉元传》。
[3]《魏书》卷五十八，“史臣曰”。
[4]《魏书》卷三十三，“史臣曰”。
[5]《魏书》卷五十五，“史臣曰”。
[6]《魏书》卷五十七，“史臣曰”。
[7]《魏书》卷四十三，“史臣曰”。
[8]《魏书》卷四十九，“史臣曰”。

时莫之二”[1]。游雅富有“才业”，堪为“高允之亚”。高闾“发言有章句，下笔富文彩”，堪称“一代之伟人”。[2] 郭祚“才干敏实，有世务之长，高祖经纶之始，独在勤劳之地，居官任事，动静称述”；张彝“风力謇謇，有王臣之气，衔命拥旄，风声犹在”。此二人均为北魏王朝“器能之臣”。[3] 邢峦“以文武才策，当军国之任，内参机揆，外寄折冲”，无愧“纬世之器”。李平“以高明干略，效智于时，出入当官，功名克著”，可谓“赞务之英”。[4] 李崇“以风质英重，毅然秀立，任当将相，望高朝野”。崔亮“明达后事，动有名迹”，崔亮从父弟光韶“居雅仗正，有国士之风”。[5] 崔光“风素虚远，学业渊长”，“历事三朝，师训少主，不出宫省，坐致台傅”，可谓“近世之所希有”。[6] 崔休“立身有本，当官著闻”；裴延俊“器业位望”；袁翻“文高价重”。此三人均可谓当世才杰。[7] 在魏收看来，这些门阀士族一个个才能卓越，业绩突出，堪称英杰，值得赞赏。

魏收喜欢称道门阀士族上下和睦、谨慎谦让的家风。门阀士族往往是世代为宦的大家族，他们通常几代同堂，谨守儒家伦理，恪守尊卑礼节，形成温良恭俭、礼让谦谨的家风。魏收不仅在门阀士族人物的列传中通过记载其生平与家世以炫耀其家风，而且在“史臣曰”中直接称道其家风。他赞扬门阀士族世代为宦，如长孙肥的儿子翰“有父风”，尉古真兄弟“忠勇奋发，义以忘生”。[8] 穆崇“早著诚节”，其后代“世载不陨”。[9] 陇西李宝“大享名器，世业不殒”，而其“诸子承基，俱有位望”，其孙李韶“清身履度，声绩洽美”。[10] 陆俟“威略智器有过人者”，

[1] 《魏书》卷三十五，“史臣曰”。
[2] 《魏书》卷五十四，“史臣曰”。
[3] 《魏书》卷六十四，“史臣曰”。
[4] 《魏书》卷六十五，“史臣曰”。
[5] 《魏书》卷六十六，“史臣曰”。
[6] 《魏书》卷六十七，“史臣曰”。
[7] 《魏书》卷六十九，“史臣曰”。
[8] 《魏书》卷二十六，“史臣曰”。
[9] 《魏书》卷二十七，“史臣曰”。
[10] 《魏书》卷三十九，“史臣曰”。

而其儿子“识干明厉，不替家风”。[1] 魏收特别推崇门阀士族几代同堂，上下有礼的门风。如称赞卢玄“绪业著闻，首应旌命，子孙继迹，为世盛门”，其儿子渊、昶等“并循父风”，堪称“有二方之风流，雅道家声”。[2] 又称赞崔挺“幼居丧尽礼，少敦学业，多所览究，推人爱士，州闾亲附焉。每四时与乡人父老书相存慰，辞旨款备，得者荣之。三世同居，门有礼让”[3]。又称赞杨播兄弟，“并敦义让，昆季相事，有如父子”。杨播“刚毅”，其弟椿、津“恭谦”，兄弟“旦则聚于厅堂，终日相对，未曾入内。有一美味，不集不食。厅堂间，往往帏幔隔障，为寝息之所，时就休偃，还共谈笑”，兄弟之间，“言色恂恂，出于诚至，恭德慎行，为世师范”。[4] 在魏收看来，这些门阀士族一个个温柔敦厚，言行有礼，上下和睦，举止得体，其门风足以与汉代那些高官世禄之家族相比。

魏收有着强烈的门阀士族思想，这是其所生活的社会历史环境决定的。北魏是鲜卑族入主中原以后建立的政权，迁都洛阳以后，一方面采取各种措施笼络中原地区的汉族门阀士族，另一方面又通过法定形式使鲜卑贵族门阀化，使北魏王朝成为门阀化鲜卑贵族与汉族门阀士族地主的联合政权。北魏统治者规定，鲜卑贵族除元氏、长孙氏、叔孙氏及奚氏以外，其余以穆、陆、贺、刘、楼、于、嵇、尉八姓为首，其门第与汉族高门崔、卢、李、郑相当。通过分氏定族，确立了“以贵承贵，以贱袭贱”[5] 的门阀等级制度。北魏社会是一个门阀士族居于统治地位的社会，门阀士族的思想是这一社会占据主导地位的意识形态。魏收出身于一个世代官宦之家，其父子建曾任东益州刺史，其本人在魏齐两朝曾任散骑侍郎、著作郎、秘书监、中书令、太子少傅与尚书右仆射等官职。魏收的家庭出身、个人经历及社会环境都决定他必然以门阀士族的思想来审视历史，通过编撰《魏书》以维护门阀化鲜卑贵族与汉族门阀士族

[1] 《魏书》卷四十，“史臣曰”。
[2] 《魏书》卷四十七《卢玄列传》。
[3] 《魏书》卷五十七《崔挺传》。
[4] 《魏书》卷五十八《杨播传》。
[5] 《魏书》卷六十《韩麒麟传》。

的政治利益与社会地位。

魏收史学思想中虽有许多糟粕，但也包含不少精华。前已述及，魏收有着极为突出的民本思想，他揭露统治者的贪暴行为，主张治理国家要行仁政。他认为官吏应该清正廉洁，忧勤国家。如《严稜传》赞其“有清廉之称”。《窦瑾传》赞其“清约冲素，忧勤王事”。《吕罗汉传》称其“性廉直”，“清身奉公”。他赞扬勤奋好学的精神。《李灵传》称其曾孙李瑾“淳谨好学，老而不倦”。《郑羲传》称其儿子道昭“少而好学，综览群言”。他强调君主要虚心纳谏，赞赏高祖元宏听览政事，“莫不从善如流”[1]。他主张君主治国应选贤任能，称赞世宗元恪信任李崇。李崇“沉深有将略”，镇守淮南凡经十年，“贼甚惮之”。南朝梁武帝萧衍恶其久在淮南，“屡设反间，无所不至”，然世宗“雅相委重，衍无以措其奸谋”；萧衍对李崇委官，欲以构陷，“崇表言其状，世宗屡赐玺书慰勉之”。[2] 这些合理的有价值的思想应该充分肯定。

综上所述，魏收是北朝时期一位才华出众的史学家。他从大一统思想出发来审视北魏的历史，通过撰史维护北魏及东魏的正统地位；他既相信天人感应，又相信阴阳灾异与因果报应；他既受到玄学思想的影响，以识量器局作为描绘人物的主题，又坚持传统的儒家思想，并以此作为评价人物的标准；他有着极为突出的民本思想，从正反两个方面总结以民为本治理国家的历史经验，又有着极为强烈的门阀士族思想，以门阀士族作为记载的主要对象，以门阀士族思想评价人物。作为门阀士族的史学家，魏收的史学思想属于他所代表的那个阶级的意识形态，但其中也有着某些合理的进步的思想因素，我们应该具体分析。

[1] 《魏书》卷七下《高祖纪》。

[2] 《魏书》卷六十六《李崇传》。

本卷主要参考书目

陈寿：《三国志》，中华书局 1959 年版。

范晔：《后汉书》，中华书局 1965 年版。

沈约：《宋书》，中华书局 1974 年版。

萧子显：《南齐书》，中华书局 1972 年版。

姚思廉：《梁书》，中华书局 1973 年版。

姚思廉：《陈书》，中华书局 1973 年版。

魏收：《魏书》，中华书局 1974 年版。

李百药：《北齐书》，中华书局 1972 年版。

令狐德棻：《周书》，中华书局 1971 年版。

魏徵等：《隋书》，中华书局 1973 年版。

李延寿：《南史》，中华书局 1975 年版。

李延寿：《北史》，中华书局 1974 年版。

房玄龄等：《晋书》，中华书局 1974 年版。

袁宏：《后汉纪》，中华书局 2002 年版。

司马光等：《资治通鉴》，中华书局 1956 年版。

刘勰：《文心雕龙今译》，周振甫译，中华书局 1986 年版。

刘义庆：《世说新语笺疏》，刘孝标注，余嘉锡笺疏，中华书局 2007 年版。

严可均辑：《全晋文》，商务印书馆 1999 年版。

刘劭：《人物志》，刘昞注，杨新平、张锴生注译，中州古籍出版社 2004 年版。

周天游辑注：《八家后汉书辑注》，上海古籍出版社 1986 年版。

杨衒之：《洛阳伽蓝记校释》，周祖谟校释，上海书店 2000 年版。

王弼：《王弼集校释》，楼宇烈校释，中华书局 1980 年版。

慧皎：《高僧传》，汤用彤校注，汤一玄整理，中华书局 1992 年版。

阮籍：《阮嗣宗集》，《汉魏六朝名家集初刻》本。

嵇康：《嵇康集》，《四部丛刊》本。

僧祐：《弘明集》，中华书局 2011 年版。

葛洪：《抱朴子内篇校释》，王明著，中华书局 1996 年版。

葛洪：《抱朴子外篇校笺》，杨明照撰，中华书局 1991 年版。

颜之推：《颜氏家训》，《百子全书》本。

常璩：《华阳国志校补图注》，任乃强校注，上海古籍出版社 1987 年版。

刘知幾：《史通通释》，浦起龙释，上海古籍出版社 1978 年版。

顾炎武：《日知录集释》，黄汝成集释，岳麓书社 1994 年版。

王夫之：《读通鉴论》，中华书局 1975 年版。

王鸣盛：《十七史商榷》，中国书店 1987 年版。

钱大昕：《十驾斋养新录》，上海书店 1983 年版。

赵翼：《廿二史札记校证》，王树民校证，中华书局 1984 年版。

纪昀等：《四库全书总目》，中华书局 1965 年版。

梁启超：《中国历史研究法（外二种）》，河北教育出版社 2000 年版。

陈寅恪：《金明馆丛稿初编》，上海古籍出版社 1980 年版。

陈寅恪：《金明稿丛稿二编》，上海古籍出版社 1980 年版。

万绳楠整理：《陈寅恪魏晋南北朝史讲演录》，黄山书社 1987 年版。

穆克宏：《魏晋南北朝文学史料述略》，中华书局 1997 年版。

罗宏曾：《魏晋南北朝文化史》，四川人民出版社 1989 年版。

汤用彤：《理学·佛学·玄学》，北京大学出版社 1991 年版。

汤用彤：《魏晋玄学论稿》，上海人民出版社 2015 年版。

刘大杰：《魏晋思想论》，上海古籍出版社 1998 年版。
周一良：《魏晋南北朝史论集》，北京大学出版社 1997 年版。
任继愈主编：《中国哲学发展史》（魏晋南北朝），人民出版社 1988 年版。
赵吉惠等：《中国儒学史》，中州古籍出版社 1991 年版。
李泽厚：《中国古代思想史论》，人民出版社 1985 年版。
李泽厚：《美的历程》，文物出版社 1981 年版。
葛兆光：《道教与中国文化》，上海人民出版社 1987 年版。
罗宗强：《玄学与魏晋士人心态》，浙江人民出版社 1991 年版。
赵明：《道家思想与中国文化》，吉林大学出版社 1986 年版。
田文棠：《魏晋三大思潮论稿》，陕西人民出版社 1988 年版。
周一良主编：《中外文化交流史》，河南人民出版社 1987 年版。
方立天：《魏晋南北朝佛教论丛》，中华书局 1982 年版。
汤用彤：《汉魏两晋南北朝佛教史》，上海人民出版社 2015 年版。
孙昌武：《佛教与中国文学》，上海人民出版社 1988 年版。
金毓黻：《中国史学史》，商务印书馆 1999 年版。
尹达主编：《中国史学发展史》，中州古籍出版社 1985 年版。
仓修良、魏得良：《中国古代史学史简编》，黑龙江人民出版社 1983 年版。
白寿彝：《中国史学史论集》，中华书局 1999 年版。
吴怀祺：《中国史学思想史》，安徽人民出版社 1996 年版。
余英时：《士与中国文化》，上海人民出版社 2003 年版。
雷家骥：《中古史学观念史》，台湾学生书局 1990 年版。
张蓓蓓：《中古学术论略》，台湾大安出版社 1991 年版。